旅游生涯四十年

魏小安 著

一九八零·二零二零

中国旅游出版社

‖前　言‖

天性与养成

想写这本书，已经想了半年多了，现在进入2020年，又开始了一个新的时代，21世纪的20年代，也是21世纪的第三个十年开始。我是1980年进入旅游行业，到现在也刚好40年，所以这半年以来始终在记着这件事，有心写这么一本书，想来想去书名就叫《旅游生涯四十年》。可以加一个副标题，主流中的非主流。因为这四十年基本在体制内，做的事情也是主流性的，但是从个性来说，却始终是个异类，治学不像学者，不遵循学术规范，自说自话；做官又不像官，常常迟到早退，还时不时发表不同意见；经商更不像商人，下海涮了一把，尝到苦头撤退了。始终是一脚门里一脚门外，是非主流的感觉。所以这本书也不想一本正经，采用口述方式。北京第二外国语学院和中国旅游研究院都找我做过口述，但是说不透，索性自己口述一把，貌似也省事一些，读起来也轻松。我自认是一个"口力"劳动者，到哪里都是一路走一路看一路想，最后是说，凡是说新话就录音，再整理成文。

我于1980年开始从事旅游研究，当时大家都是半路出家，一批人是搞地理的，一批人是搞历史的，一批人是搞中文的，没有一个人是科班出身，那个时候也没有科班，教材都没有，但是已经开始形成一个态势。这批人大体上都在50岁左右，而我当时还不到30岁，所以在第一代旅游研究者里我算是尾巴。有一次，保继刚开玩笑说，你是我们第二代旅游研究者的头，我说，错，我和你们老师是一辈的，我是第一代研究的尾巴。现在回想起40年，首先，作为一个观察者，始终在行业的一线，知道行业发展的艰难辛苦；其次，作为一个参与者，参与了很多事情，也做了很多事情；第三，也算是部分决策者，很多事情是我提出建议，研究之后决策，决策之后再实施。所以对官场、学场还有企业界都非常熟悉，从旅游行业来说，我这样的人大概也算一种偶然，这样的偶然就形成了这本书的特色。回想起40年的旅游经历，也是感慨良多。

这本书大体的构想是这样的：分为三部，第一部是蓄力，基本上是从1980年开始，到1988年，这个过程是一个积蓄力量的过程，也是一个反复折腾的过程。第二部是发力，是实干的过程，就是从1988年11月到国家旅游局，一直到2003年8月，在国家旅游局工作了16年，很感谢领导给我提供了一个平台，让我在这个平台上能够做一些事，能够发挥自己的力量，也积累了很多经验。第三部是散力，余力散发。这个阶段是从2003年开始，脱离官场，提前退休，尚有余力可以发散，形成了行业专家、江湖学者的格局，到现在也有16年了。

所以第一部8年，第二部16年，第三部16年，加在一起刚好40年，分成这么三个部分。这三个部分之前，是前言，天性和养成的过程。我总感觉，一个人的兴趣所在，如果能够和工作结合到一起，进而变成自己的一种生活方式，这大概是一种幸运，也是一种幸福。人都是以自己为中心，以他的知识和阅历为半径，画出一个圆来，这就是他的世界。对于他，世界是主观感受的综合，而不是客观本身。地球只有一个，而世界却有无数个。世界在人们的眼中，是如此的不同。而人们常常以为，自己这个世界就是全部的世界，这个世界的真理就是绝对的真理。所以，不理解就必然误解、曲解，在颠倒的世界中真理也是颠倒的，在狭小的世界中甚至不存在真理。想要打破世界和世界的隔膜，寻求统一的大世界，只有靠知识的进步、信息的流通和文明的发展。

——萌芽

我从小就喜欢看书，那个时候也没有那么多的书可读，但是抓到一本看一本。由于喜欢看书，自然培育了想象力，尤其是看文学这一类的书，培育对大自然的敏感和对文化的爱好，这也可以说是一种天性。小时候记得两首歌，一首歌是“哪里有山，哪里有水，哪里就有我们的旅行队”，还有一首歌是《我们的田野》，“我们的田野，美丽的田野，清清的河水，流过无尽的稻田”，唱这两首歌的时候心里总会引发一种想象，甚至引发一种畅想，想象着大自然、想象着美丽的田野，想象着行走在山水之中。但那时只是一个孩子，活动范围也有限，住在朝阳门内，最远去过颐和园，也只是想象而已。

1965年9月，我上了清华附中，学校的校风很好，大家不比这个那个，但是比一件事，就是比谁读书多。能考上清华附中的，在原来的学校也是尖子生，我们初651班就有16个双百分。所以也自然融在这种校风里，在读书的过程之中，多多益善。学校也有图书馆，没事儿就到那里翻一些闲书。当时有一套《旅行家》杂志，这套杂志是彭子冈主编的，彭子冈是民国时期的一名记者，也是民国“四大女记者”之一，1952年恰是我的出生之年，她开始主编了一份《旅行家》杂志。因为有机会看这个杂志，其内容说到了旅行，说到了各个地方的好山好水，就引发了畅想，能不能把中国的三山五岳走一遍，这是当时的一个人生理想，这种人生理想现在看起来很容易，但那个时候觉得是不可思议的事情。所以一直在向往着，而且学校当时处在郊区，周边都是小河，过了马路就是圆明园，我们第一堂美术课就是老师带着我们到圆明园里去走一圈，一边走一边讲，这是在培育我们的美感。第一堂生物课也是到圆明园，大家采一点花花草草回来，老师给我们讲。生活在这样的自然环境里，这种感觉就更加强烈了，就形成了一种天性，也是一种养成，所以到现在我也感谢《旅行家》杂志，给我一种旅游的启蒙。我爱秋天的原野，一片金黄；我爱冬天的原野，一片银白；我爱春天的原野，一片新绿；我爱夏天的原野，五彩缤纷。自然的原野，四时不同；自然的声音，长年不断。你向它倾注几分热望，它就向你展开几许胸怀，但无论你怎样探求，它永远充满着神秘的、诗意的美。自然，每天都是新的，不信，请注意每天的日出日落，云起云飞。

——大串联

只不过，当时的想法就是想当一个旅行家而已。在阶级斗争的时代，受到的教育也都是一元化教育，产生这样的愿望就是一种另类。之后“文化大革命”起来了，各种各样的事情，具体的事都不用说了，只不过对于我们当时14岁的孩子来说，好玩儿了。首先是不用上课了，第一次感受“文革”，就是突然不用上课了，我们没有别的，拿着泳裤就到清华大学的游泳池去游泳。然后是天天都有各种各样的变化。1966年9月，经历了大串联，就是号召红卫兵到各地，煽风点火，前后出去过两次。那是一种免费的旅游，只不过当时没有旅游概念，态度还是很认真的，也不知道去干什么，反正背着一个书包，书包里面放着《毛泽东选集》四卷，然后放了一套牙具，换洗衣服都没有，就走了。坐在火车上，也不知道去哪儿，基本上哪个列车上得去我们就上，上完了再问这个车去哪儿。那个时候跑了不少地方，上海、广州、井冈山、韶山、武汉，等等，最后一次是跑到了桂林。去桂林的路上，在火车上碰到了几个清华大学的大学生，他们20多岁，知道旅游，而且现在想起来应该算逍遥派一类。我们很激烈地批评他们，你们出来串联不传播光辉的思想，你们干什么？他们就笑。为什么？因为他们的手里拿了一本类似于旅游指南的书，还拿了一本美食的书，对我们来说简直不可思议。后来大学生们说，跟着我们走一下吧，这样就先去了桂林。第一次看到桂林的山水，简直傻了。那个时候就喜欢从解放桥上往下看，可以看到漓江里面的游鱼，一直看到江底的鹅卵石，水很清，后来还在江里面划了皮划艇，一划就要栽到水里，一划又要栽到水里，栽了几次，还好慢慢能够划一点。又看了芦笛岩和七星岩，那种感受才让我知道了什么叫旅游。之后又从桂林到了南宁，到了南宁也是胡乱看一看。因为我们的串联基本上是先到院校看大字报，有时候去看一看工厂，比如说到了上海就看江南造船厂。高中同学带着我们一帮人，很严格，在南京路也要排着队，走得实在热了，我们申请能不能吃一根冰棍，高中同学批准，然后一人买一根冰棍，坐在马路牙子上把这根冰棍吃完。到上海，进了一个中学，无数人簇拥北京的小将，把我们弄到主席台上，几个人面面相觑，谁也不知该说什么。到广州，看见一个大教堂，大家认为应当破四旧，但是进去之后，都被教堂的气氛震住了，谁也不说话，看一圈出来。印象最深的是从武汉到长沙，没有座位，站在座椅上面，手扶着行李架，整整48小时，不吃不喝，真不知怎么熬过来的。这样的一个串联过程，很多细节忘了，但是有一点感受，就是知道了大山大水、好山好水。到井冈山，去茨坪，大家排队每人买了一根竹扁担，请老红军在上面签个名。那个时候试图更多地接受一点传统教育，但是实际上自然的教育比传统的教育来得更厉害。串联回到北京，回家第一件事，是被妈妈喝道，站住，不要进来。把衣服统统脱下来，用开水烫，因为基本上每个串联回来的人都是一身虱子，我们那个时候才知道什么叫虱子，烫完了换一套衣服，冲一冲，这才算结束这个过程。整个串联两次下来，走了十几个地方，但是三山五岳基本上一个地方都没有去过，那个时候就觉得有遗憾，但是总体来说还是感受到了旅行的乐趣，只能说旅行，没有玩，不能称旅游。

——工人的旅游

1969 年 2 月，到了北京西六里砖瓦厂当工人，厂长是个老红军，我们说，厂长给我们讲讲长征的故事？他的脸一沉，有什么好讲的，草地来回走。当时我们听不懂，后来才知道，是四方面军的。我们是壮工，所谓壮工就是干重体力活，出窑装窑，每个月的粮食定量是 72 斤，每天的工资是一块三，工资月发，反正干一天就挣一天的钱，要是不干，这一天的钱就没了。那个时候干活很累，最累的时候晚上靠自己的腿上不了床，要用手扳着，扳一条腿上床再扳一条腿上床，天天是这种重体力劳动。最多的一天吃过五斤，早上吃了一斤，中午吃了三斤，晚上又吃了一斤。可是苦中作乐，那个时候也有很大的乐趣，砖瓦厂处于乡村，周边都是稻田，抬头看就是西山。那个时候父亲母亲都在五七干校，无家可归，在砖瓦厂有点精力的时候，就骑着自行车出去跑。砖瓦厂在颐和园北边，大概有二十里地。沿途是京密引水渠，曾经有一次我们从颐和园青龙桥那里下水，一直游到砖瓦厂，游了万米。我们一帮人有点爱好，骑着自行车，最简单的就是到鹫峰，离我们那里也不算太远，然后上山，野玩。远一点，骑车到十三陵。颐和园就不用说了，那是家常便饭。在那个时代，政治上动荡，生活上也不安稳，也不知道未来会如何，只不过就是年轻人，有这种青春的活力，所以就这么跑下来了，倒是有一点小小的满足。骑着自行车旅游，范围逐步扩大，随着年龄的增长，也希望能够更扩大一点。

1969 年，中苏边境发生了珍宝岛战争，毛主席提出“备战、备荒、为人民”，在 1970 年掀起了一股拉练的热潮。从军队开始，地方也都纷纷卷入。1971 年 1 月，砖瓦厂组织拉练，对于我们这些天天干重体力活的人来说，拉练简直就是一种度假。背上背包，排着队，打着红旗出发。从海淀区的韩家川一路往西北走，穿过永定河到门头沟，然后再到房山，经过南窖公社、霞云岭公社、十渡公社，都是大山，在山里来来回回地穿越，来来回回地跑。

冬天天气很冷，每天要走七八十里，最多的一天叫急行军，走了120里，走得很辛苦，脚上也起泡，但是很好玩儿，那时候年龄也小，完全是当作一次旅游。看到了门头沟和房山的好山好水，尤其在十渡，那是第一次去十渡，吃惊，太行山连绵，拒马河清澈，住在一个知青的房子里。也看到了一些抗日战争的遗迹、纪念碑。有的时候住在老乡家里，山里的日子很穷，吃得也差，好在我们有炊事班，给大家做大锅饭吃。当地有很多傻子，因为山里近亲通婚很多，看到这些，对我来说也是一种触动，看到了城乡差别、工农差别，感受到了实实在在的生活。最后是到窦店砖瓦厂，因为是我们同一个系统的，就在窦店砖瓦厂好好休息了一下，再一路走回来，这也算是最早的一种旅游方式。

1971年，我专门请了十天的假，去了一趟山西。先去大同，因为我大姐在大同，去看看，那次就看了云冈石窟，上下华严寺，大同有很多可玩的地方。之后到了原平，我哥哥在原平插队，我就想看看插队的知青怎么生活。那个时候确实很苦，我一个同学曾经说，你们砖瓦厂干活累，但是你们大累可以大吃，至少不饿肚子。我一开始还不是很理解，到了插队的地方，才知道什么叫饿肚子。到了原平我哥哥很高兴，专门焖了点米饭，米饭焖好了以后就用点猪油一拌，吃下来了，觉得香得不得了，那个时候也确实如此。然后从原平又到了太谷，我们清华附中的同学，在太谷县石亩公社这个地方，一帮人在这里插队，那次是他们组织一个四周年的纪念，聚了一批人，我和这些人也不是很熟，但也去看一看。他们特意宰了一头猪来招待大家，实际上当时大家都很苦，尤其是不知道未来如何，不仅是艰苦，也是苦闷，但是年轻人聚在一起有年轻人的快乐。这算是比较正式地走了一趟，也是一种旅游，虽然很辛苦，什么讲究也没有，但是小小地满足了一点愿望。从那儿以后，就开始工厂生活中的旅游生涯。

1972年，那个时候爸爸妈妈在干校，在河南许昌鄢陵县，我和哥哥一起到鄢陵去探亲，那时候有探亲假，大概待了十天，对中国农村有了一点了解，也深刻地感受了城乡差别。在村里面没事儿到处走，这家逛一逛，那家逛一逛，因为我爸爸在村里人缘很好，又赶上过年，看着乡村里面，祭祖还是要祭的，牌位都立着，这种传统文化不因为政治的变动而变动。到处贴着红纸条，比如说一辆独轮车上面也要弄一个“日行千里”。乡村里年饭无非就是粉条，有点猪肉，有点鸡肉，但是每个桌上都要摆一条鱼，很多人吃不起鱼，用木头雕一条鱼，刷着红颜色，也要摆在这里。还赶上一次乡里的人出殡，希望我帮他们抬一下棺材，我就去抬一次棺材。大概乡里的风俗认为有外人帮着自己抬棺材是一种荣耀，抬完了棺材也是喝红薯酒，吃乡村饭，一折腾一天。当地一年要吃9个月的红薯，没有菜，就靠辣椒下饭。

离开的时候，我和哥哥一块儿走，妈妈又给了我们一人五元钱，我一看多了五元钱，可以玩一下了。这样我们两个人就从郑州去了一下登封，先看少林寺，空无一人，见到一个还俗的和尚，问，你们现在还念经吗？答，我们现在学《毛泽东选集》。然后爬嵩山，一路往上爬，刚刚过完春节，大雪满天，漫山皆白。爬到山顶，有个气象站，气象站的人看见我们挺新奇的，这个时候怎么还有人上这里来？我们就说这是中岳嵩山，我们想看一看。我们是早晨五点钟起来爬的山，在山上吃了中饭，吃完了就下山。下山的时候不想走原来的路，看看有没有其他的路，山上都是雪，扒开雪看见有羊粪蛋，就知道这是路，走来走去就走滑了，倒在地上往下滑，控制不住，最后看见前面有一棵树，抱着那棵树算是抱住了，我哥哥跟着，两个人一起。一看左边是悬崖，右边是峭壁，看着下面云雾蒸腾，真是出了一身冷汗。没有办法，只好再走原路下山。为了玩什么都可以，那个时候真的是这种感觉。下山以后，晚上住在镇里面的小旅馆，胸口疼，整整疼了一晚上睡不着觉，但是也过来了。这是三山五岳中的第一个山，这次经历很独特，忘不了。

在工厂的旅游过程中还有一次算是大玩，1976年10月，打倒了“四人帮”，那时候真想出去看看，看看全国怎么样。那次，我的一个小学同学章时华，他在宝鸡的铁路上工作，正好到北京来出差，跟我说有张票可以用，那个时候铁路的要求就是一张免票、一张出差介绍信再加上一个工作证，三证俱全这张票才有效。我当时已经在车间里当党支部书记了，想来想去，走一趟，请了个假，就跟着章时华，一块儿先到了宝鸡。在宝鸡当时没有玩什么地方，只不过就是观察了社会，了解了时代的变迁，那个时候在北京有很多传抄的材料，我带了一包材料，走到哪儿说北京打倒“四人帮”的这些事，大家都很兴奋。之后从宝鸡到西安，那时我妹妹在西安，山西医学院的工农兵学员毕业，在工厂的医务室工作。后来，我们两个人一块儿去了一趟华山，这是我爬三山五岳中的第二个山，颇为震撼，也就走遍了华山五峰。然后从华山到洛阳，从洛阳到郑州，从郑州回北京，一路上就靠这张免票一路混过来。其中，比较惊险的一次，就是从石家庄开始，车厢门一关，列车长、乘警、乘务员查票，当时很紧张，因为如果查出来我这是混一张票，回到工厂里，且不论别的，这个事至少要背个处分。坐在我对面的是一个知青，路上我也跟他聊了一会儿，等他们过来的时候，我把装材料的档案袋放在桌子上，然后就看着列车长，过来第一眼先看那个档案袋，当时在硬座车厢里很少看见这种东西，我当时想他看见这个就知道我算出公差的。果然，第二眼看我，我把票一亮，就过去了。可是我对面那个知青，明明买了票，反倒被揪住。最后从北京站出来的时候，实在太高兴了，这一路就这么走过来了，真是不得了，高兴得在广场上跳，这一跳感觉脚底疼，一看我穿的那双鞋，鞋底已经磨穿了。

这是很有意思的一件事，实际上它也反映了一个现象，就是在那个时代，就为了出去一趟，居然冒这么大的风险。一般人在那个时候已经不敢冒这样的风险了，因为觉得没有意义，但是我觉得不是不可以。

1972 年 8 月，我的父亲得了癌症，从干校回到了北京。回到北京之后，因为当时家里只有我一个孩子在北京，所以我每天要从砖瓦厂回到家照顾父亲，骑车骑两个半小时，然后再骑两个半小时去上班，一天骑五个小时，这显然是很难坚持的。林业部机关出面调动工作，这个过程还是比较复杂的。我们这个砖瓦厂原来是劳改工厂，“文革”一起，劳改犯都去了密山，缺乏劳动力，好不容易来了这么一批学生，所以非常严格地控制不放人。但我这又属于特殊情况，到这个时候也没有什么面子可讲，本来我在砖瓦厂就没有多大面子，因为那个时候虽然干活儿很棒，后来让我当班长，带着十几个人，每天要完成生产指标，但是政治上受歧视，连参加基干民兵的资格都没有。我的确没有精力和没有可能把砖瓦厂的事坚持下来。1972 年 10 月调到了建筑锁厂，当时还叫人民五金厂，是 1959 年搞十大建设的时候从上海迁到北京的工厂，所以厂里有很多上海的老师傅，去了之后在机加工车间，我的师傅就是上海人。到了锁厂，一是家里顾得上了，那个时候为了父亲的病，每个礼拜要早早起一次，夜里两点起来到肿瘤医院去排队挂号。然后每个礼拜也有一次是两点起来到朝内菜市场排队，买一只鸡，给父亲补充营养。因为从砖瓦厂那种重体力劳动走过来之后，真是觉得眼里面没有干活累这么一说，可是反过来就形成了一个优点，大家认为我干活非常优秀。那时候也不懂社会，也不了解社会上乱七八糟的事情，我也从来不管这些，有时候班长过来叫我休息，我说不累。所以每个月完成指标都超了300%，而且有些人讽刺我，我也没听懂，也不当回事，结果还得了一个“敢于抵制歪风邪气”的名号。去了一年之后，就被发展入党了，在砖瓦厂四年，到临走的时候才入了团，但是到了建筑锁厂一年就入党了，我也真的觉得很奇特。在那个时代能够入党，对我的父母亲是一种很大的安慰，因为他们总觉得自己影响了子女的政治前途。我入党的时候父亲还在住院，我专门去跟他说一声，我入党了，当时看到他的表情就是欣慰。这边的工厂里，环境完全不同了，所以又焕发了游兴，有时间就约了几个朋友一起跑。大体上在那个时候到北京郊区旅游，早早骑着自行车就走了，到了地方就跋山涉水，书包里背着点馒头和香肠之类的东西，玩完了再骑车回来，回来也是晚上12点左右。也是仗着年轻，累归类，睡个觉就缓过来了。那个时候在北京的郊区走了不少地方，印象比较深的是去房山云水洞、昌平的沟崖、银山铁壁，晚了回不来就在山上滚一夜。

作为一个工厂的工人，处在社会底层，后来是基层干部，在那个特殊的年代，还能这么想玩，还能这样跑，也很特殊。无所求，有心求，就是想看看，偌大中国，千姿百态，千奇百怪。

——大学成驴友

1978年3月上大学，当时报志愿的时候，第一志愿是北京经济学院经济系，感到中国必须要搞经济了，所以想学经济。第二志愿是四川大学哲学系，原因只有一个，想去峨眉山。有幸转换了命运，到北京经济学院，之后玩性更盛。那个时候父亲已经过世了，家里有一个老母亲，也用不着操太多的心，所以在工厂的时候住在工厂里，到经济学院住在宿舍里，有点时间就出去玩。而且那个时候改革开放已经开始，社会狂放，风气异类，所以很自然，呼朋唤友，最多的时候有五六十个人一起出去玩儿，到五十五公里、天泰山这些地方，反正把北京郊区基本上走遍了。

上大学之后，第一个暑假就走了一趟泰山，这是三山五岳的第三个山。当时是几个朋友，一个老孟，一个老骆，还有一个春仁，加上我四个人，先到了泰安，然后上泰山。一路爬上去，在山上就用一件雨衣裹一裹，在碧霞元君祠的门口睡了一夜，第二天早上看日出，看完之后又下来。当时老孟的父亲有个战友是泰安军分局的司令员，在他家吃了一次饭，这是此行吃得最好的一餐饭。之后又到了济南，在济南玩了一把，街上吃馒头，喝茶水，然后回到北京，就这样走了六天，一个人就花了二十元钱。

1979 年暑假，由我发起，我们大学的六个同学，骑自行车去了一趟承德。夏天热，真的很辛苦，早晨四五点钟从学校出发，第一站就到了密云水库，因为那个时候正好是中越边境打仗，有一个同学戴了白色的帽盔，当地的农民就认为其是越南特务，所以夜里三点就把我们薅起来了，审问我们，我们就说经济学院的学生出去玩。审来审去，审到早晨六点打电话到了经济学院，学校说确实有这么几个人，前一天早晨的时候从学校出去的，才算把我们放出来。第二天到了古北口，就住在学校里，吃饭就胡乱吃点。第三站快到承德了，要爬山，最大的一个山叫鹞子沟梁，自行车骑不上去，是推着上去的，推两个半小时到山上，下来的时候一刻钟就下来了。到了承德，骑自行车就有“腿”了，所以在承德玩得比较尽兴，玩完了继续骑车再折腾。

那个时候已经有了一点旅游概念了，大家也知道我们就是出去玩，说起来我们算是第一批驴友。之后，我清华附中的一个同学程远，他当时在工艺美术学院上大学，两个学校很近，没事儿聚在一起喝点酒，他就提出来，咱们骑车周游一下全国吧？我说没有时间，一个暑假不可能周游。他说不要学历了，我说那不可能，上个大学这么辛苦，都快毕业了，怎么也要把学历弄到手。我说你是工艺美术学院，画画的，将来是走艺术家这个路，有没有学历不重要，我们不行。说归说，他后来居然骑着自行车就走，到了五台山，后来从五台山回来，前前后后走了两次，那个时候还是比较开放的，工艺美术学院就说，沿路写生也是一种学习方式，所以对他没有任何处理，最后顺利毕业。但是那个时候是很向往的，一想如果能够骑自行车周游全国，挺过瘾的，不知道有没有这种机会。

这么说下来，实际上我已经把嵩山、华山、泰山走过了，三山五岳一共八处，已经走了三处了，其间还走了一趟北岳恒山，已经走了四处了，也算是初步过了一点小瘾。

总体而言，这个过程就是一个释放天性和旅游养成的过程，因为这样的过程就逼着你要看很多东西，满足一种爱好，也培养一种眼光。在这个过程之中，因为大家都知道我好玩，所以也跟着玩一把。在北京郊区很简单，骑着自行车胡乱跑，这就是一个天性养成的过程。也正是因为有了这个过程，包括在工厂历练十年，从基层一步步地滚出来。其间有两个难点，第一个难点就是在砖瓦厂的时候，难的就是体力劳动，每天都要咬牙坚持。第二个难点就是后来在建筑锁厂当基层干部，每天都要处理各种各样的事情，基本上每天有一起打架的事情。这个时候的基层干部是以工代干，名义上可以脱产，实际上没有任何管理手段，只能靠自己带样子，车间12个班组，我每天都要到一个班组去干活，而且干活一定比别人干得好。下了班之后再开会，组织各种各样的事情。那个时期倒是很奇怪，工厂里对生产的要求还是挺严的，指标都要完成，工人普遍偷懒，要完成指标没有别的，就是带头在前面，大家一看这人不错，看着面子也要做点事，干点活，基本上就过来了。这样的话，培育了一种吃苦耐劳能力和基层管理能力，这对以后做事情实际上起到的作用很大。

这一说，基本上到了1980年。往下就是以时间为经，以事情为纬，大体上在这些年经历了什么事、做了什么事，都说一遍，免不了就会说到人，既然是口述历史，想到哪儿就说到哪儿，怎么看就怎么说。总体而言，是培育了对生活的情感。带着强烈感情的人的生活是充实的，目标也是崇高的；而带着强烈的野心去生活的人是空虚的，目标也是卑劣的。两者都能唤起一种力，但一是内在的，一是外在的。虽然往往是卑劣的目标能够达到而崇高的目标难以达到，但生活仍然由感情的升华而有意义。寻求感情的升华就是在寻求生活的意义，它与寻求科学一起构成生活的信念，这是一个统一的、在任何地方也不容打破的链条，这个统一的信念代替了幼稚的宗教式的信念。寻求科学是人对自然的权利，寻求爱情是人对社会的权利，综合在一起是寻求幸福，这是人所固有的对生活的权利，是人的本性的自然要求。

魏小安

2019年12月

目　录

第一部　蓄　力

第一章　起 步……3

——读书……3

——入门……5

——跑胡同……6

——持续调查……8

——深化……10

——写大东西……11

第二章　成 长……13

——入行……13

——建旅游厕所……15

——慕田峪修长城……19

——综合性……21

——创办《旅游学刊》……23

——过瘾的调研……25

——客串导游……26

——好玩的考察……27

——事在人为……28

——改革进城……29

——刘国华……31

——边缘化……32
——参加莫干山会议……32
——改革的选择……33
第三章 摸 索……36
——开局探索……36
——眼花缭乱……37
——连滚带爬……40
——下海感受……43
第四章 回 归……46
——轻松的格局……46
——国内旅游研讨……48
——读新书……50
——全国研讨会……51
——发展战略研究……52
——系列调研……53
——努力总有机会……55
——课题收获……59

第二部 发 力

第五章 政策法规……65
——政研室……65
——政研处……67
——初次出国……70
——再次出国……70
——形势认知……71
——工作开拓……74
——办实事……77
——分工负责……79

——形势分析……83
——国务院文件……85
——从聚到散……87
第六章　行业管理……89
——领导格局……89
——开局摸索……91
——星级标准上国标……93
——饭店用品博览会……96
——饭店管理公司……97
——学以致用……98
——旅行社开放……99
——国内旅游交易会……100
——导游大赛……103
——价格与标准……104
——中国优秀旅游城市部署……105
——质量保证金……106
——质量监督管理所……109
——娱乐生活指导……109
——振兴鲁菜……110
——方法之师……112
——顶撞首长……118
——内河游船标准……119
——全面上轨道……120
——上党校……121
——国际饭店……122
——市场整顿……123
——出境旅游开拓……126
——人与事的纠纷……127
——故土工程……129

——领导变动…………………………………………………………………………130
——西藏调研…………………………………………………………………………132
——新事情的开拓 ……………………………………………………………………132
——金钥匙服务………………………………………………………………………134
——主题酒店…………………………………………………………………………135
——优秀旅游城市 ……………………………………………………………………136
——另类………………………………………………………………………………137
第七章　格局变动……………………………………………………………………142
——三讲………………………………………………………………………………142
——政企脱钩…………………………………………………………………………143
——回到政法司………………………………………………………………………144
——验收优秀旅游城市 ………………………………………………………………146
——再次开拓…………………………………………………………………………147
——黄金周……………………………………………………………………………149
——新的增长点………………………………………………………………………151
第八章　规划发展……………………………………………………………………154
——开先例……………………………………………………………………………154
——规划先行…………………………………………………………………………155
——投资拉动…………………………………………………………………………157
——项目导向…………………………………………………………………………159
——财政协调…………………………………………………………………………160
——西部大开发………………………………………………………………………163
——旅游扶贫…………………………………………………………………………164
——黄山推进…………………………………………………………………………165
——南海旅游…………………………………………………………………………166
——新科技……………………………………………………………………………167
——国务院会议………………………………………………………………………168
——旅游十五规划 ……………………………………………………………………170
——开拓财路…………………………………………………………………………172

——景区评定……173
——三区联动……178
——部门协调……183
——“非典”影响……187
——脱离官场……188
——十点心得……189

第三部　散　力

第九章　塑造新局……197
——过渡阶段……197
——推进休闲……198
——马不停蹄……199
——与年轻人合作……201
——社科院旅游研究中心……203
——重点研究……203
——未来文化遗产……205
——博士生导师……207
——系列研究……209
第十章　创造新意……215
——中国旅游研究院……215
——创意产业联盟……215
——一分钱规划……217
——继续系列研究……218
——组建机构……221
第十一章　传播四海……226
——参加会议……226
——传道士……227
——考察八方……227

——总结提升……228
——十年行程……231
——推动发展……232
——好玩的事……236
——宗教情缘……240
——担任董事……243
——国际旅游组织……246
——专家咨询委员会……248
第十二章 诗与远方……250
——盘点行程……250
——中国休闲度假大会……252
——国际旅游消费中心研究……254
——关注企业……255
——朋友遍天下……259
——学界的朋友……262
——出国感受……263
——展望与希望……270
——好吃懒做图舒服……271
——好玩玩好求快活……272
——娱乐刺激追极限……272
——共享休闲成主流……272

尾 声……274
——隔离笔记……275
——筹备2020中国休闲度假大会……281

魏小安著作目录……287

第一部

蓄力

第一章 起 步

积蓄力量，当然是一个积累的过程，是知识积累，阅历积累，能力积累，也是人脉的积累。人都有两个世界，现实的世界和梦想的世界，而拥有丰富想象力的人则有第三个世界——想象的世界。想象的世界往往比前两个世界更完美，也更有吸引力。古往今来，多少伟大的事业起源于想象，多少伟大的著作成熟于想象。西方，从“理想国”到“乌托邦”到“共产主义”，本质上不都是想象的产物吗？东方，从“大同篇”到“桃花源记”到“文化大革命”，不也是想象的一系列结果吗？至于科学技术的成果则几乎无一不是想象的产物。不可轻视人的想象力，最伟大的结果往往产生于最可笑的想象。不可压抑自己的想象力，想象是天性中最宝贵、最富创造性的力量。即使是最可笑的想象也一定有它的合理之处，只要你肯去潜心挖掘，就如同儿童们提出的种种问题，虽然幼稚可笑，但往往触及本质。

——读书

1978 年 3 月，有幸上了北京经济学院，当时叫作政治经济学系，我们班被称为 77411 班，77 就是 77 级，以前都按届算，大概从 77 开始按级算，所谓按届算就是你是哪年毕业的，按级算就是哪年入学的。我们经济系就是 4，11 就是一班，后面还有一个 77412 班，经济系就这两个班。经济学院 77 级一共就是 4 个系 6 个班，所以老三届的中学生居多，凑在一起很多人认识，光清华附中在 77、78 这两级就有 15 人。

上学之后，开始重新读书，很有点百战归来再读书的感觉，大家都很珍惜这段读书的时机。但是一个学期上下来之后，我就感觉不对，因为我们学校不是好学校，当时学校连一个正教授都没有，虽然老师都很努力，但是教我们这帮学生比较吃力。而且那时候“文革”的影响还在，每天早上还要出操跑步，每个礼拜天的晚上还要开班会，晚点名等。这套东西对我们经历了

"文革"的人来说很反感，而且天天上这种课也没有什么收获。说句老实话，这些书基本上一看就明白了，不需要老师教，我们希望可以听一些新的东西，好的东西，但是当时学校很难满足我们。所以一个学期上完了之后，第二个学期开始我就换了一个路数，自己读书。上课也要去，那时候的要求就是共产党员必须上课，听不听课就不管你了。基本上上课就是老师讲老师的，我们看自己的书，所以踏踏实实地读了一年多的书，那一年多主要是读汉译世界学术名著，商务印书馆出的这套书，一本一本往下看，基本看不懂，但是我相信这样读书必有收获。而且要说起来，人这一辈子没有多少次读书的时机，尤其是整块读书的时间很少。最难读的书就是黑格尔的《小逻辑》，这本书大概读了三个月，我从来没有一本书读三个月，唯独这一本读了三个月。《小逻辑》光是前言、序言就11个，经常是看着看着就打盹儿，打盹起来就接着看，从头到尾看下来，每个字都认识，但是说的什么东西都不知道。而且我多年读杂书，形成习惯，懒得读那些注释、讲解的材料，就这么生看。但是三个月《小逻辑》读下来之后，我觉得没有什么难读的书了，这是最大的一个收获。这样的话，汉译世界名著一本一本这么前前后后地看下来，大概看了300本，大体上也就是一天一本的速度，不管看懂没看懂，反正今天把这个书翻完，明天再来一本，就这么看。可是当时就感觉一个问题，因为政治经济学是"万金油"的学科，毕业之后无非就是到党校去当老师，或者诸如此类，就是这样的方向，而这种方向也不是我喜欢的方向。但是我相信一条，读书总没有坏处，所以在每门课上都对付，考试都考得很差，但是保证一条，就是能够及格，基本上属于在班里垫底。有一次考一门课，我们班一个小同学考了76分，在班里哭。我说你哭什么？我考了70分，有我垫底，你倒数第二。她说你们不同，你们这些大同学有根底，和我们不一样。我没有什么感觉，因为当时我26岁，在我们班里也就是平均年龄，班里一拨小同学，一拨大同学。大家都很勤奋，这是我们77、78这两级的特点，每天晚上阅览室都坐满了人，各看各的书。阅览室关门了，回到宿舍，搬个板凳到楼道里看书，基本是如此。一个宿舍8个人，要老在屋里看书，也影响大家休息。

倒是有好处，就是两三百本书读下来了，方法上搞明白了，尤其是社会科学的这套研究方法，加上我们的主课，主课就是政治经济学，然后是《资本论》。《资本论》前前后后我读了三遍。第一遍读《资本论》是看看观点，第二遍读《资本论》是梳理系统，第三遍读《资本论》实际上是读文字，马克思的文字是有气势的，而且这种文字是那个时代革命性的文字，这和“文革”的这一套有气势的话语整体也符合了。

看下来才知道，天下之大，学术之深，而且我好像不是个精研学术的人，我也没有这种兴趣来精研学术。毕竟在社会上已经滚了10年，杂书读了很多，也喜欢，但是总体来说不是一个做学术的人。虽然喜欢学术，也希望做点研究，那个时候也写过几篇大文章，如写过一篇关于哲学的文章，两万多字。写过一篇关于时事的文章，三万多字，只不过这些大文章就是练练笔而已。总体而言，观点并不深刻，只是凭借感觉在说话，但是确有这么一个问题，就是将来做什么，一度还是有点迷茫的。

——入门

1980年6月，在《北京日报》上看到了一篇文章《关于北京旅游经济的9个问题》，作者叫李少一，看完这篇文章眼前一亮，好，旅游也成经济了，玩就是工作。这个作者当时在北京社科联工作，那时候正好有一个老朋友宁柯，他就在北京社科联，我就请他帮助联系了一下，去拜访了一下李少一。少一是1957年的“右派”，经历坎坷，“文革”之后，“右派”摘帽，这样才到了社科联工作。这个人是才子，什么话题都说。接触下来，1957年的“右派”，个个都是才子。少一是什么东西都谈，什么东西都搞。比如说，他写过一本书叫《干戈春秋》，就是关于中国古代兵器考证的。也不知道想起什么来了，开始谈旅游经济，我就跟他请教了一番，他就把他那篇文章的观点复述了一下。我听明白了，我说行，这事我可以干，也喜欢干。

这等于是找准了一个方向，问题是怎么干，不知道。就先看看有什么材料，翻来翻去找不到什么材料，就看到了一本何礼荪先生写的《旅游业是什么》，是一本小册子，这算我读的一本入门书。后来还看了一本关于旅馆的书，这也算是入门的书，之后就找不着像样的书了。但是有了旅游这么一个概念，就按着这个概念往下走。后来发现有一本杂志《建筑师》，这个杂志非常好，因为这个杂志说起来是建筑师的杂志，但里面有相当一部分内容谈的是风景名胜区的规划设计，不但有文字还有图，还有相当一部分内容谈的是酒店设计。看见这个杂志，我如获至宝，所以把当时能找到的建筑师杂志都买过来了，有三四十本。通读了一遍，觉得肚子里开始有点东西。

——跑胡同

那就得往下做研究，做什么题目呢？当时我有一个感觉，就是北京的四合院很可用，尤其是这么古老的北京，这么庞大的四合院资源，如果在旅游方面我们加以利用，应该是一个不错的事情。但是北京这么多四合院，怎么把握呢？所以我当时在经济系开了一封介绍信，意思就是我们想做旅游经济方面的研究，所以先介绍魏小安同学到你处调研，希望能予支持，就是这样的介绍信。系里还不错，我一说这意思，他们说开个介绍信有什么。然后我就拿着这封介绍信跑到了北京市规划局，见到了一个副处长。我去了跟他说，别的要求没有，就是希望能给我一些可以公开的材料。比如说北京现在有多少胡同，有多少四合院，把类似这样的材料给我一点行不行？他就不理我，晒了我大概有一个小时。后来我就火了，跟这个领导吵起来。我那时候也是初生牛犊，也不管你这个领导，那个领导，我说我只是想做一件事，没有其他任何要求，怎么你支持一下都不行呢？就不行，我们的材料不能轻易给你。后来谈不下去了，我说你早这么跟我说也行，你在这儿晒了我一个小时，什么意思啊？你不是折腾我吗？他也不说话。好玩的是到后来我到北京旅游局工作的时候，居然和这个处长工作上还打交道，真是很有意思，我碰见他，说还认识我吗？他看了看说我记得你，怎么现在到旅游局了，这还不错。出来之后，我就在北京市规划局的门口看着天，长出了一口气，我就不信这个事我干不了。

也是赶到放暑假，所以整个1980年的暑假，每天早晨7点钟骑着自行车出门，划了一个片区，然后就把这个片区中的胡同一条一条走下来，一个院一个院地往下看。基本上这个院只要开着门能进，我就进去转一圈，然后拿着笔记本记一下，花了一个暑假的时间，走了45条街道，727条胡同。大概看的院子，如果以一个胡同100个院子算，那就是7万个院子，这个数也太大了，反正至少看了有上万个院子，整整记了10个笔记本，到晚上，再回家去整理。在跑的过程中，了解了很多老百姓的情况，那时候真的感觉北京的胡同藏龙卧虎。看一个老头弄个小马扎儿，坐在路边上喝茶，普普通通的一个小老头，走过去跟他聊了一会儿天，才发现这是个人物，那时候北京胡同里有很多这样的人物，也了解了很多老北京的风俗。在这个过程中，还常常闹出误会，时不时有人问，您是规划局的？我们这里要拆迁了吧？更深的感触是看到胡同的幽静、宅院的幽深，是一个生活体系，也是一个社会生态系统。累了，找个地方抽支烟，烦了，找个老人聊聊天。

这样就触发了另一个想法，要看一看北京的地方史志。所以就跑到图书馆去借书，从元朝到清朝，北京的地方史志一共有 36 种。第一种叫《析津志》，是元朝的书。最大的一套书叫《日下旧闻考》，共 11 本，这是康熙年间的书，基本上把北京的每一寸地方说了一遍。当时给我感触比较深的是顾炎武的一本书叫《昌平山水记》，顾炎武是明末清初的大学者，思想性极强，而且是影响多少代人的大学者，他居然写一本《昌平山水记》。我当时就感觉，没有小学问，只有小学者。还有一本书是明朝的《京师坊巷胡同考》，大体上把那时候的四千多条北京胡同依次说了一遍。我当时都有心，就是把我现场看的这些东西记下来，然后和那本书相对照，做一本新的《京师坊巷胡同考》。但是一个多月下来，这个事跑完了，心气就过去了。所以基本上就是白天跑胡同，晚上翻阅北京地方史志，一个暑假的时间，晒得黑炭头一样，40 天左右把这个事做完了。再加上原来的积累，因为北京郊区我那时候已经跑遍了，所以都很清楚，就写了一篇大文章，叫《北京旅游资源开发研究》，三万六千字。基本上是一气呵成，大体上写了四天就写完了，写完后也觉得算是形成一个成果。我后来才知道，这个工作过程叫田野调查，我原来都不知道"田野调查"这个词。因为田野调查是人类学、社会学经常采用的习惯性的方法，可是在旅游的角度来做这样的田野调查，我应该是第一个。这篇文章里谈了一些比较大胆的观点，比如说建议中共中央国务院迁出中南海，把中南海腾出来，因为在民国的时候中南海就是公园，重新变成公园等。谈了一些这些东西，那也叫作初出茅庐，不知长短，不知深浅，反正就这么想，就这么说。

然后我就跑去找李少一，少一看完以后非常兴奋，夸赞这篇文章写得好。他说，但是你一个大学生，这个文章发不出来。这样，这篇文章以我的名义发。我们正在筹备一个北京旅游经济学会，我可以介绍你参加那个学会。这分明就是一种剥削，可是我当时没有这个感觉，自己写的东西能变成铅印字，我觉得这已经很好了。我说行，没有问题。

——持续调查

然后我就想，往下弄个什么题目？就想第二个题目，当时也对行业的情况多少了解一些了，北京当时缺的是酒店，这涉及存量调整和增量发展的问题。增量的发展我够不着，但我还是瞄着四合院的利用，能不能用这样的方式。有一次骑着自行车过东交民巷，看见中国青年旅行社，我就进去了，二楼有一个企业处，处长姓崔。我进去以后就跟他谈我的情况和想法，他说你挺难得的，这样我这下面有两个宾馆，你可以去调研调研。一个叫侣松园宾馆，就是四合院宾馆，这很对你的路。一个叫万年青宾馆，是中央团校的一个招待所，现在改造成一个宾馆了。所以他给我开了一个介绍信，拿着介绍信我把这两个宾馆跑了一下。因为这是上级单位开的介绍信，所以这两个宾馆的负责人都很认真对待，需要什么找什么，谈情况，聊了一番，之后还请我吃顿饭，那时候能在宾馆吃个饭是挺不得了的一件事，所以印象很深刻。回来之后就写了一篇文章，叫《旅游饭店的更新改造》，投到财贸经济杂志，居然还给发表了。作为一个大学生，那时候能在国家级的杂志上发表一篇文章是非常难得的事情。所以在我们学校也有点影响，系里面说这学生不错，居然弄出这么个东西来。

这个事干完了，接着想，还有一个旅游商品的题目。旅游商品的事没地方可去，想到了北京工艺美术总公司。也是在系里开了一个介绍信，就到工艺美术总公司，在骑河楼，一个大宅院，这在北京当时不是一个企业概念，是一个正局级的单位。到了办公室，主任姓王，我跟他说了一下，他就看着我，也是这样不理我。我说王主任，我就是想调研一下，没有其他要求。他还是看着我，也不理我，我走了。出来之后绕了一圈，看见团委，进去看见团委书记，是个小姑娘，我就把我的事跟她说了一下，我说咱们都是青年人，相互帮一帮。她就带着我去找这个王主任，说王主任，这是我的朋友，你干吗不理人家？王主任说你早说啊，我不知道。这样就在我那封介绍信上，他又写了一堆。当时北京工艺美术总公司一共有 6 个分公司，依次点了一下，希望你们接待一下，然后盖上工艺美术总公司的章，这封信就有含金量了。然后我就凭着这封信，把这六个分公司依次走了一遍，比如说玉器分公司，花丝镶嵌分公司，等等，也是大开眼界，尤其是在车间里，看到那些老师傅，手法精细，作品精致。这一趟走下来了，其实就有数了，然后又写了一篇关于旅游商品发展的文章。这篇文章写完了之后，心里还是不太踏实，有一次路过崇文门饭店，那时候叫向阳一所，就进去看看，看到了国家旅游局研究室，我就直接上研究室，碰见了一个研究室领导叫荆子玉，我就跟他说了一下，我是一名大学生，经过一番调研，现在写了一个东西，希望您能指导指导。他还真的很有耐心，把那个文章看了看。看完之后就说你这篇文章还是浅，只是一个典型调研，得出结论，这还是不行，最好再有点面上的东西。我说面上的东西到哪儿去找？他说我这也没有，你自己找吧。这是我第一次跟国家旅游局打交道，给我的印象很好。

这样，在 1980 年的下半年我就形成了三个成果，一个是关于饭店的，一个是关于旅游商品的，最大还是资源开发的文章。到了 1980 年 12 月，那时候少一也觉得有点对不起我，就说我们现在正在筹备北京旅游经济学会，你来参与一下。所以我就跟着做了一些会务方面的工作，准备点材料，会务的安排，等等，我也是第一次接触这些事情。到 12 月 23 日，在向阳二所，就是现在的宣武门饭店，开了北京旅游经济学会的成立会，这个会有 200 多人，当时主管旅游的副总理陈慕华也出席了这个会议，应该说还是很重视的。而且当时的会员都是各方面的头面人物，大概因为旅游是一个新题目，大家都有兴趣参与一下。我作为一个大学生能够把握这么一个机会，参加这么一个会议，也很高兴，这样的话就基本上算是入门了。北京旅游经济学会成立的时候一共提交了 13 篇论文，其中 3 篇是我写的，这也很不得了。所以学校对我也有点高看一眼。比如我这后面的那两篇论文《旅游饭店的更新改造》和《旅游商品的发展》，都是学校给我打印的，这在当时都是特殊的待遇。

这是一个入门的过程，也是开拓的过程。然而，开拓者的命运总是悲壮的。因为他们走在社会的面前，为多数人所不理解。而当他们一旦得到社会承认之后，他们的所想所为已经成为过去，而受到新一代人的嘲讽。这时，开拓者已不成其为开拓者了。但他们绝不是不幸的，对于他们来说，寻求本身就是一种幸福，这就是强者的过人之处。在寻求中，人的价值全面地体现出来，人的力量得到了真正的发挥。寻求需要力量，寻求本身又带来力量，这是一架永动机，永不停顿，从一代人传到另一代人。

——深化

转过年来就到了 1981 年，因为有了那么点东西，大家就觉得你也有点像模像样了。那次北京旅游经济学会的成立会上，我一个朋友叫梁中峰，他这个人比较好事，还组建了一个青年旅游学会，大家开了一个会，当时也算是一批青年的精英，瞎聊了一顿天，之后还一块儿到怀柔去考察了一下长城。我就觉得有意思了，因为进入这个行业了，没别的，就是自己努力吧。所以就是有机会跑就跑一跑，没有机会跑就多看一点东西，能找到的东西就继续看。因为那时候有点小名气了，有一次接受《北京晚报》记者的采访，我就把我的故事跟他说了一遍，因为这几个故事还都是挺有传奇色彩的，他也觉得很好玩，后来写了一篇文章，在《北京晚报》上也登出来了，我在学校里也算有点知名度了，大家都知道有这么一个人，玩旅游玩得不错。那时候机会就来了，就开始做点事了，我始终有这么一个感觉，机会带来机会，条件创造条件。第一个事就是恭王府，那时候我们学校有一个人叫江北辰，这个人是个活动家，他跑来找我，因为他组织了很多社会活动，也参与了很多社会活动。比如说发展组，他是发起人之一。就是这么一个人，但是他自己好像出的东西不多，就是一个活动家和组织者。他说有个恭王府，恭王府开发咱们研究研究，这样的话我就跟他一块儿去研究这个恭王府开发。结果事情不靠谱，只是个想法而已，但是既然介入了，就介入一下吧，跑了两趟，当时还有一个人叫罗斌，他对这个事特别下功夫，希望能把这个事办成，但是最终也办不成。跑了两趟，最后写了一个构想，这个事就算完了。可是从这儿开始，这样的事就比较多了。

后来碰到了一个人，是国家文物局的高级工程师陶宗震，他是清华大学梁思成的弟子，参与过天安门广场的规划和设计，我从他身上学了很多东西，我称呼他陶先生。他说想弄弄十三陵的事，我就跟他去十三陵，也是这样，合作方式就是我出文字，他画图，把这个事做完了，给了人家就完了，后来如何我也不问了。我就把这种事当练手，而且和老先生接触可以学到很多东西，陶先生风度翩翩，一下就感觉到老大学生的范儿。

第三个项目是大观园，有一个先生叫杨乃济，他也是梁思成的弟子，找我说他正在参与大观园，当时是黄宗江先生发起，想在宣武区（现为西城区）

做这么一个项目，而且这个事是一个实实在在的事。也是这样，我跟着杨先生看现场，听他的想法。听完了之后，也是我出文字，到最后大观园建成了。黄宗江先生请参与这个事的这些人，在晋阳饭庄吃了一顿饭，这事就算完了。

可是通过这几个实际项目的介入，一是增长知识，尤其是这几位老先生，每个人肚子里都有货，也都是人物。二是积累了经验，通过这种实操，知道这个事应该怎么干了。严格地说，大家都是在说旅游，实际上对旅游都不懂，可是在这种实操的过程之中，都在共同学习，也在共同成长，所以那个时候和学术界也多少增加了一些接触。

在北京旅游经济学会的创立过程中，接触比较多的一个人叫张子爽，他当时是北京旅游局外宣处的副处长。老张这个人很有意思，非常耿直，而且脑子里想法极多，也不甘心于混机关日常的生活。后来老张就跟我说了一句话，你大学毕业去哪儿？我说不知道。要不然到我们局里吧？我说好啊。因为那时候开始琢磨，快要毕业了，也确实是要解决这个问题。后来我就跑去找老张，老张当时在北京市委党校学习。我记得很清楚，进了他的房间，他看着我，不理我。我说张处你怎么不认识我了？他说认识你。上次你不是说过这个事吗，我就想来探讨这个事怎么来操作。他说这样，我在这里学习也没有办法弄。于是就给我写了一封信，到北京市旅游局去找一个段处长，段处长带我去找侯局长，侯局长就是侯锡九。我把我有关的文章给他看了看，侯局长就笑了，然后说好啊，正需要这样的人。我们可以答应你来，但有些手续得你自己办。之后我回去就找学校说这个情况，学校说你们这批学生，原则上从哪里来，回到哪里去。当时之所以很多很优秀的人报了北京经济学院，就是不愿意再去外地了，而且就是从北京的单位上北京的学校，回来也就是回原系统。我是从北京建材局系统来上学，建材局得出一个函同意走。这样我就跑到建材局人事处，跟他们说明情况。他们说北京市旅游局想要你，得让北京市旅游局来一个函，我又到北京旅游局，有这么一封表态性的函，建材局的人事部门就出了这么一个函，同意我由学校来分配。这个就不是入门了，这叫入伍了。

——写大东西

除了这些事的操作之外，当时还有一个想法，就是我觉得有了这段积累，可以写点大东西了，所以我当时就想着写一本《旅游经济学》。在 1981 年的暑假，整整一个暑假，基本上按照一天一万字的速度，写这本书，一共写了 18章，30万字。写完了我就说，这就是我的毕业论文吧，我们的系主任就说，这个能当毕业论文吗？再说了，我们谁也不懂旅游，怎么指导你？你就抽一章当你的毕业论文就行了，所以是顺利毕业，论文顺利通过。

这本书写完了，最大的收获就是我知道怎么把握一个体系了。现在要想起来，觉得有点不可思议，旅游入门也就是一年时间，虽然说一年时间没有停顿，但是居然能写这么一本书，而且居然把它写出来了。写归写出来了，但是出版很难，而且当时有几个关键性的观点，这些观点到现在也觉得是对的，但是当时绝对超前。其中一个核心观点就是旅游就是市场经济，所以旅游必须按照市场经济的路数走。这大概和我学经济学背景有关，而且那时候也不光是传统的政治经济学，也开始读一些西方经济学的东西，西方经济学给我的吸引力更大。所以按照积累的这些东西，再加上西方经济学的框架，这本书也出来了，只不过那时候没有条件，所以后来张罗了几次出版的事，都不行，不行就算了。但是这 18 章 30 万字，陆陆续续地抽出来，比如说碰到什么题目抽一段，也基本上用了。所以虽然最后没有出版，但是对我来说就是一个框架体系形成了，也完成了一个大事。那时候走到哪儿，这本书放在书包里，一打开谁看都一愣，当时还没有稿纸，就是用白纸在上面写，厚厚的一摞订出来，看起来像模像样，挺唬人的。对我来说，最重要的就是知道一个学科的体系化的形成，知道观点框架的形成，这也是一个练手吧。

为什么我说这是积累的过程，因为蓄力的过程就是一个积累的过程。后来打印了一个目录，拿着目录跟人家说话去，找了几家出版社都不行。人家就一句话，你一个大学生怎么能出书呢？一句话给你顶回来了，也不管这本书如何，也没有人有耐心把这本书看完。但是总体来说，对于我，活不白干。我们需要历史的眼光，有了它，才能够超脱。我们也需要现实的眼光，有了它，才能够奋争。行动是愿望的结果，愿望的模糊产生了行动的随意。希望人们都能有更明确的目标，直接的目标会带来直接的动力。目标的达到在于条件和机会，因此，创造条件等机会，就是不自主但又想自主的人们必须认识的。

第二章　成 长

——入行

1982 年 1 月，从北京经济学院毕业，到北京旅游局工作，这就算入行了。虽然是新到职，但是拥有十年的基层工作经验，大学四年的读书经验，再加上两年的进入旅游的研究经验，所以到北京旅游局并不觉得生疏，无非就是换一个单位而已。我的直接领导就是张子爽，我曾经专门写了一篇文章叫《直师张子爽》，就是直爽的直。此人很有意思，是个老干部，家里是平谷的大地主，抗战时候被称为开明士绅，当时的八路军的平西司令部就驻在他们家，司令员是李运昌。老张的哥哥就是八路军，后来在八路军里当连长，老张小小年纪也跑去当了八路，之后被他母亲追回来了，说我们家已经有一个八路了，你先念书，如果你哥哥牺牲了你再上。后来他哥哥牺牲了，老张就去当了解放军。这样一个老干部，按理说应该比较顺，但是"土改"的时候家里受到了巨大的冲击，他的家当时既是烈属又是军属，土改的时候不管这一套。所以老张就憋了一肚子气，后来老张到海军，在海军的军务部。1957 年反"右派"，他躲过去了，1959 年反"右倾"，他没有躲过去，扣了一个"右倾"机会主义分子的帽子。所以老张在官场不得意，"文革"的时候支左，到延庆去当了副县长，"文革"结束之后也不知道怎么，就到北京华侨大厦当副经理。1978 年，北京市旅游局组建，他又到了旅游局当外宣处的副处长，一辈子都是副职，和他这个事情有直接的影响。后来海军政治部专门派两个人到北京旅游局来，说当时给你戴那顶帽子是错误的，是冤假错案，希望你写一个申诉，我们帮你撤销，也算是还你一个清白。我当时在场，老张黑着脸就说了一句话："既然你们认为是错误的，你们自己主动撤销不就完了吗，凭什么让我申诉，我不需要申诉。"后来政治部两个人劝他，这是个机会，我们也是好意，老张说这种好意我不接受，你们愿意撤就撤，不愿意撤就拉倒。我当时在旁边就感觉这个人真是轴，后来我还劝他，老张何必呢。他说，没什么，我不在乎这些。他这样一种性格很难应对官场，可是这个人又很有才学，喜欢读书，喜欢写毛笔字，字写得也不错，他经常中午不吃饭，就站在桌边，在报纸上练毛笔字，常常是写完了一篇字，长出了一口气，然后感慨地说写毛笔字就像练气功一样，全神贯注，一气呵成。这样一个领导我非常赞赏，他也很喜欢我，因为到北京旅游局来的过程之中，他也使了一把力，没想到又变成了我的直接领导。

可是当时我们处在一种混乱的工作关系中，老张是外宣处的领导，他当时直接管两个人，一个叫赵准旺，是个画家，当时赵准旺的主要任务就是给即将开业的这些饭店组织画家来画画，包括公共区域的大画，也包括客房画，大体上一家饭店得有十几幅甚至二十幅大画，挂在餐厅等公共区域，然后有几百幅客房画。当时建国饭店的画主要由江苏画院的画家来画，以亚明先生为首。那时候组织画家也比较容易，价格也不贵，比如建国饭店西餐厅的一幅大画，我也说不清楚尺寸，当时稿费就是 1500 元。长城饭店的画主要是由天津画院的一个名家叫孙琦峰带着弟子来画。赵准旺和画家的关系熟悉，另外他自己本身就是画家，那时候也沉迷于创作。另外一个人是摄影家叫王文波，是有名的王氏四兄弟之一，我在他们的办公室看到王文波有一个大柜子，柜子里都是反转片，插满了，都是北京的风光。王文波韧性很强，老张对他也是这个要求，比如说拍长城，一年四季的照片都得有，拍故宫，每天都应该有照片。所以他就是抓这么一个地方，系列的拍，也确实出了一些好作品，也成就了王氏四兄弟之一，这是他们传统的工作内容。

我去了之后，增加了新的工作内容，也不算外宣处的编制，是在办公室，北京旅游局办公室之下设了这么一个机构，也没有名字，相当于一个不管处，就是别人不管的事情我们都来干。主管领导是一个副局长叫杨世瑞，他是新四军的老干部，广东潮州人，个子不高，有时候打电话一转话音就变潮州话，所有人都听不懂。这个老先生当时工作积极性还是很高的，但是他管老张有点管不动，老张就说，杨局长有什么事你们就直接去，也用不着请示我。所以老张左手抓的就是传统外宣工作这一套，右手就是我们这一套。当时我们办公室还有一个人叫王世平，是北京团市委出身，此人比较精明，但是能力有限，老张也不太理他。我们的工作经常就是，凡是需要写什么东西，老张就说，小安你写吧，需要办什么事，王世平你去办事，基本就是这么一个分工。所以这样一个工作关系，说是挂在办公室，办公室也管不了我们，这就形成了一个比较混乱的工作关系，在局里也算比较特殊。那个时候北京旅游局已经成立四年，将近五年了，按说该建的机构都建起来了，实际上那时候还是一个开创时期，很多部门没有，比如说没有政策法规部门，没有行业管理部门，没有规划部门。可是当时有一个外资处，有一个建设处，所以那时候的旅游局基本上就是一个建设局。局领导九个，局长叫张忠实，这是老北京市委交际处的处长，山东人，一口胶东话，工作经验非常丰富，尤其是搞接待出身，所以管饭店、旅行社这一套事，业务还是很熟悉的。副局长里面有一位是侯锡九，精明强干，是行业里的泰斗级人物。侯局长是山西人，聪慧，能干，出口成章。有一次我陪他去北京社科联开会，上车问我什么会，到场发言，就是一篇文章。当时我们还有一件事情，就是北京旅游经济学会，老张跟我说，北京旅游经济学会在我这管，我们来操持这个事，你就相当于学会的秘书，这也是你的工作。我的其他工作是杨世瑞副局长领导，学会这一摊是侯锡九副局长领导，有些重要的事情就直接报给张忠实局长。那时候九位局长里面有一位刘导澜——总建筑师，涉及酒店建设这一套事情就是他负责。还有一位是总会计师叫李伟，涉及财务方面的事情就是李伟副局长负责。但是有两位局长我始终没见过面，我就问老张这两位局长都是哪的，都是有关部门的，挂名，实际上他们也不来上班，只不过有个工作名义，工作上方便一些。当时的特点就是这个特点，包括每个酒店、旅行社都有有关部门的人，这些人后来我接触了一些，给我感觉都不错，而且他们对旅游尽心尽力。这样的一个工作关系，反正我的直接领导就是张子爽，我听他的就完了。人适应环境，环境也适应人，自我也构成环境的一部分，对环境发生影响，与其抱怨环境，不如改造环境。徐徐图之，人当自由。

——建旅游厕所

报到时间不长，杨局长找我，跟着走一下，去考察北京十个公园，这十个公园当时建厕所，那个时候外国旅游者到中国最大的一个问题就是没有合适的厕所，造成了极大的困扰。所以北京市旅游局和北京市园林局两家商量，各拿60万元钱，准备修十个厕所，所以我跟着领导考察现场，颐和园、天坛、八达岭、十三陵，等等，先选址，选址之后就得商量怎么建。就委托园林局的设计所做厕所设计，然后他们要求说要考察一下。可是在国内没的考察，所以到日本去考察了一下，看看日本的厕所怎么回事，回来之后方案出来了。旅游局参与的就是里面的设备设施，我们那时候专门去了首都机场，考察首都机场的洗手间，包括烘干机是怎么回事，在设计方面参加一些意见。设计完了就施工，快建成了，当时最大的难点就是厕所怎么管理和维护。我提的建议，要收费，不收费这个厕所没有办法维护，因为都是旅游热点地方，如果说不收费，什么人都去，这个厕所是维持不住的。两家拿出 120 万元，建设容易，但是怎么长治久安不容易。所以这个意见大家都接受了，后来专门给北京市政府写了一个报告，涉外旅游厕所，强调涉外，每人次收两毛钱，这个报告引发了争议。当时颐和园的门票就是三毛钱，上个厕所要收两毛，不可能，而且涉及老百姓，所以就没有同意。后来就写了第二个报告，就是降一点，当时我们也测算了一下，到底成本多少钱，测算了就说还可以往下降一点，降到一毛钱，结果还是不同意。之后就写了第三个报告，第三个报告的意思就是在每个收费厕所的视线可及之处，再修一个不收费的厕所。这样的话，内外分开，还是要收一毛钱，否则的话这个厕所将来的管理、维护、保养，都保证不了。第三个报告北京市政府同意了，同意了之后还招人，我们还专门办了一期培训班，跟管厕所的这些人说，以后你们就算外事工作干部了，也得学外语，也得讲究服务等。这一摊事弄下来，前后折腾了有将近一年，把这个事算是办完了。可是有很多没有想到的事，比如说八达岭这个厕所，当时很多人见到了那个厕所之后觉得不可思议，说这个厕所比我们的家都讲究。在一周之内，这个厕所所有的五金器件被农民给拆了，管理人员也管不了，只好再装、再维修。实际上社会处在那么一个阶段，大家心态不平衡是普遍的，我去了都有这种感觉，这个厕所真是讲究。但是现在想起来，大体上也就是一般水平，可是在当时觉得不得了。只不过那时候我们已经开始有酒店建设的经验，也知道什么叫国际标准、国际水平。后来就此我专门写了一篇文章，就是《从旅游厕所的修建看旅游体制改革》，简单一个厕所实际上反映的是整个旅游体制的复杂性，这算是我进入旅游之后的第一件事，这件事非常小，但是非常务实。

下面就顺着把厕所的事一直说下来。到 1983 年，国家旅游局召开了全国第一次旅游厕所工作会议，就在北京召开，当时有一个契机，就是因为这十个厕所修得不错，所以相当于开现场会的意思，把北京这个样板推出来。力主开这个会的是国家旅游局局长韩克华，他感受更深，所以在开会的时候，在这个会上他做主旨报告，讲了一大堆案例，就是外国人怎么评价中国厕所，怎么反映，甚至很多外国旅游者说中国的厕所不解决不会再到中国来。用韩局长当时的话来说，中国旅游臭名远扬。在会议期间，大家考察了一下北京的旅游厕所。国家旅游局协调国家计委，拿了600万元，希望地方配套投资也拿600万元，一共1200万元，开始全国的旅游厕所建设。这是第一步，这一步做下来，应该说缓解了一些问题。但是当时来说，建这些旅游厕所只是应急，实际上缺乏各方面的研究，也缺乏学术基础。一个厕所的事还需要理论研究和学术基础吗，实际上是如此。后来我到国家旅游局工作，又涉及这个问题。1993年，刘毅局长提到这个问题，当时把旅游厕所分了三类，一类叫城市厕所，当时城市厕所基本解决了。一类叫景区厕所，景区厕所正在陆续解决。可是当时最大的难题是在路途上的厕所，就是从城市到景区路上的厕所。当时刘局长出了一个招，就是我们和中石油商量商量，能不能在加油站配套建设这么一批厕所，请中石油来花钱，国家旅游局也支持一部分，这个招出来之后，应该说解决了一些问题。1995年，国家旅游局和建设部两个部门每年各拿5000万元来支持解决景区厕所的建设。所以从那儿以后，厕所的问题，尤其是对于外国旅游者，总体来说缓解了很多。这个事情虽然是个小问题，但是产生了大影响。1994年，马来西亚市场对中国开放，当时马来西亚的旅游商对客人就说，你们到中国一定要带雨伞，客人就问为什么，中国下雨很多吗？不是，中国的厕所都没有门。当时马来西亚也算是一个中等收入国家，消费水平已经上来了，所以很自然，就提这么个要求。后来刘毅局长总结，我们的旅游厕所简单地说就是八个字，一单坑，每个坑都是单独的，二有门，要设门，三不臭，这就是基本要求，最后两个字就是收费。单坑、有门、不臭、收费，八个字就把旅游厕所的事说清楚了，我确实很服气老干部这种接地气的总结。这一步做到了，应该说对于外国旅游者来说，这个问题大体解决了。可是那时候国内旅游起来了，所以要求又进一步提升了。1999年国家旅游局又召开了一次全国厕所工作会，这次会是我主持的，地点就在桂林，当时的桂林市市长李金早，发动厕所革命，在桂林建了500个厕所，形成了很好的影响，所以我们专门去调研了一下。他的经验在于体制机制的成功，拿出500个地块，这500个地块招商，可以盖三层，一层必须是厕所，二层、三层可以搞其他经营，这样就把市场力量调动起来，所以投资者也有了，经营者也有了。提出的要求，就是不能低于三星级饭店的厕所水平。同时给政策，这样的厕所，水、电、气都享受公共价格，这500个厕所修建，也彻底解决了桂林旅游厕所的问题。所以我们就在桂林开了一个现场会，在这个现场会上提出了中国旅游厕所革命，而且提出要把旅游厕所革命进行到底，当时我们主管副局长孙钢自己动笔写了一篇文章《厕所革命宣言》，后来我说，这个事叫宣言不太合适，太大，我们叫《新世纪旅游厕所共识》，就达成了共识，也发布出来。然后到2001年，又在山东泰安开了一次会，那次会上我提出来，希望是最后一次旅游厕所会议。1983年那次旅游厕所会议应该说在世界上开了一个先河，没有一个国家在这样的层面上召开这样的会议，2001年我希望是最后一次。在此期间，1995年我们推动一件事情叫创建中国优秀旅游城市，在中国优秀旅游城市的标准里面，一共是18项，1000分，旅游厕所专门列为一大项，占60分，也是想借此机会推动。在第一次中国旅游城市评定的时候，我带队去了吐鲁番，在吐鲁番评定的时候，60分我只给了5分，后来在评定会上我讲完了之后，吐鲁番的地委书记和市委书记两个人聚在一起，魏司长你别走，我们得研究一下厕所怎么弄。那个地方的特点是没有水，没有水来建一般性的厕所对他们来说第一太难，第二做不到。我说可以搞环保厕所，因为当时技术上已经有了这类厕所，他们马上就说哪个地方有，怎么买，最后决定地委拿50万元，市委拿50万元，一块来解决这个厕所。那次我回到北京，吐鲁番市的市长就跑到北京来找我问，到哪儿去买这种厕所，因为工作要求到了这一步，所以很自然大家就开始重视。在2013年，国家旅游局十年之后又发动了一次旅游厕所革命，应该说这次厕所革命范围大，气势大，力度强，一年修建5万个厕所，而且当作硬碰硬的工作要求。从1983年到现在，37年了，应该说这个问题已经解决了，但是就是这么一个小的问题就如此之难，可见旅游发展的复杂性。

只不过我有一个感觉，任何一个事情都有前因后果，都有来龙去脉。不能说这几年我们搞旅游厕所革命，以前的工作就没有了，就把它否定了，那不对。大家都在积极工作，碰到问题都在积极解决，只不过不同的时代有不同的特点，不同的时代有不同的局限，很多事情当时想到但是做不到，可是在各种条件局限之下，大家已经形成了相应的成果，也付出了巨大的努力。

——慕田峪修长城

修复慕田峪长城，这是20世纪80年代国家旅游局下了大功夫的一件事。当时的国家旅游局手里没有多少投资，可是3000万元以上的投资进行了几项，第一项就是北京的慕田峪长城，第二项是南京的秦淮河整治，第三项就是西安的历史博物馆修建。这几个大项目，实际上主要都是围绕外国旅游者的需求。八达岭长城距离偏远，旅途不顺，而且拥挤得一塌糊涂，最多的时候长城上一平方米站四个人。说起来不到长城非好汉，实际上能够走下那段路就不容易。因为北京的长城资源还是比较丰富的，所以当时首先就是选址。那时候也让我们来介入，老张对这个事很积极，选来选去选了河北的金山岭，北京的司马台，还有慕田峪这么几个地方。金山岭偏远，司马台过于陡峭，工程上困难太大，慕田峪比较合适。1982年4月，当时北京市规划局组织，就到慕田峪长城去做规划，除了规划局、旅游局，还有交通局、水利局、林业局、文物局，等等，各个有关部门都参加。在规划过程中我一直盯在现场，这次应该说收获很大。当时规划局派了一个规划师叫魏礼开，他组织全局。每天早上就去爬山，为了这个项目我还专门买了一双旅游鞋，半个月下来这双鞋也报废了，每天爬山，把慕田峪这一带所有的山爬完了，每天都是背个书包，书包里放点馒头、香肠，带一壶水，就上山了，回来之后累得一塌糊涂。天天爬山，就住在山村老乡家里。今天研究公路的事，公路局的人就谈公路的国家标准，这条线应该怎么选线，最短最优。明天研究水利的事情，水利局的人就讲这个水的来龙去脉，应该怎么办。林业局就讲植被，将来怎么栽树，什么样的树种，怎么栽。方方面面学了很多东西。这是真正深入旅游一线，就有一个感觉，知识储备严重不足，怎么办，补。半个月的现场考察大体结束，然后魏礼开画了一张总规划图，他拿着总规划图就讲，讲完了讨论。我看了半天，规划图就这么画，看明白了，就是找一张当地的地形图，在地形图上，按照等高线来标，然后画这个那个范围。看明白了，这个事也不复杂。按照大家的思路，规划的文字是我写的，所以从头到尾介入了这么一个规划，也是我第一次全面介入一个旅游区的规划，而且是深度介入。半个月下来觉得收获巨大。

规划做完了，就要组织施工，当时是国家旅游局拿了3000万元投资，北京市配套2000万元投资，实际上就修1500延长米。在这个过程之中，也看了一些地方史志，明朝谭纶和戚继光这两位大将带着队伍在这一带驻防，也看了戚继光的《练兵杂记》等。其中让我比较震撼的是，看见一块残碑，这块残碑是慕田峪长城修建时候的一个记录，实际上是处理一个官员的记录，就是这个官员负责从哪儿到哪儿这段长城的修建，应该花多少银子，但是他贪污多少银子，所以把判处了死刑，这段长城重新再修。而且长城的城砖上很多都有字，实际上从工匠角度来说有一种责任制，从官员角度来说是一种更高的责任制，而且有监督机制。今天，我们只是修了1500延长米就要花5000万元，在明朝的时候，至少从辽宁九门口长城开始，辽宁、河北、北京、山西这些长城都重新修了一遍，而且是包砖的，当时哪儿来的这么强的国力，花这么大钱干这样的事，真是觉得很吃惊。而且有这么一套严格的管理机制和运营机制，这个事情真是很触动。我们骑自行车从承德回来的时候，曾经在密云白龙潭住过，那时候也是个景点，有镌刻戚继光手迹的一块碑，就是说长城的事情，写了一首诗。那个时候，就觉得古人真是不得了，而且后来随着知识越来越丰富，看的地方越来越多，这种感慨也越来越深。规划做完了之后，还有一件事情就是要盯工程，所以那一段时间差不多每个礼拜都要去一趟怀柔。那时候交通条件差，每个礼拜这么跑，实在够辛苦，但是不去不行，为什么？修长城的工程队伍是怀柔区的工程队伍，他们就是把长城修完了就完了，但是我们那时候已经有这种概念了，就是修旧如旧，我们就强调原来能利用的材料一定要利用起来，事情也一定要办好，不能说长城修出来跟新的一样，这样修长城就没有意义。那时候怀柔建委主任说，你说的观点我都接受，但是在现场操作的时候都不落实。他最后就说，实在没办法，我们这些民工能怎么办，他们能把活干出来就行了，还要求他们修旧如旧，做不到。所以到最后，慕田峪长城修完的效果很拙劣，让人看了很不舒服，但是总算修完了，而且路也通了，也顺了，可以去了。当时的目标是给八达岭引流，但是客观来说没有达到，因为八达岭品牌在那里，不到八达岭大家就认为没到长城，慕田峪长城最后真正引流是给国内旅游引流，起到了这样的作用。前前后后这个事折腾了有两年，算是把这个事折腾完了，也算是我从头到尾完整参与了一个工程。涉及各个方面的具体事情，各个方面关系的协调，包括资金的划拨，等等。

因为这是个大工程，所以领导都关注，在这个过程之中我们陪着主管旅游的副总理陈慕华去了一次。在首长去之前，老张带着我一块儿到怀柔区商量，怎么接待，怎么安排。当地人就说，慕田峪长城去半天就回来了，中午在县里吃饭，他们准备海参、大虾这些东西，我说这不行，首长什么东西没见过，到了乡下就弄乡下的事。所以我就提了一条要求，弄点乡下的杏仁、烤白薯、煮玉米，等等，他们就不接受。我说咱们两套方案都准备。当天商量完了之后，我们又赶回北京，第二天陪着首长去，在路上就请示了一下，中午在县里吃饭，我们有两个方案请首长定一下。因为我那时候有一个看法，从人的口味来说，15 岁以前吃的东西终生吃着都香，属于童年记忆。因为 15 岁以前吃的东西里面有很多感情因素在内，这个菜是妈妈做的，那个菜是奶奶做的，等等，所以要想接待有成效，就是要了解一下领导小时候在哪儿生活。在我的记忆中，陈慕华副总理是延安自然科学研究院出身，所以我就坚持弄点小米粥这些东西。结果我一请示，首长当然要吃小米粥，赶快通知县里面，到了县里面就赶快跟他们说，说完了我们就上了长城，从长城下来中午吃了一餐饭，首长很高兴，大家也觉得这个事挺好。还有一次是接待谷牧副总理，他提出让大家在山上野餐。也是我们前一天到了县里，谷牧副总理提了这么个要求，当时我想有几个人可能准备到山上野餐？所以就说县里准备一下，做几个凉菜，然后准备一大锅打卤面，大家吃打卤面。第二天上了山，快到中午了，谷牧副总理还真是自己带了吃食，开始吃吃喝喝，所有人都傻了。老张就说，你去说，年轻人说着方便，没身份嘛。结果我就说了一下，首长你看，你们在这吃着，大家都瞪眼看着，谁也没带，差不多了咱们到县里面再补充一点。之后我们下了山，到了县里面，一看有打卤面吃，大家都很高兴。这两次接待领导，说明领导对这个项目的重视，而且当时大项目少，旅游处处都是空白，都需要填补。这样的话有了项目，领导关注这也是很自然的，这算是比较整块的一个工作，虽然困难，但是过瘾。这个工作做下来，收获最大的就是能在一线全面介入，只要能够举一反三，很多事情就有经验了。

——综合性

1982 年年底，张局长找我，因为我经常要写点东西，给领导报个材料之类的，他说你的文笔不错，北京市旅游局成立五年了，你写一个五年的工作总结吧。我说我刚来一年，怎么写五年工作总结。局长说，需要材料，各个处给你出材料，你成稿就行了，所以那时候比较系统地把北京市旅游局五年的工作历程梳理了一遍，写了总结。这样的事情对我来说不是很难的事情，只不过需要花一些工夫。可是这个写完，笔杆子的形象就形成了，大家都说现在的大学生就是不得了，来了之后就能上岗。因为我刚到旅游局，在考察厕所的时候，王世平就说，你对旅游不生疏啊。我说不生疏，我已经做了一年多的旅游研究了，所以旅游这点基本的事我还是知道的，缺的就是实际工作经验。又经过这么一些历练，所以形象自然就形成了。这是在我成长过程之中，能够深入实际的结果，我们的好处就是一个不管处，当时不知道哪个部门该管的事，没人管就都弄到我们这来干，而且老张是喜欢挑战的人，我也是这样，所以有新的事我们就有兴趣来做。

进入 1983 年，那时候情况基本熟悉了。但是我们也有一个特点，就是干的事很多是外面的事，和局里面打交道不多，但是和各个有关部门打交道不少。那时候北京市计委刘晓光跑来找我，他是 78 级大学生，被分配到北京市计委，分管旅游这块，就和他谈北京旅游发展怎么发展，谈得很投机，后来就变成了好朋友。国家旅游局计划司统计处当时有一个邱毅勇，厦门大学毕业的，也是工作的骨干。搞旅游厕所工作会议的时候就是国家旅游局计划司在负责，所以当时计划司的领导郭治也很喜欢我，他甚至动了念头问我能不能到国家旅游局去工作，我说不行，我现在的领导很好，我舍不得离开他，而且在北京旅游局也能做事，我先做事，到时候再说。所以和邱毅勇在一起聊了几次，也很投机。那个时候需要和外面打交道很多，到各个部门跑的也比较多，前面说到，我跑胡同之前碰到北京市规划局之前那个处长，在工作中也有交往，也觉得这些事情很好玩。见到之后，说起来大家都哈哈笑。

那时候形成一个感受，就是旅游业的综合性太强，而且这种综合性可以说是旅游的根本性质、根本特点，所以我那时候也写了一篇文章《试论旅游业的综合性》，这篇文章到现在想起来也还是一篇写得不错的文章。由此，我专门写了几篇短文，都是有冲击力的，一篇《能说旅游投资少见效快吗？》，一篇《能说旅游是劳动密集型产业吗？》，不迷信既定观点，边干边学边想边说，这个习惯从那时候开始形成。

——创办《旅游学刊》

这时候还涉及另外一方面，就是旅游经济学会的工作。作为一个学会，无非就是搞调研，组织活动，加大宣传。老张很有想法，所以就提出来，能不能办一个刊物，就叫《旅游学刊》，交代我说，这个事你来办吧。我当时有一摊工作，事情一个跟着一个，搞一个学刊，刊号也没有，只能先搞一个内部刊物。我说行，就自己琢磨弄吧，涉及稿子怎么来，谁来编稿子，然后怎么印，怎么发，一系列的具体问题。老张就说，先把创刊号搞出来。所以先弄了一个创刊号。当时北京旅游经济学会的会长是廖沫沙，是名人。他之所以同意当北京旅游经济学会的会长，是因为在筹备这个会的时候，老张去拜访他，正好是审判“四人帮”。老张去了之后就聊起审判“四人帮”，廖老作为受害者，在审判“四人帮”的时候说了一番话，当时电视都在播。所以他见到廖老就说:“我看到您电视上这个过程，写了两首绝句。”这两首绝句给廖老一看，廖老就兴奋了，跟着就问他，你有什么事，他说我们要组建一个北京旅游经济学会，想请您当会长，廖老说没有问题。涉及学刊，也想请廖老提个刊名，老张就带我去了，那个时候廖老住在前三门，离北京市旅游局不远，北京市旅游局当时就在向阳一所，就是现在的崇文门饭店。去了跟廖老说起，廖老说没问题，但是又一看，说我没有纸。老张就说你赶紧回去，到我柜子上面扛一卷桑皮宣来，我哪知道什么叫桑皮宣。我问什么意思？就是柜子上有纸，你给我扛过来，我就扛了一卷纸过来，给了廖老。廖老题完了旅游学刊刊名之后，老张就说廖老给我们写个字吧，后来捅咕我，找廖老要一幅字，我有点张不开口，廖老就笑，反正写字一块儿就写了。然后问我想写什么啊？我说，廖老我有一个感受，就是陈毅元帅的诗，“大雪压青松，青松挺且直，若知松高洁，待到雪化时。”这就是对您的一个写照，廖老高兴了，就把这几个字写给我了。写完之后又送了一本书，叫《纸上谈兵录》，就是抗战时期廖老在报纸上发表评述军事的文章，汇集了一本书。刊名题好了，拿过来就得干，也不知道去找谁，这样的话就先写吧。创刊号 6 万字，我一个人写了大概有 4 万字，代廖老写了一篇文章，发刊词《根深才能叶茂》，给张局长写了一篇文章，给主管的杨副局长写了一篇文章，又以本刊记者，本刊评论员诸如此类的名义，写了一堆。当时只约了两篇文章，就是北京联合大学旅游学院，那时候还叫二外分院，请院长王鸿滨先生写了一篇，还有蔡万坤，请他写了一篇关于饭店的文章。组稿对我来说不是个难事，但是怎么对付印刷厂我就搞不懂，所以又找到我的朋友宁柯，他就在北京社科联当编辑，我就详细向他请教了编稿子，送印厂这个过程。他给我拿过来一堆纸，叫版样纸，可以在版样纸上画，把稿子的字数数清楚，然后在版样纸上画出来，印厂按照版样纸来排版。学了一番，就跑到一个小印刷厂，用对开印刷机，看他们排版、印刷、装订，这个过程看完了，就明白了，也会了，这都是技术问题。到后来再出的时候，我去了直接提要求，有时候版样纸画的不完全准确，如留一块白，印刷厂就问我怎么办，我说在这里补白，在印厂现场补白，把这段写完了，把留的白填上了，这就算出来了。第一期刊物出来，老张看着很高兴，虽然看起来非常简陋，但这是全国第一份旅游研究杂志。印出来之后，就请旅游学院的老师过来，帮助我寄出去，稀里哗啦两天也就完了。大家都是义务劳动，我还专门跟这些老师说，对不起我们没有费用，但是这个事就这么干了，大家以后有什么稿子尽量投稿。第一期出来了，形成了一定的社会影响，当时很多人给我写信，说这个杂志坊间买不到，买不到再补寄吧。当时力量也不够，只能按照季刊来出。

但是第一期出来了，一个感觉，就是没有稿源，需要培育作者队伍。因为那个时候旅游专家队伍并不强，大体上就是上海社科院有几个人在做这个研究，北京有北二外还有联合大学的旅游学院、中科院地理所、社科院外贸旅游研究室，大体就是这些人，年轻人没有起来。但是有一个好处，以这个刊物作为一个平台，联系了很多专家，所以第一期创刊，第二期就是长城开发的专刊。为了搞第二期，我们专门开了一个慕田峪长城开发研讨会。在这个研讨会之前，也拜访了一批专家，其中让我印象比较深刻的一个是国家文物局的罗哲文先生，温文尔雅，也是老张带着我去，去了以后说到这个事，他欣然同意。还有一个印象比较深刻的就是北大地理系主任林超先生，到了林超先生家里一看，林超先生所有藏书都重新装订过，都包上了“硬领皮靴”，林超藏书多少多少卷，卷名是什么，真是坐拥书城。当时看着羡慕得不得了，什么时候能有这么个架势，那真是学者了。林先生作为一个地理学家，藏书之丰不可思议，如关于昌平，也有专门的藏书，《昌平山水记》我是看过的，但是还有其他的，我才知道大学者的大学问是怎么积累出来的。后来研讨会就在慕田峪长城开，我专门带着司机去接这些老先生到慕田峪长城，大家都很赞成这件事。所以很自然，第二期的主题就是慕田峪长城开发专刊。就这么一期一期滚动下来，反正一年四期，对我来说工作量也不是太大。因为我们有一个优势，工作效率极高，一个事情想到了就做，做到了就行，然后就能见到成果。但是通过这么一个平台，联系了大批的专家，有一些后来始终联系，关系还不错。行业里也都知道，有这么个小伙子挺能干，居然一个人就把一个刊物给挑起来了，这还不是我的主要工作，等于是副业的工作。但我倒是有一个态度，我不认为工作非得区分出上下班的事，只要需要干的事我们干就是了。所以，上班也在干，下班也在干。最后，《旅游学刊》一共出了九期，也算是一个历史记录。

——过瘾的调研

在北京旅游局，有相应的局限，就是只能小跑，多是北京的事情，出差机会少，所以但凡能够出差，每一次都很认真。1983 年，我做了一次国内旅游的专题调研。当时是全国经济学团体联合会要开一个会议，在苏州，北京旅游经济学会是他们的团体会员，所以老张就批准，你去参加这个会吧。因为当时特别想跑，北京市旅游局的这点工作范围觉得小了，实在不够跑，所以能有一次出来的机会也很珍惜，但是他提了要求，你顺便做一下国内旅游的调研。那时候国内旅游已经开始起来了，看看江浙沪这些地方是怎么搞的。要以国内旅游者的身份，先考察，考察完了到最后再找旅游局，不要让旅游局接待。所以我就坐着火车的硬座，跑了 15 天，9 个城市，除了参加这个会之外，剩下就是到各地调研，实际上也是玩了一把，而且以旅游者的身份玩，很有自由度。虽然条件不能讲究，那时候对条件也没有要求，能够跑下来就觉得很过瘾。回来之后，我跟老张汇报，这次如何如何。但就是算了一下账，这一趟差出下来，花了公家 110 元钱，自己花了 220 元钱，大体上是当时三个月的工资，但是我也觉得很不错，过了一把瘾。后来还专门起草了一个北京市政府关于国内旅游的管理规定，报到市里，市里觉得这事早了点，所以就放下了，但这说明了老张对行业的敏感程度。

——客串导游

那时候，到了春节、五一、十一，旅行社都忙不过来，所以机关就派一部分干部到旅行社帮忙，客串导游，那时候我也客串了一把，也算是在一线了解了一下这方面的情况。我到北京市中旅，一开始是导游在前面讲，我在后面跟着，都是散客成团，在宣武门饭店。散客过来主要就是港澳的客人，也有一些其他国家的华人，过来之后就报名参加北京几日游。这种散客成团人数很多，一个团五六十人，一个导游肯定照顾不过来，我就在后面跟着，扫尾，不要有人掉队，前面看着导游的小旗子。第一次专门做了笔记，叫《导游手记》。第二次就熟悉了，我就跟导游说，咱俩换一下角色，我在前面讲，你在后面跟。他说行啊，我还省事了呢，然后就苦背了一堆导游词，上了车就开始给大家讲。我当时觉得这个事好玩，实际上在这个过程中也是一种历练。因为散客成团，什么人都有，乱七八糟，就得需要你能让客人服你。有两个客人，我们去颐和园，去的路上这两个人就唠叨，意思说他们去过颐和园了，不想去。我一看这两个人不好对付，但是因为我讲得还不错，基本上能把大家压住，一路上讲的知识量也够，大家提的问题我们也基本上能解答，因为我对北京熟悉，所以说起老北京来也是一套一套。这两个人路上就唠叨，后来快到颐和园的时候我专门强调，咱们几点钟到哪儿，几点钟到哪儿，中午在哪儿吃饭，吃饭之后在哪儿集合，说了两遍。其中就强调下午一点半在这个地方集合，我就盯着问，听明白了，他们说听明白了。进去之后我就一路讲，后来到了中午吃饭，吃完午饭就找不着这两个人了。回到车上，约的是一点半，差十分钟一点半的时候我看了一遍，就跟大家讲，上午那两个人现在没到，我们要不要等？有的人就说等，有的人就说不等，我说这样，咱们等十分钟，我迅速写了一张纸，把这个情况写了一遍，请附近几个人签一下字。解释为什么要这么做，这两个人一定要跟我算账，请大家给我作证，到时候怎么找大家？所以大家签一下。后来等到一点四十，那两个人还没来，开车。我们那天下午又游览完了，回到酒店，这两个人追上来了，就投诉我，我把这张纸给他们看。所有人都到了，我们又等了你十分钟。现在你投诉我，有这个道理吗？或者你可以去投诉，或者踏踏实实明天咱们一块儿走，团队活动就是团队活动，结果这两个人没脾气，这是一个让我感受比较深的事。另外一个就是说起回扣，实际上那个时候还没有这个风气，可是已经有了点苗头。到各个景区，都有导游专柜，可以花比较便宜的钱买点东西，那时候导游还带着我买东西，买了一个喝水的罐子加上几个杯子，花了一元钱，这就是导游待遇。导游说我们已经不买这些东西了，还有点什么其他的东西。下一步就变成也不用买东西了，导游带着客人来逛这个店，给你一个小票，你拿小票去领东西，有一堆可以选。我后来就没参加这些事了，再到后来就变成了直接给钱，这是一个市场自发的发育过程。如果在开始的时候，我们能有一个比较合理的方式和渠道来解决，实际上也不会演变到后来的情形。可是这些事情不在一线不知道，不在一线也发现不了，等发现的时候这些东西已经形成行规了。所以这次客串导游，对我来说积累了一种经验，虽然没带几个团，前后跟着带过七八个团，也知道了一线导游的艰难辛苦在什么地方。

——好玩的考察

有一段，杨世瑞副局长热情高涨，想在国内考察，对我来说求之不得，当时北京国旅的高总、北京中旅的康总也参加，也是各带一个人，一共六个人。先是走了一趟华北，河南、山西、内蒙古，我的任务是走下来写考察报告，对领导来说就算交差了。一路走，其他旅游局也问，你们杨局长是不是快到点了，我说应该是吧，快退休了，也抓紧机会走一走。后来又走了一趟山东、辽宁，这么两趟走下来，对那边的情况也了解得多了一些。因为毕竟不是旅游，是工作考察，所以到哪里都要开座谈会，交流一下情况，大家谈一谈。这两趟考察下来，我负责写报告，所以对各地的情况了解得更深一些，到哪儿都问他们要材料，要完材料回来整理整理，就形成考察报告。那时候，我还是很勤奋的，基本上一路走一路记，一趟考察下来，记满一个笔记本，四五万字，回来形成考察报告对我来说是比较轻松的事，也觉得有收获。那个时候毕竟跑得少，所以每一次跑下来，都能拉一堆题目，感受一堆新的东西，包括看了一堆新的景区。很多景区是原来想去但是没有机会去的，最后也形成了工作成果。作为旅游爱好者，饱览大好山川，尽享文化深度，还能吃好喝好，比自己玩舒服多了，也真是感觉旅游这一行进来对了。选择一种职业，就是选择了一种生活方式。追求一种地位，也是追求一种生活方式。

自然，想转变生活方式，就要转变选择和追求。

跑下来之后，老张就提出来，你们不能白跑，开个会。就找杨副局长，北京旅游局组织召开了一个华北区域旅游工作座谈会，北京旅游局主持，国家旅游局局长也到会，天津、河北、河南、山西、内蒙古这些地方的局长，大家一块儿讨论讨论区域旅游怎么发展，实际上主要是借这个机会来沟通。那时候真是谈不上区域旅游发展，但是这个概念初步形成，这也算得上是第一次国内区域旅游会议，那个时代是一个开创的时代，所以无论做什么事，往往都是第一次。

1983 年，国家旅游局组织了第一次中国旅游交易会，主会场在民族文化宫，住客接待地点在北京饭店，还有一部分客人在华都饭店。这个会议我也跟着张罗了一下，安排接待，车辆调度，第一次知道还有这么一个类型的会，这个会还可以这么开。这个会议开得很成功，很多外国的旅行商过来了，大家也都是对中国有浓厚的兴趣，但是也有很多困难，希望能够帮助解决。所以这次会议，国务院层面是副总理出席，也有开幕式，酒会诸如此类的这一套事。我跟着搞接待，司机、导游，各种具体安排，有难处，但是都好玩。

——事在人为

这个时期工作量挺大，也很充实，因为不断地有新的事情，不断地有新的知识，也有新的感受。一方面是开创性的工作，另一方面是旅游学会的工作，所以我在机关就变成一个很特殊的人，要大量联络学界人士，也时常有人来拜访，自然引发了一种争议。有一次张局长跟我说："你的社会关系很广啊，局里有人反映过。"我说，张局长这就不对了，其他人不知道我的工作情况，你应该知道，我有一个北京旅游经济学会的事，要不联络社会，这个工作怎么开展啊。任劳容易任怨难，任劳任怨成完人，我是任劳不任怨。但是实际上就感觉，因为干的这些事情超出了机关的范围，大家在旁边看着眼花缭乱，不知道在干什么。老张就说，甭理他，咱们该干什么干什么。所以我从来也不管这些，就觉得我们埋头做事，没有这么大的精力来注意这些事情，来折腾这些事情，来注意各个方面的什么关系，也注意不了。反正每天就是忙忙碌碌，要不然就是写材料，要不然就是出差，要不然就是到各个部门，然后联系各种各样的专家，也组织一些活动。其中一次组织北京旅游资源开发研讨会，那时候对北京也比较熟悉了，也准备了一些材料，所以请各个方面的专家，尤其是地理专家、历史专家、文化专家，一块儿讨论北京旅游资源的开发。还搞了一次活动，北京小西山的开发研讨会，就不光是搞活动了，下的功夫比较大，那时候老张我们几个人就住在卧佛寺，每天早晨出去爬山，第一次就是从八大处走到香山，一路走。然后就是其他山，能爬的都爬了一遍，前前后后折腾一个礼拜，组织了一个小西山的开发研讨会。那时候我有一个朋友叫李栋，他在工厂，但是喜欢玩。有一次我们两个骑着自行车到九王坟这些地方，也是很辛苦，上去的时候自行车骑不动，推着上去，下来的时候十分钟就下来了。他又喜欢摄影，所以就拍一些片子。有一次走在路上下大雨，我们就跑到村子里一个马厩里面避雨，淋得浑身透湿。当然，最后跑下来也觉得挺过瘾的。

这些事情严格说，不是领导交办的，老张也好事，我也好事，所以不觉得这些事情是分外之事，既然有这么一个平台可以做点事，反正就做吧。所以 1982 年、1983 年，应该说进入旅游，而且能够比较深入。当时很多小事情，现在回想起来也是很有意思的。老张这么一个各色的领导，带着我这样有个性的人，不断出新题目，研究新问题，在这个变化的过程中，我们每个人都在成长，整个行业也在成长。我说的这些都是个人的感受。但是这种感受实际上也反映了我们这个行业的变化。从个人来说，每个人必须要有一个合适的职业，找准这个职业，大门才能找对。在这个职业里有一个合适的岗位，达到这个岗位，小门找准，才能创造最佳状态。但人的能力是多方面的，所以往往认为自己干什么都行，人的欲望又是无止境的，所以往往认为自己可以永远上升。然而，把事当玩，会把难当乐。王世襄先生云：“大累才有大乐，不冤不乐。”

——改革进城

1984 年，改革进城，当时大的时代背景，就是改革从农村开始进入城市，所以把人心搅动了，人人心里有一团火，整个社会躁动不安。大家都想干一点什么事，但是又不知道该干什么事。所以都在跃跃欲试，都在探索。社会普遍处于浮躁的心态之中，人们的欲望无限地膨胀，又为追求欲望的满足而陷入无限的奔波之中。正如马克思所说，资本主义撕下了人与人之间温情脉脉的面纱，于是乎，人们感慨：人是人的地狱。实际上，是市场经济的快节奏带来了浮躁，商品社会的唯一性消除了温情，物质财富的积累刺激了欲望。也正因此，带来了社会的快速运转，推动了竞争，产生了效率。任何事情都是“双刃剑”，关键在于自我的把握。人是人的地狱，人也是人的天堂，人是人的一切。与其怨人，不如丰富自己。

国家旅游局有一个人叫宋佳，当时是外事处副处长，在我们这批人里，她是个官儿了，也是高干子弟，一个大姐一级的人，很有点领袖范儿。当时她在国家旅游局召集了几个人，相当于一个研究小组，但是没有这样的名字，就是赶上礼拜天，凑在一起聊聊天，大家探讨一些问题。主力成员一个是邱毅勇，他是厦门大学毕业的，他们这批毕业生有 5 个人到了国家旅游局，有邱毅勇、付卓洋、方敏等。原来国家旅游局是外事系统，从 1964 年组建中国旅行游览事业管理总局，作为外交部的部管局，也主要是接待民间旅游者。多年以来始终是局社合一，国家旅游总局和国旅总社合一，办公也在一个地方。1983 年局社分开，国家旅游局作为国务院的直属局，国旅总社作为企业单立，这样的话，国家旅游局很多事情就有变化，工作方式也在变化。厦门大学这 5 个大学生过来，也改变了大家的印象，对领导来说，觉得学经济的大学生和学中文的大学生好用，因为机关以文字为主，没有好笔杆子在机关确实很难待下来，也很难发展。但是这批人来了，大家觉得变了，原来用的都是学外语的干部，外事干部的传统是谨小慎微，绝不能出错，文字上的要求也非常严格，也是绝不能出错，但是要出点大思路不太可能。所以这个研究小组，姑且称为研究小组，就是以这批人为核心，当时还有孟一波，还有陈世红。我在北京市旅游局，但是也混到这个圈子里，前前后后大家讨论了有十几次，也是提出旅游方面存在什么问题，我们应该怎么改革，大家谈谈观点，不是一个正式的组织，但是在局里也引起了反响。有的人一开始参加了，到后来不敢参加，因为他们司长找他们谈话，说你们不能参加这个事。可是这样的交流大家觉得还是有意义，也是有收获的。

因为当时有《旅游学刊》这么一个平台，可以发表文章。当时比较大的活动就是搞了一个中国旅游体制改革研讨会，规模比较大，难得北京的一个学会能够挑起这么一个大梁来。跟着也出了一些东西。那个时候，被改革进程的社会风潮感染，我感觉应该写点大东西，所以就写了一篇《中国旅游体制改革研究》，三万多字。后来我们出了一期专刊，就是关于旅游体制改革。一个研究小组的人，大家说来说去，整个社会都是跃跃欲试，就感觉改革进城好像不能这样，总得做点什么事。这是一股社会思潮，也是一股社会风气，这是 20 世纪 80 年代。

——刘国华

当时刘国华从北京市最高人民法院调到了北京市旅游局，国华是我在锁厂的同事，从 1974 年开始一见如故，后来在厂里一块儿做了不少事情。他后来当到锁厂的革委会副主任，现在说起来就是副厂长。那段时间要求培养一些年轻干部，开始想提拔我，已经把我从车间调到厂党委去帮助工作，后来也不知道有什么人说我社会关系复杂，有两个舅舅在台湾，后来查了一下果然有，但是没有联系。这样就不行了，就把我从准备当党委副书记，又下到车间，到车间去当书记。国华那时候是厂里的团委书记，突击入党，突击提拔，当了副厂长。按理说，我们之间是一种竞争关系，在工厂环境里这样的关系不应该成为朋友，但是我们把这个官看得都不重，所以仍然是好朋友，一起交流读书，一起做点事情，反正工厂就这么大的天地，也是弄得热热闹闹的。考大学之前，我就说数学我不考了，因为我中学的数学基本没有学过，后来国华劝我，考 10 分是 10 分，其他科的分数从 80 分到 90 分很难，数学捞 10 分是 10 分。所以我花了一个月的时间，从初一的数学一直学到高三的数学，就是从因式分解一直到解析几何，到最后考大学的时候，我的数学居然拿了 60 分，如果没有这 60 分我肯定考不上了。而且我们俩都上经济学院，他在贸经系，我在政经系，上大学的时候走动非常多，我对他们班有时候比我们班还熟。他在班里也非常有特色，不怎么上学，天天就是打桥牌，要不然就是胡乱折腾，那个时候他已经开始做一些倒买倒卖的事了，也挣了点小钱，所以在他们班也很有名。在班里他负责一个业余工作，就是他们班的墙报他当总编，我还在他们班墙报上发表过一点小东西。毕业之后，他被分到了北京市人民法院研究室，以他那种自由自在的个性怎么可能在法院待下去？所以去了以后就要求调动工作，但是始终也没办成，这样折腾了 2 年，最后老张提出，把他调到北京市旅游局。这样，老张、国华、我，加上王世平，我们四个人又变成了一个新的工作团队。

——边缘化

不知不觉中，老张已经被边缘化了。当时的情况是，北京市旅游局领导班子调整，老局长退休了，换了一个新局长，北京市中国旅行社总经理宋文成，从正处级跳了一级直接变成了局长，老张看不惯，嘴又没有把门的，所以新局长对他自然不爽。之后局里讨论干部，有一次涉及我，准备提拔副处长。当时我们的党委副书记叫周盼，杨虎城的女儿，有不同意见。后来老张跟我说，你吃了我的挂落，我说对官场没有这么大兴趣，也不认为当官怎么样，不存在吃挂落的事，能在一起干点事我觉得就很好了。老张这个人不是简单的耿直，而是疾恶如仇。老张对周盼的工作作风有意见，认为周盼没学到杨虎城的优点。有一次画家李苦禅对老张说，你不应当叫张子爽，应当叫张直爽，确实如此。

这样的环境下，我们的小团队被边缘化是很自然的，边缘化的方式就是你们这摊机关工作不要干了，王世平留下，我们三个人集中做北京旅游经济学会的事。所以，我们的办公室搬到了华侨大厦后楼，给了两间办公室。这样倒是一个好处，让我们很自由，那时候需要花点钱找局里，局里也批。所以三个人合力，天天人来人往，风风火火，研究问题，办刊物，搞活动，俨然变成了一个学术中心。

——参加莫干山会议

因为写了关于中国旅游体制改革的大文章，当时正在组织莫干山会议，我就把这篇文章给了这个会议。审稿人是王晓鲁，他是发展组的人，也是有一次我们一块儿出去玩认识的。发展组这些人我差不多都认识，但是我自己集中精力做旅游研究，他们讨论农村改革，讨论大的东西。晓鲁当时号称杜润生的五虎上将，很多人接触过。所以一看是我的文章，也觉得文章有内容有观点，通过了，我算是有资格参加了莫干山会议。从北京到杭州坐飞机，这也是我第一次坐飞机。当时有一个北京青年经济学会，秘书长是一个领导型人物。到了杭州以后，他就组织来得早一点的人，分分工做点什么事，我就跟着去了。那次会议，刘京也去了，宁柯也去了，都算是媒体的代表。刘京当时在北京日报社，北京日报社社会事业部主任是唐欣，带着三个人，刘京、李国都、吕建民，一块儿做社会事业部这点事。开始我和他们的关系就是编辑和作者的关系，有时候他们约稿我给他们写稿，也在《北京日报》上发表过。刘晓光和他们的关系也是编辑和作者的关系，因为这个，一块儿去参加莫干山会议。这个会是有 120 多人靠论文参加，还有一些观察员，还有浙江省的一些人，加在一起有 200 人。主持会议的人是当时体改所的副所长徐景安，在开幕的时候他说大家的论文写得都很好，其中专门有一篇谈旅游体制改革，大家都觉得这个事很新鲜。但是会开起来之后，尤其是讨论起来之后，我根本参与不进去，因为他们讨论的问题，如价格改革问题、财政改革问题之类的，那种宏观的问题我完全不熟悉，只能在旁边听。但是比较愉快的是什么？在会议前后玩了一把，到绍兴，一路上聊天，我才知道大家都在干什么。当时有一个感觉，他们的研究深度包括他们的思路我是比不了的。所以，就是听大家讨论，而且我有一帮朋友都参加会了，白南生、罗小朋，还有我们大学同学孟欣、刁新申，等等，因为他们和那个圈子比较紧密，也完全能够介入讨论，也有自己的观点，我就算是吃瓜群众，可是思路开阔了很多，知道他们在想什么，在关注什么。这个会议最后是周其仁代表会议做总结，口若悬河，滔滔不绝讲了一番。

晚上的时候约几个人一块儿喝酒，到了浙江自然就是喝黄酒，经常晚上约着南生、小朋、刘京、宁柯一起喝酒，一边喝酒一边唱歌。罗小朋唱得尤其好，很愉快地参加了这个会。其他人在这个会上就很累，现在还有争议，尤其是双轨制的发明权，这个会还有南开大学几个人，后来都是人物了。在这个会上，南生带着我去见了一下陈一咨，跟老陈聊了聊。实际上真正的幕后人物是陈一咨，他是真正的领袖，有名的四君子之首，只不过在这个会上他不出面，也基本不露面，但是什么信息都到他这里，好多事情也是他来决策的。莫干山会议，现在已经变成了一段历史，而且在历史上也留下了印迹，被称为历史性的会议。2014 年，还有好事者组织了三十年回顾，还是在莫干山，当年到会的人有 7 位，我还是吃瓜群众，常修泽居然还保留着当年的会议名单，边看边感慨。

——改革的选择

会议结束之后回到北京，更感觉心里躁动，感觉改革如火如荼，不想站于岸。有一次刘晓光约着我、国华、刘京、国都、建民等一帮人一块吃了饭，当时是《旅游学刊》发表了他一篇文章，给了40元稿费，拿着40元稿费就请客了。所以在吃饭的时候，大家聊起改革的下一步我们该干什么。晓光一开始提出来能不能去深圳，可是那个时候大家对去深圳的热情不高涨。后来又说咱们能不能琢磨点其他的事，搞一个《中国消费者报》，在中国消费者协会下面搞这么一个，咱们一块儿集中干一把。结果后来一了解，要办一个报纸太难了，反正就这么扯来扯去，最后说要不咱们干公司吧。这么一把扯完了以后，晓光就提拔了，在北京市计委当商贸处副处长，进了官场，就没有这么大的心思了。但是我们被煽动起来了，也不能说被煽动，应该说我们也有这个想法，因为那时候在北京市旅游局的工作条件越来越差，本身我们就被边缘化，学会的事情是老侯在管，有些事情找找老侯，老侯工作很忙，也顾不上这些，需要支持就支持一下。侯局长真是一个人物，当时在局里负责外资，局里有外资处，天天和外商谈判。建国饭店、长城饭店、京伦饭店，等等。我还跟他参加了一次，那次和陈宣远会谈，他是建国饭店的投资者，美籍华人，陈宣远说，投资酒店我就两个概念，第一就是盈利面积要达到75%以上，第二就是客房要占75%以上，只要把定这两个指标，酒店一定会盈利。建国饭店445间客房，2290万美元的投资，设计师是陈宣远。实际上是把一个度假酒店的设计图纸直接搬过来了，投资投了，可是建设过程中很复杂，因为在齐家园那个位置，后面就是外交部的司长楼，司长们认为建国饭店影响了他们的阳光，闹了一次。1982年开业，开业的时候机关的人都参加了。当时中央的态度是党和国家领导人不出席，结果陈宣远找到廖承志副委员长，廖承志答应出席了，马上格局就变了。在建国饭店的批准过程之中，15个副总理、副委员长、政协副主席一块儿签字，所以那时候建一个项目真是不容易。老侯在这个过程中是主持者，思路非常清晰，经验迅速积累出来。所以他对我们这摊没有精力来管，是我们自己干，但是也确实有感觉工作越来越难干。到后来《旅游学刊》出了9期，两年时间，1983到1984年，按季来说出了8期，还出了1期增刊，一共出了9期。

我们当时商量下一步怎么走，老张就是这个脾气，你们年轻人干事没谱，但是想干就一起干。在那种情况下，我们有一个思路，就是能不能办一个公司，用公司的经费支撑北京旅游经济学会和《旅游学刊》，学会的事老张主持，学刊的事我来承担，生意的事国华来做。当时是这么一个构想，说的时候，大家很兴奋，但是说句老实话，谁也没有经验，只想创造一个新模式。而且那个时候也正好有一个机会，就是国家旅游局有一个人叫陈世红，他和中国旅游出版社社长于天为熟悉，然后就跟老于谈这个事，老于说可以。老于是部队转业干部，人厚道，也有改革精神，可以说一拍即合。这样的话，张子爽、我、国华，还有 3 个人，之后从中国旅游出版社借了 5 万元钱，组建了一个五环旅游实业公司，这个事就开始了。北京旅游局这边一开始不同意，两个大学生说走就走了，涉及对知识分子的态度问题。后来我专门到局里去谈了一次，我说不涉及这个问题，我们想干一把，放我们走吧。找了一个人接任，付东升接任北京旅游经济学会的事，我们三个人关系都调到了中国旅游出版社，但是也是挂在那里，他们也不管，这样就形成了一个新格局。按当时说叫停薪留职，这是 1984 年年底，从此，就开始了一个新的过程。

第三章 摸 索

理想是美满的，现实是骨感的，当时我们组建的公司叫五环旅游实业公司，组建以后不知道该做什么，只觉得有个公司注册，有个银行账号，钱就会来。

——开局探索

第一件事情是搞了一个井下食品调查，就是当时《中国食品报》关注矿工在井下吃什么东西，委托我们组织了一个井下食品调查。跑到唐山看了煤矿，调查期间还做了很多样本调查，之后素材整理起来，由我写成了两万多字的一篇文章，在《中国食品报》头版整整发了一版，包括评论员文章当时也是我们帮他们写的。这一单做完了，给了两万元钱咨询费，当时两万元钱是大钱，我们办公司才借了 5 万元钱，那时候觉得这事好像还可以。问题是这样的事不是总有机会，而且那时候叫“十亿人民九亿商，还有一亿待开张”，大家都是倒爷，所以深陷商海，眼花缭乱。这就涉及一系列具体问题，就是到了月头上得给大家开工资，工资怎么发？做生意，做什么生意，生意怎么做？要赚钱，而且没有实业，我们说是叫旅游实业公司实际上没有实业可言。有了这个井下食品调查，大家觉得做咨询是个方向，但是又找不到咨询项目。

第二件事情，当时办公的问题是找了北京市东城区建国门房管所。房管所在新开路 77 号有一栋空楼，800 多平方米的一栋老楼，我们就把那栋楼租下来了，一年的租金是 23 万元。转过来我们就当二房东，自己用了四间办公室，剩下的房子就分别出租，算下账来一年可以有 27 万元的租金。总体而言给房管所 23 万元我们可以收 27 万元，中间有 4 万元钱的差价，这事还可以，而且养活这点人好像也差不多了。问题在哪儿？房管所的租金要交，这个二房东当得不那么舒服，人家不给你交房租，所以马上就陷入了各种纠纷里。

第三件事情，当时还有一个人叫石东宁，是刘晓光在商学院的同学，这个人疯魔，他从周口莲花味精厂直接就拉来了12吨味精，让大家卖味精，最后卖得乱七八糟，连仓库都没有。

有这么个公司了，所以大家都来找，这个说他有这个机会，那个说他有那个机会，每天人来人往，就在这种事情之间，利用信息的不对称，小生意也有做成的。我们原来的构想，学会继续开展活动，没戏了，已经被付东升接管了，学刊如果想办可以办，但是在这样的环境下，怎么可能做学问？怎么可能搞研究？开始时还很认真，写当年工作总结，来年工作设想，只是想想而已。那个时候就是一堆生意做得乱七八糟，天天就是“空手道”。最典型的语言就是，你有什么？那个问你要什么？这个说你有什么我要什么，那个说你要什么我有什么。当时热门的是从盘条到彩电到摩托车，热门的就是这些东西，北京如果有一百吨盘条，得有一万个人都说这个事，反正扯了半天我就没见到这些东西。一个皮包公司，还有一栋楼，别人看着像模像样，自己知道怎么回事。

——眼花缭乱

后来有一位个体户，人称“刷子王”，他说了一个事，这还是陈世红找来，就是做兔毛，到安徽去收兔毛，兔毛收完了，下家都是他找。然后国华带人去收兔毛，从农民的手里一把一把地把兔毛收过来，最后做了十吨兔毛，这个事做完了，大概挣了40万元钱。可是这40万元钱不是我们的，本来就是借着这个平台走了一下账，然后大家参与着做了，折腾了一把。

我们就觉得这个事好像不对，但是对不对也就如此了。后来一想可以自己做，所以就到了内蒙古，找了内蒙古的外贸公司。当时内蒙古外贸公司看中了我们这个楼，想在前面开一个店，也谈好了。就在内蒙古买了12吨羊毛，卖给了浙江的个体户，浙江个体户们没有钱，他们得把羊毛洗完了做成产品卖出去，才能给我们付钱，这一折腾就折腾了半年多。为了收账，我还专门到了浙江去了一趟。那是1985年3月，江南冷得要死要活，我住在嘉善的城南旅馆，早去了两天，在那等国华他们从上海过来。实在是烦，旅馆下面有一个小餐馆，我就找了两个暖壶，到餐馆里打了两暖壶黄酒，烫好了倒在暖壶里，要了一个砂锅上来，自己喝闷酒，吃砂锅，一醉醉了两天，一直醉到国华他们来。来了之后，我问旅馆的人，我这两天在干什么？说你什么都没干，你就在睡觉，一下子喝倒。实际上当时心情郁闷，每天穿过老街小巷到个体户家里去催账，到最后就找信用社。信用社的主任又专门到了北京来了一趟，我们招待他们，吃喝玩了一番才算把这点钱给收回来。

但是毕竟这事算做成了，后来还想继续做，可是那个时候内蒙古已经有了新规定，羊毛不许出境，这个路就走不下去了。后来有一个人说没有问题，他认识一个运输公司的，这个运输公司保羊毛出境。那好，这次就是我亲自出马，去了一趟。去之前找银行开了一个汇票，信封外面写了一行字，内存30万元，盖了个章，实际上这真是麻秆打狼，两头害怕，汇票就是3万元钱。然后我带了就去了，到了呼和浩特，和内蒙古那个人，进了一个大院子，院子里停着一排从日本进口的新卡车，看着非常威武。里边是一排平房，进了平房一帮人正在喝酒，大方桌子，光着膀子，拿着大碗筛酒喝，整个一个黑社会的劲头，就是电影里描述的那种场景。我一下就有点犯愣，但是既然来了，就谈吧。我说带了30万元过来，跟着你们走，羊毛只要出了境，我这个汇票就给你，如果货出不了境，我不能给。这么谈下来，觉得有点僵，越来越不对，他们把刀子都拔出来了。我一看这事谈不下去了，不就是喝酒吗？拿了个大碗倒了一碗酒，我就喝，喝完了把碗一下就摔到地上，他们愣了，我拽着那个人就跑出来，他们就拿着刀在后面追。跑出来之后，看见一个交通警在岗楼，我拉开岗楼就进去了，那个警察就把我往外推，你干什么？我说我是北京来的，他们在后面追我，你看拿着刀呢。结果他们一看，我旁边有一个警察，就不追了，回去了。跟着我就回北京了，生意不能这么做吧，那时候所谓的生意没有任何规则，而且每个人都认为来钱来得很容易。

很自然，人在江湖，身不由己，一下就完全陷进去了，什么事都做不了，而且这些事情完全不是我喜欢的事情。后来有一些生意算做成了，比如说广东的洗衣机进北京就是我们引进的，卖了600台，一台有20元钱的差价，挣了一万二，我觉得不错。跟着工商局就来了，说你们超范围经营，罚款一万二，然后物价局又来了，说你们无权加价，罚款一万二。生意做成了，还不够罚款的呢，我也不知道这些人的鼻子怎么这么灵，你有困难的时候没人理你，你只要做成一单，无数人来。后来就长点教训，做彩电，北京做彩电真正做成的几乎没有，但我们算是做成了。当时北京电视机厂和德国合作组装彩电，1600 元钱一台，我们这边从工厂进，那边直接卖给首钢。首钢的行政部主任每天拿包提着现金过来，1600元钱进，1600元钱卖，一分钱不赚，先后卖了 500 台。果然，工商、税务、物价什么都来了，一查，一分钱不赚。他们说，你们做生意的一分钱不赚，你们在干什么？我说不这么做生意，等着你们罚款？我就是不赚钱，义务劳动行不行？这算过去了。实际上当时压了一大堆货，通过这种方式把积压的那些货也都卖给首钢了，这事是打平了。

这么折腾来折腾去，反正也混过来了，可是对于我个人来说非常不高兴，因为这完全不是我该干的事。对于老张来说，他也不高兴，在这里面找不着位置，他也不知道这事怎么样，可是我们已经下海了。我们当时对老张非常尊重，但是他一天到晚闲着，不知道该干什么。后来跑到石家庄去开了家餐馆，餐馆开业以后他也就不管了，后来也就不了了之。然后我就跟老张聊，怎么弄？国华有点如鱼得水的感觉，还有石东宁总是在里面搅和，我也很不高兴。我当时的评价就是，国华是个不负责任的人，尤其是对他自己，也不负责任。石东宁也是一个不负责任的人，但是对自己负责任。

搞五环公司的时候，还搞了一个五环旅行社，这还算是正正经经地做了一回旅游。当时是青旅过来了两个人，一个顾涛，一个胡丹，胡丹是胡松华的女儿，也是两个不安分的人，所以放着铁饭碗不干了，自己来做一个旅行社。但是注册只能注册三类社，做国内旅游。一开始还红红火火，有一次组织了 300 个大庆石油工人到北京，还在友谊宾馆搞了一场大活动，我去参加，一看我说你们这个事搞得不错，挺红火的。他们就说这种团不挣钱，图个人气，一来二去也觉得有点搞不下去。所以顾涛就跟我说，跟着你们弄这些事，弄不动，这两个人也就各奔东西了。顾涛去了美国，前两年在一个国际会议上还见到他，认出来了，聊起当年的事，都很感慨。

可是天天搅和一堆乱七八糟的事，我实在是不想干了。正好那时候有了一个机会，就是国华他们贸经班有个同学叫冯临渤，他说想接这摊事，我很高兴，有他来接了，我就可以走了。因为那时候我在公司里也找不到位置，最多的时候有 60 多个人，大家评价说你是个镇妖石，有你在，大家就觉得这个公司是稳的。国华在，大家觉得这个公司就是活的。而且大家对我们的评价是五环公司有情有义，有情有义评价一个人可以，评价一个公司怎么能行呢？因为公司存在的本质就是要盈利，就是要挣钱。

那个时候，刘京、国都、建民他们三个人在北京日报社也搞了一个公司，叫群星公司，实际上这两个公司基本上就是合一，办公地点也都近，他们在东单我们在新开路胡同，好多事混在一起瞎闹。但是每个月工资也开下来了，还在楼下开了一个挺像模像样的商店，叫五环商苑，柜台也摆上货在那卖，就是内蒙古外贸在北京设的点。还在骡马市大街开了一个小店，有两个人在那边折腾那个事。

——连滚带爬

从表面上看，这个公司挺像模像样，但实际上我们心里有数，不就是一个倒爷公司，而且这么多人都在倒，怎么可能有商机？毕竟我们是学经济学出身的，这样的公司怎么能创造价值，也就这么混吧。当时真是很苦闷，感觉能混一天是一天，那个时候正好旁边有书店，可以租金庸小说看，就天天去租金庸小说，把金庸小说从头到尾通读了一遍。那时候还都是港版书，到后来宝文堂书局出版的金庸小说，我就买了一套，但在生意场上天天读金庸，这也不是个路数，老冯来了，对我来说就是解放，国华也接受了。

当时还有一个契机，就是中国文联出版公司看上了这栋楼，他们没有合适的办公地点，就希望把这栋楼完整地租下来，然后他们搬过来，可是就涉及一个问题，楼里面还有租户呢，我们就把租户往外请，有的请走了，有的死活不走。老冯来了，我就说有这么个事，因为我们跟文联出版公司谈好了，文联出版公司社长姓李，也是个老干部，他和我一接触，就觉得很特殊，他说你是个知识分子，老张是个老干部，怎么能做生意？我说是，这叫有辱斯文。所以我们现在想退出来，正好你们这个事情能帮我们，历史问题就可以解决。当时谈条件，就是留下来六个人关系都转到文联出版公司去，这个楼我们清干净了，你们进来。有一天早晨上班，冯临渤穿着一身空军的工作服，我说老冯什么意思？他说今天晚上你们都走，不要掺和这个事了。晚上他组织了一帮人，就把楼里面拒不搬出去的，给搬出去了，到郊区租了个房子，把他们的东西全放到那去了。当时还请了派出所的一个小警察，到那里坐镇。这小警察也是没事在我们这晃一晃，一来二去就混熟了。有一天就说，你们不是卖彩电吗，我看你们有台小彩电，14 寸的，我借去看看行不行？借吧，实际上不就是送吗？这样我们有点事他也得卖点力气，在那护了一晚上，把这个事就算办完了。结果第二天一早公安就来人了，把老冯抓到看守所去了。老冯有经验，因为“文革”的时候他两次进监狱，一次是“联动”的时候，一次是反“四人帮”的时候，进去之后人家就问，你是什么个路数？他说，要不然死刑，要不然没事。这么一个牛人，把牢头狱霸都镇住了。他在里面关了十天放出来了，我去接他，看守所的人说，你是单位领导？我说是，他说你签字吧，拘留的这一套东西要进他的档案，我说好。出来之后当着老冯的面，他们说要进你的档案，我就给撕了。我们回来，老冯就问我，关这十天值不值得一万元钱？我说应该值，他说那就不白关，很坦然。后来，老冯成为中国第一代自驾车旅游者，20 世纪 80 年代就开个夏利车进藏。前些年写了一本《自驾车旅游宝典》，都是经验之谈，70 岁仍然单人单车进藏。

这样的话，文联出版公司搬进来了，我们这六个人的关系也调到文联出版公司，对中国旅游出版社来说，觉得这个包袱甩出去了，他们也挺高兴。可是涉及一个问题，就是公司原有的债权债务关系转移不走，所以最后弄得中国旅游出版社也很被动。从账面上来看，公司还是盈利的，可实际上不是这么个情况，债权一大堆，收不上来，债务一大堆，陆陆续续被人追。那时候中国旅游出版社的社长也换了，是吴济明，从伦敦办事处回来的，他哪知道国内的这些事怎么弄？就觉得原来于天为搞不动的事变成一个包袱，现在这个事总算甩出去了，我们也乐得轻松。

这样折腾下来，后来老张去了中国美术家协会，因为他原来是外宣处长，组织饭店画的过程当中，和画家都很熟，画家们对老张都是挺赞赏的。而且那个期间我们还搞过一次画展，叫北京风光国画展，那是赵准旺组织的，这些老画家都很支持，当时八个中青年画家一起画北京，画北京也算是旅游局的正差。那时候我和这些画家也接触了一下，最后这个画展是在中央美术学院的展览馆展出的，赵准旺、李小可、张步、姚奎、朱军山等，我不懂画，那时候看他们的画已经不得了了，这些人后来也都是人物了，可是在当时也都只在起步，所以吴冠中先生这一批人都支持这个画展。老张因为有这样的历史渊源，他从旅游局出来也没有办法再回旅游局了，而且当时旅游局那种工作环境他也回不去了，所以去了中国美术家协会，后来在美术家协会退休了。

我当时涉及的问题也是去哪儿？我实在是不想干公司了，而且那时候就有一个感觉，我不是做生意的人，所以折腾了两年，这个公司，从创办到离开，离开之后对我来说还有点扫尾的事，反正就这么折腾来折腾去，前后两年。

在此期间，也做点旅游的事情。1985 年，我的一个大学同学蔡重直，他是一直做银行的，找到我，说薄熙来在大连金县当书记，想发展旅游，希望我去出出主意。这样就组织了几个人，以中科院规划设计院为主，一块儿去了大连，在一线考察了五天，薄熙来天天陪着我们，从吃住行一直安排到工作，一路走一路讨论。考察的过程之中，一个重点就是满家滩，后来我就说满家滩这个名字不合适，有点土，能不能换个名字？薄熙来就问我换什么名字，我说第一是金县，第二这里的特点是石头，因为这里的沙滩并不是很好，是属于礁岩型的海岸，有很多岸边的礁石和地质现象，都很独特，所以最后我们一块儿定了名字就叫金石滩。在这期间，有一天我在街上走，县里派了一辆吉普车到处找我，找到我就把我拉到了会议室，到了会议室之后薄熙来说，今天我们大连市副市长来，是管开发区的，给我好好美言几句。我说行啊，所以我就从世界旅游的发展趋势开始说，一直说到金石滩，说完了以后副市长挺兴奋，当时就提出拿 3000 万元来支持金石滩的发展。所以那天薄熙来很高兴，中午的时候专门敬了我一大杯酒。之后就是科学院的规划院出图，我出文字，编制了大连金石滩的旅游发展规划，这个事就结束了。当年 9 月份的时候我又去了一趟大连，中间就是 8 个月的时间，这个时候 63 公里的路已经修成了，30 万株树已经栽好了，所以这种实操的效率我也很佩服。再之后薄熙来当了市委书记。召开第一次市委全会又把我请去了，说这次全会很简单，上午做个报告，下午请三个人来讲，一个是海尔集团张瑞敏讲企业的国际化，第二个是深圳市的副市长讲高科技发展，第三个就是你，讲旅游发展。所以那天下午我们三个人讲了一番。再后他到了商业部又到了重庆，官做高了，也就用不着接触了。重庆市旅游局还说，听说您跟薄书记挺熟，能不能帮我们说几句话？我说我够不着。最后在审判薄熙来的时候，我看了几眼电视，说起当年，有人就说你还不如写篇文章，我就专门写了一篇《一个旅游人眼中的薄熙来》，这篇文章影响挺大，后来有人专门跟我说你的这篇文章中纪委的最高领导看了，说这篇文章挺真实的，也就过去了。

之所以想起这段事情，就是在茫茫商海之中，凡有旅游的事情，我就会兴奋，开心。

——下海感受

下海就是下海，浊浪滔天，鲁迅先生的描述：“浊浪在拍岸，站在山冈上者，于飞沫不相干，弄潮儿于涛头且不在意，唯有衣履尚整徘徊海滨的人，一遇沾湿，便有所狼狈起来。”

第一个感觉，就是这个社会太容易煽起来了，一个时代一个势头，说起来就起来，但是就像搞运动一样，起来之后“哗”就下去了。那个时候公司无数，我还参加过一次活动，就是张刚居然在什刹海召集过一次会，很多类似我这样的人，当时都有公司，会上坐我旁边的是阿城。阿城是名人，他那个时候小说已经发表了几篇了，我看见阿城说，你怎么也参加这个会？他说我也弄了一个公司。当时还说，我们要常联络，相互支持之类的，就这么疯了一把。这就是一个社会风尚，但是说过去就过去。商品的普遍化使其外延泛化，几乎涵盖了一切事物。由此，人与人的关系也化为简单的交换关系，而可供交换的资源则是各种各样的，又表现为社会生活的多元化。抽象而言，不过是权力、财力、智力、体力四类资源。官员交换权力，商人交换财力，学者交换智力，百姓交换体力。除横向交换之外，还有纵向交换和交叉交换。也包括时间和肉体，乃至人格和尊严。天然资源的占有和运用反而变成次要的了。

第二个感觉，就是我这个人实在不是做生意的料，怎么说呢？就是我对金钱不敏感，挣了钱不兴奋，亏损当然就很难受了。而且我这人低不下头，弯不下腰，要说做公司，没有这个低头弯腰的过程，怎么可能？之后我接触了很多企业家，这一批企业家算是做成了、做大了，但是他们都有一个共同的经历，就是当年到北京或者当年在省里找政府官员，站在门口一站站多长时间，甚至到官员家门口守一夜。在中国的体制之下，企业再大也是企业，政府再小还是政府，所有人都有这么一个弯腰低头的过程，但是我的个性很难弯腰低头。有一次东城区工商局的一个小干部跑到我这儿来刁难，扯这个扯那个，后来把我扯急了，我就把执照摘下来，你把执照拿走，就是因为有这么个执照，你人五人六地管我，我不要了，我不干了行不行？像你这样的，要在机关里给我当兵我都不要你，你现在人五人六的，对不起我不干了。这一下子就把他唬住了，后来他还把我当大哥看，找女朋友都要带到我家里看一眼，聊会儿天，出去的时候看着，我摇摇头，他就跟女朋友说，咱们俩吹了，女朋友问为什么？他说大哥摇头了。但是我就是这么一个个性，而且这么多年，就形成了这么一个秉性，所以让我为了挣点钱就这么弯腰低头，不可能。而且公司折腾了两年，基本上一毛钱都没有挣着，就是混了一个吃喝，见识了一些人。

第三个感觉，就是人心。人心追求无极限，人性向下无底线。在那个时代，不光是人心躁动，而且是无底线。有一次，一位中央音乐学院的一位教授跑来找我，谈生意的事，我说你是教授，你怎么谈这个事？他说我刚买了一套罗马尼亚家具，是借钱买的，要想办法把这钱还上。我说我们天天陷在这个里面，我们都挣不着钱，您这事也挣不着。因为那时候至少经验有了，一个事有几分靠谱，一听就知道。可是全民如此，而且在那种环境之下，人本身也在堕落。比如说我们公司里面，那时候大家闷了就打牌，打牌挂响，挂响的意思就是带赌。有一次一个人玩了一夜，早晨我在洗手间看见他，我说怎么着？他说输了三百多，那时候三百多真是大钱，我说你别这么弄，可是心情都苦闷，都不知道未来如何，就这么陷在里面。那时候好在我们和银行的关系不错，所以有时候需要点钱，银行还会支持，就拿这点钱折腾吧。借了5万元钱办公司，最多的时候找银行贷款，贷了700万元来做生意。回想起来那时候真是胆大，还不起怎么办？真是不知道还不起怎么办，可是也就做了。而且那时候银根松，鼓励贷款，所以两个银行的信贷员和我们的关系都不错，后来都变成朋友。但是这一次做起来，一是把国情看得更清楚了，二是把政府看得更清楚了，三是把人性看得更清楚了，同时也把自己看得更清楚了。不能否认欲望，欲望是生活的原动力，也是社会进步的原动力。经济学的基本假设就是，人的行为是有限理性约束下的效用最大化。应当用规则去约束欲望，而不能用好坏去评判欲望，符合规则的欲望就是道德。但在传统文化的熏染下，存天理，灭人欲，不过是用统治者的欲望取代一切，天理只是统治规则的代名词而已。在此之下，真君子可怜，成为工具而不自知；伪君子最坏，是自觉的奴才。

所以当时就想，还是回归搞研究吧。先找了北京第二外国语学院王立纲教授，王立纲挺摆谱儿的，他那时候好像是个系主任，就说我们二外不是谁想进就进的，你这个情况，得考试。后来我又找到北京旅游学院，院长是王鸿滨，老先生很好，我和他也很熟，他就说你来我欢迎，可是有一点，这个地方格局太小，你来了也待不住，不适应。之后我就找到中国社会科学院，当时外贸旅游研究室有一个乔玉霞老师，也是在这几年的过程中接触过几次，老乔说行，我去跟我们领导去说一说，结果一说就说通了。其中有一个关键原因是什么？就是我当时出了第一本书，是一本论文集，《起步实践探索》，是在中国旅游出版社出版的。实际上这本书是陈世红和于天为两个人关系不错，他想出本书，但是内容又太单薄，所以他跟我说，咱们一块儿出一本书吧？我说可以，我那时候已经写了一些文章了，尤其是在《旅游学刊》上，没有稿子我就得往里填，写了一大堆。有一次和印刷厂已经说好了，第二天准备复印，前一天晚上差两篇稿，然后我就扯着国华，我出一个题目，他出一个题目，我们两个人一个晚上就奋笔疾书，两篇文章就写完了，就送印刷厂了。所以有这点积累，这本书也就算出来了，那时候能出本书也不容易。又有《旅游学刊》的经历，又有论文集作为基础，所以社科院一谈也就谈通了，我也就这样连滚带爬地上了岸。

第四章　回　归

1986 年 4 月，到中国社会科学院财贸经济研究所工作，我去的研究室当时叫外贸旅游研究室，一批人搞外贸研究，一批人搞旅游研究，两个办公室，平时也不怎么来往。搞旅游研究的这批人在月坛北小街 2 号，社科院经济片，一个 20 世纪 50 年代的老楼，在一个办公室挤着摆了 5 张桌子，几个柜子，这就是我今后上班的地点。当时负责人是乔玉霞，是个老大姐，齐齐哈尔人，参加过四野的老干部，后来熟了，聊起她在四野的事情，跟着林总打胜仗，从关外一路过来到了北京。转业后在人民大学读书，读完书就到了社科院，可能所在环境都比较单纯，所以她是个非常单纯的人，像个中学生，见人总是笑眯眯的。我对她很有感恩之心，因为她是在我最困难的时候帮助我上岸的人。

——轻松的格局

到了社科院之后，观察一下，不坐班，一个星期只需要两个半天上班，剩下时间都在家里，这是很轻松的工作环境。工作要求更加轻松，就是每年出三篇论文，三篇论文出来了，一年任务就算完成了。一开始还有点反应不过来，我这个人好动好交往，在社科院工作，大家都规规矩矩，每个人也是各做各的事情，到办公室无非就是聊聊天、开开会。

第一次参加全所会，老所长是刘明夫，曾经当过国家计委副主任，七级干部；所长是张卓元，著名的经济学家；副所长是高涤陈，还有几个副所长。一百多人的财贸经济研究所，大家各做各的研究，历史上这儿可是藏龙卧虎之地，后来也出了不少名人。看明白了这个格局，当时有一个感觉，这个地方好像不是我可以长期待的地方，因为长期在这么一个沉闷的环境之下，我觉得不适应。但是当时比较愉快的就是不坐班，开始一个礼拜两个半天都去办公室，去了也没事可干，后来索性我自己就缩减到一个礼拜只去一个半天，老乔还劝我:“小安，一周只有两个半天，无论如何来一下。”老乔这么劝，我只好来一下。张广瑞先生也是位非常厚道的人，他是外语学院出身的老大学生，还在旅行社当过导游，带过很多外国团，所以自己有切身的体会，发挥自己的外语优势，不断翻译一些东西，在当时旅游学术界，虽然那个界当时还谈不上，不成规模也不成体系，但是当时广瑞也算处在前沿的人物。还有一个小殷一个小李，都是学外语出身的。后来又来了一个老白，自称是搞服务经济研究，全国供销总社出身，但是观察一下，也看看他写的一些东西，不是一个搞学术研究的人。只要大家在一起，也都是嘻嘻哈哈，相安无事。

正好借这段时间可以读读书，这也是我比较集中的一段读书的时间，当时有一套丛书叫“走向未来”，一本一本地出，我就一本一本地买，一本一本地看，觉得视野和知识面都扩充了很多。治学有三得，逆向求真理，实话即真理，理在关系中。逆向求真理，不仅是“怀疑是认识真理的起点”之义，而且更极端些，先提反论，再证反论，证得出即为理，论不出则为谬，这是方法问题，也是治学基点。实话即真理，当是马克思主义精神，人有本能需求，而有生活、生产，产生社会，产生历史，而历史和理论都不外乎是文人所书、所思的结果，即折射，即异化。另一条线则是百姓语言，实在，唯物，更接近真理甚或本身就是真理。理在关系中，这是老黑格尔的说法，事物的本质不可能孤立存在，更不可能孤立显现，只有和其他事物对应才能认识，关系包容时、空、结构、功能、静态、动态，等等，而事物又无不可分，自我包容也是一种基本关系。

研究本身没有给我什么压力，也找不到题目，所以就集中力量读书。而且有社会性的事情，五环公司也有一些收尾的事，有时候也要去一下。这批人到了文联出版公司，基本上就散了，各干各的。国华继续做生意，也是各种各样杂七杂八的事儿都做，先到了一个外贸公司，又接手了一个南戴河的宾馆，在宾馆管点事，然后就以宾馆为契机，呼朋唤友，一天到晚瞎走。他专门约我到南戴河玩一玩，我不去，我说你现在是开创事业的阶段，应该认认真真地干，你现在这么个做法我不赞成，我也不去。后来他又到沈阳，想去搞房地产，挖了一个大坑，戏称为“沈阳大坑”，这个大坑最后折腾来折腾去，也没折腾起来，他就回来了，然后又在江西驻京办事处搞了一摊生意。反正他的机会很多，生意做得也很多，但是做到底，没有一件事情做成，这和他的性格有关，就是一个不负责任的性格，所以也很难负责任做事情。其他人也都是找点事自己做，至少五环公司原来这摊事不用管了。冯临渤自己撑着这摊事，在按他的思路做，做不下去最后自己散伙了。当时仍然有很多人动员，你出山吧，继续干吧，我们心里把你当领导。我不接受，一个五环两年，我已经干明白了，和生意不沾边，就不是做生意的人，为什么非得找一个我不愉快的事做呢？

之后参加了一次调研，是在 1986 年 7 月。我陪着老乔，先到了成都，然后到了乐山，之后去了重庆，最后到了武汉，从武汉回北京。这一趟调研给我感觉，旅游行业本身生机勃勃，各地都非常努力在发展，也有很多题目需要研究。在四川，局长问我怎么看，我说：天下奇观，尽在四川，人杰地灵，前途光明。所以一次调研回来，我写了几篇文章，这才觉得不白过。我这个人喜欢跑，喜欢吸收实际的东西，所以调查研究这件事和我分不开，如果没有对活生生发展过程的调查研究，这种学者当得也没有多大意义。这次调研回来，老乔对我也有了更深的了解，她很喜欢我，但是有时候又拿我有点无可奈何。有一次到天津参加关于酒店的讨论，有一些所谓的专家在胡说八道，如有一个专家说中国酒店增长率不能超过 4%，为什么呢？因为假日集团的增长率没有超过 4%。两个不同的国家，处在不同的发展阶段，把美国的东西照搬过来，当时他讲的扬扬得意，因为他在美国学习了两年，所以自认为很科学。老乔跟我说：“小安，驳他两句。”我说：“行啊。”驳了一下，驳完了以后这个专家有点恼火，他没有想到。但是总体来说，工作非常轻松，继续读书。所以基本上在社科院的这段时间就是以读书为主。一次跑下来，感到社会的发展，形成两种趋向，商品由发达地区向落后地区渗透，而人口则由落后地区向发达地区迁移，中国人口数量的众多与此并非没有一点关系，中国文化长期处于发达状态，自然如磁石吸引着人们，形成历史上的人口迁移，而文明的渗透也通过各种实体迁移的方式，造成地理疆域的拓广。古代的中国，近现代的美国，都是极好的例子。

——国内旅游研讨

到 1986 年年底，当时国家旅游局有一个国内旅游司，司长是李铁英，他找我，想开一个国内旅游经济讨论会，因为那时候我已经混出点小名气了，第一希望我参加，第二希望我提供论文，第三希望我负责写会议纪要。我说都没有问题，就到了天津，去参加了第一次也是唯一一次国内旅游经济讨论会。这次会议上，也是第一次见到国内搞旅游研究的各路神仙，也是各有各的路数，知道了他们的研究到什么程度，也知道研究实力到什么程度。开完这个会，我就感觉没啥了不起的，完全可以干下去。因为毕竟比起这些专家们，我的实践经验更丰富一些，方方面面了解得也更透彻一些。尤其是有了实感，这种实感不仅是调查研究得出来的，更重要的是在北京市旅游局工作中涉及方方面面的内容的实感。还有在五环公司，虽然做得很失败，但是有了对经济运行的实感，尤其有了在一线坎坷波折的这种实感。参加完这次会议，李司长很满意，因为他原来以为这个会开完了，我写会议纪要会拖很长时间，很复杂，结果从天津回到北京的火车上我基本就写完了，回到北京整理了一下交给他。他觉得这个人得力，不仅效率高，文章的质量也不错，毕竟是在一个学术环境里，所以就会感觉到有治学的需求。

1987 年，在社科院闲着没有多少事。当时我有一个大学同学叫安钢，在延庆当县长，他找到我，说官厅水库边上有一块荒地，能不能做点旅游？我就去一趟。那个地方当时叫西荒滩，什么都没有，就是这么一片 36000 亩的荒滩。看完了我就说，这个地方难做，关键在怎么出新。我和安钢也是一块儿商量改了一个名，因为处在康庄之西，到处荒草萋萋，定位就是草原，名称就叫康西草原。这次是比较完整地做了一回，我自己写文本，还画了一张规划图，那时候也知道规划图怎么画了。设计了康西八景，比如说官厅水库湖中间有个小岛，有几间烂房子，这就是八景之一，叫潮打空城，从路边到水库一条路曲曲弯弯就叫边城古道。他们看到这个规划之后很兴奋，就在《北京晚报》登了一条消息，这条消息登完了，礼拜天一大群人就去了，之后康西草原还被列入北京的天气预报名录里，当年就接待了 30 万人。后来我评价这个事，很对得起延庆人民，但是很对不起北京人民，因为去的人没有不骂的，都是被“康西草原”这个名字给诳过来的。但是这也算实操一次，一个地方、一个说不上资源的东西，怎么无中生有把它折腾起来。后来折腾了几次，但是现在也还是一个半死半活的格局。

——读新书

20世纪80年代是思想解放的年代，大量的外国思潮纷纷进入，最大的好处就是又读了一大批新书，最适合我这种读杂书的人。而且我是典型的“好读书，不求甚解”，这批书读下来收获很大，为我提供了无数思想体系和解释体系，集中读下来觉得通透。而且当时生活有压力，在体制内挣点小钱，勉勉强强糊口。有一个王立东，在北京市旅游局的时候我们就认识，他那时候在旅游局人事处负责教育这块，那个时候他搞一个杂志叫《旅游论丛》，他觉得有点忙，就找到我，能不能帮他编杂志，我说没有问题，就给我搬了一大堆稿子，看稿子编稿子，最后挣点零花钱。这个杂志后来改名叫《旅游时代》，是正式的刊物，我继续参与这点事，工作量也不大，压力也不大。但是因为编稿子，看得就会比较认真一些，也觉得有收获。有一次，立东跟我说，能不能就旅游文化这方面写一篇文章，他希望我写，因为立东跟我接触了一段，他说:“小安，你这个人疾恶如仇。”我说:“都是从老张那里学的。”“想来想去，这篇文章你写合适。”那时候也有一套丛书，就是中国文化丛书，这套丛书很有深度，比如说陶瓷与中国文化、士与中国文化，等等。我也是出一本买一本，那时候住在朝阳门，离三联书店很近，没事就到书店翻一翻，看到一本买一本。为写这篇文章，前后读了30多本关于文化方面的书，30多本书的积累，我觉得谈旅游文化有资格了，所以就连着写了3篇文章，一篇叫作《旅游文化与文化旅游》，一篇叫作《旅游中的文化障碍与文化倾斜》，还有一篇叫作《旅游文化的特点》。当时感觉，要想写点好东西，真要下点大工夫，不读这么多书不可能写这么3篇文章，而且一直到今天，看着这3篇文章，仍然觉得不过时。

那时也开始有知识分子的感觉了，也有了知识分子的意识，这种意识始终伴随。知识分子的基本功能是积累知识、传播知识、创造知识，进一步是社会的良心。在现代社会条件下，更进一步成为社会的主导。这是三个层次的跃迁，是从古代到近代到现代的演进。其中，一以贯之的是独立的精神人格。因此，有知识未必就是知识分子，能否具备独立的精神人格是知识分子的主要体现。有此，则有风骨；无此，仍为奴才。

中国知识分子的杰出代表是鲁迅，他看透了中国的国情，而又没有丝毫的奴颜和媚骨，始终保持着独立的精神人格。同时，又是学贯中西，著作等身。那是一个呼唤大师、需要大师也产生大师的时代，是一个风雨如晦的时代，大变迁孕育着大思想家，大动荡产生了大政治家，所以，大政治家自然会引大思想家为同类，但在本质上却是冲突的。下一代知识分子则演变为技术型的，他们的起点有技术建国的主导，又有理想主义的支撑，复杂环境呈现了单纯的表象。随着政治因素的强化，一代技术型的知识分子又不得不演变成混合型的。在这一过程中，知识分子主体背离知识分子本质也越来越远，异化程度也越来越高。有知识的官僚更加排斥知识，因为他们跟不上知识的进展，又局限于陈旧知识的包袱。第三代知识分子是被称作“老三届”或77级、78级的一代。他们受理想主义的教育开始，又经历了社会底层的磨炼，于是从批判和背叛传统开始真正的思想历程。但在实际中，他们又成为社会的中坚，又自然而然地向传统回归。教育的不完整也造成了相当的局限，实际上成为知识使命不足而社会使命不相称的一代。他们中间，有很强的使命感，具有健全的知识分子独立精神人格的也大大多于上一代。第四代知识分子则是完全不同的一代，他们生长于思想解放的时代，追求的是自我的完整，反叛传统的意识强于任何时期，知识分子的意识也自然强于任何时期，处于一个新的社会转型期，信息量也超过了任何时期，可以说，这是又一个需要大师也产生大师的时代。随着新一代大师的产生，知识分子的功能将全面发挥，从而完成社会的最终整合。

——全国研讨会

在此期间还有一个比较大的事情，就是参与了第四次全国旅游理论研讨会，是在江西南昌召开的。在此之前，已经有过三次全国旅游理论研讨会，第一次是1980年12月，由当时的社科院财贸经济研究所和国家旅游局共同在北京召开，这个会议也受到了中央领导同志和有关部门的重视。第二次会议是1981年在杭州召开的，第三次会议是1983年12月在郑州召开的。除了第一次会议，后两次会议我不在体系之内，都没有参加。第四次会议还是社科院财贸所和国家旅游局共同主办，所以我从头到尾参加了这次会议的筹备工作，工作量不大，具体会务的事都是国家旅游局研究室在做，我们就是组织会议的论文和研讨这方面的工作。参加这次南昌的会议，又是一次和全国旅游学术界的认识和交流，这次会议上认识了一批人，这批人后来也都成了旅游研究的骨干，有的成为同事。比如冯宗苏，就是在此会议上认识的，他当时在西北大学任职。也同样，会议开完了，会议纪要我来写。我这个人不偷懒，我们在工厂里评价一个好的工人，三句话，第一句话眼里有活，就是工作主动，第二句话不惜力，第三句话干活麻利、效率高。我在工厂的时候就符合这三句话，所以是个好工人，虽然政治上受歧视，但是最后还是让我当班长。到了锁厂更是这样，俨然一个劳动模范的劲头。可是对我来说，我觉得只要自己努力做，勤快，机会就多。如果什么事情都认为这是领导交办的甚至摊派的，就抵制，机会肯定越来越少。所以这次会开完了，不仅是我们财贸所的人对我有新的认识，国家旅游局研究室的人也感觉这个人还是很努力的，形成了好的印象。这就是轻轻松松地完成了回归，也完成了一个转型。那时候学术方面也没有这么规范的要求，反正只要文章写出来发表了就可以，完成了任务也完全符合所里的要求。而且我当时感觉就是不可能在这个地方长待，但是将来干什么也不知道。所以在所里也是不显山不露水，尽量闷着，所里人基本不认识我，大家只知道有这么个搞旅游的小伙子来了，只是有这么个印象而已。

——发展战略研究

到了年底，有一件大事来了，当时主管旅游的领导是谷牧副总理，他找到国务院发展研究中心的副总干事孙尚清，当时的官称叫副总干事，委托他做一个课题，就是中国旅游经济发展战略研究。孙尚清主持这个课题，发展研究中心有几个人参与，但是主要的参与者就是我们旅游研究室这几个人，也是主要研究者。本来我们室里还有一个人叫张子镁，在旅游方面的研究有根底，人也不错，我们也挺合得来，后来调到中信集团去了，因为他是学日语出身的，所以被调到中信集团做集团里的那些事。我们室就这点人，大家一块儿参与。但是这个时候就能显示出力量，就是个人的实力如何，就意味着在这里面能够参与多少事。第一次参加会议，孙尚清召集大家一块儿来，把这个事谈了一下，谈完了之后请大家谈意见。我当时谈了一个意见，因为旅游是新行业，说句老实话，没有多少资深研究者，希望课题主要是年轻人参与。孙尚清就笑，“小安，你不懂。”这是一个意见。第二个意见，大课题要形成子课题，我说了一下考虑，后来总课题就划分为 14 个子课题，分别有子课题负责人，这场戏就算开锣了。老孙这个人很有意思，第一没大没小，第二作风开明。发展中心这些年轻人没有人称他孙总，或者叫老孙，或者叫尚清，随便叫，老孙总是笑眯眯的。孙尚清是大经济学家，也是四野出身，大学学医，跟着四野南下，到了北京之后考了孙冶方先生的研究生，号称是孙冶方先生的六大研究生之一。毕业之后在社科院工作，后来就从社科院转到这边组建国务院发展研究中心。发展研究中心总干事是马洪，我接触过一次，政治生涯波折很大，但始终是学术界有骨气的学者。老孙当副总干事，还是中日友好 21 世纪委员会副主任。因为他这种背景，从小讲日语，也是他的一个优势。在这个过程中，他逐步起来，所以在国务院发展研究中心很得人心。这样一个工作环境，我们也没大没小，见面就是老孙，有什么看法也直截了当地说，老孙有一次跟我说："小安，你是个人才。"我说："我不是，我就是喜欢干活，有活干就高兴，没活干就郁闷。"他就笑了，说："那行，咱们的活有的是。"所以，我变成主要的研究人员。当时我承接了两个子课题，一个子课题是中国旅游业十年，回顾总结 1978 年开始到 1987 年的过程。当时国家旅游局邱毅勇和石建国一起，他们都是搞统计的，数字很多，但是数字要分析，所以进行了大量的统计分析，得出结论。这篇文章写下来，提出了一些新结论和新观点，我自己认为还是比较满意的。还有一个报告是中国旅游投资研究报告，这个子课题难点就是没有数据，就靠调研，靠其他各个方面的数据来支撑。我原来多少算有点基础，在北京市旅游局的时候，研究酒店引进外资，当时也看了一些材料。1986 年，中国第一批批准的引进外资项目，第一个是国际航空公司的航空食品公司，第二个是建国饭店，第三个是长城饭店，这是中国第一批引进外资的项目。当时国内的旅游投资势头刚刚开始起来，所以虽然找不到系统的材料，但是可以有一些零零散散的材料支撑。这个报告写了四万字，应该说也是花了点大工夫，整整一个礼拜没日没夜，没有上床睡觉，累了就躺在沙发上忍一忍，醒了爬起来就写。七天七夜把这篇文章写下来，走到街上，觉得周边看什么都不正常了。可是这样的研究和写作，下来之后，有一种很过瘾的感觉，累是累，但是确实觉得很过瘾。

——系列调研

孙尚清比较注重调查研究，在课题进行过程之中，先去吉林考察，他是吉林人。这样的人真是人物，他小时候在延边生活，我们到延边，就在街上走，突然他叫车停下，下来之后就往一条街里走，我们都跟着。走到那儿左看看右看看说了一句话："这个地方原来是个烧锅。"大家说："对，就是烧锅。"他说："我想起来了，我小时候就住在这附近，东海勇烧锅。"当地人被震住了，说："我们都说不出名字来。"他说："对，小时候的事情记得清楚。"那次在吉林，从长白山一路往西，最后到了白城，一个一个城市跑下来，那个时候实在辛苦，还不错，安排了一个面包车，但是从北京这样的大城市出来，实在感觉到落后。到一个县里吃一餐饭，看到县城，也是同样。最后到了白城，印象比较深的是看了一下向海湿地，在向海湿地的时候，县长从兜里摸出一把手枪来。我当时看呆了，问："你们县长怎么有手枪？"他说："我们比较偏远，有时候会有一些意外情况。"后来又去了国家轻武器实验中心，还在实验中心打靶，步枪、冲锋枪、机关枪依次打了一番。这一次考察下来，我跟老孙说："老孙，以后我跟你出去，凡是考察报告都是我来写。"他说："好，积极主动干活的还不好吗？"正因为我有这么一个态度，所以所有的考察老孙都带着我，给我增加了很多机会。之后又去了贵州，跑得比较辛苦，因为老孙忙，作为领导事情很多，不可能走全程，主要是走了一下贵阳、黄果树，之后就回北京了。我们剩下的人跟着又去了黔西南兴义，然后又去了遵义等地方，工作名义叫国务院专家组。那次在贵阳，当时的省委书记是胡锦涛同志，省长是王朝文。吃饭的时候，胡锦涛就问孙尚清，说："孙先生，您是大经济学家，您看我们贵州经济怎么搞？"老孙点了一根烟，看着天花板，沉吟了一下，最后说："我看贵州经济没的搞。"当时所有人都愣了，胡锦涛也愣了，就笑了，说："我请教了很多人，大家跟我说这个说那个，只有孙先生这么说，为什么？""很简单，你现在没有到这个发展阶段。没到这个发展阶段，再努力也走不上去。我建议两件事要抓紧，第一，贵州是老区，老干部很多，要稳住老干部，让老干部心情舒畅一些。第二，贵州是贫穷地区，要抓两个村寨脱贫。"说得胡锦涛同志很高兴，跟他喝了两杯茅台酒。我感觉，一个真正的研究者就应该有这种实事求是的态度。因为我们是国务院专家组，所以走到哪儿，要材料，座谈，都可以谈得比较有深度。我也当仁不让，所以在后续的考察中，经常是我在提问题，提各种各样的问题。有些问题当地人觉得很难回答，觉得比较刁钻古怪，但是恰恰这个过程之中，才能了解一个事情背后的真相。当然，更多的是这种现场的考察，贵州山美水美，那一次感觉实在太深了，到处都是山，所以那次考察在贵州半个月，回来之后觉得自己的眼前很别扭，因为再也见不到山了，更用不着天天在山沟里钻来钻去了。考察时坐一个日本的考斯特，接待条件也很简陋，有时候到县里的招待所，没有洗澡的地方，每人就是拿着木桶，提着一桶水在院子里开洗。司机是一个帅小伙，有时候开车开着用一条毛巾勒在头上开。后来我跟他聊："像你这样的，要接待外国团，外国人一定很赞赏你。"他说："那是，尤其是接待日本团，那些日本女人见到我眼睛都直了。还有人提出来要不然就到日本当女婿吧。"他就哈哈笑："我一个贵州人怎么可能呢？"所以这样的调研也是一个很欢乐的过程。之后去了安徽、山东调研，每次都是老孙点卯两三天他就回去了，我们跟着调研。前后一共进行了六次调研，积累了很多东西，尤其是积累了很多实感，然后再加上两篇大文章，比较系统地总结了一些东西，自然而然觉得肚子里的东西多了，可以多说一点话了，也可以多谈论一些观点。之后就写出了系列文章，引起了国家旅游局领导的注意。我当时写过一篇文章在《中国旅游报》上发表，叫作《旅游的国内宣传不可等闲视之》。当时就感觉我们不能只外宣，中国旅游业要想提高自己的地位，谋求自己的发展，也要注重国内宣传。当时一个副局长叫章新胜，他专门找《中国旅游报》问这个人是谁？大概也记住了。那个时候经常在《中国旅游报》上发表文章，到了1988年，有一段时间比较集中地发表了七八篇文章。

——努力总有机会

这些文章发表了，大家知道旅游研究有这么个人冒出来，当时形成了一个说法"南王北魏"。所谓南王就是上海的王大悟，我是1986年才见到，是那次国内旅游学术讨论会，我说："对你仰慕已久。"他也说这样的客气话，后来发现一见如故，在一起很愉快。大悟这个人很有意思，1965年的高中毕业生，毕业之后去了新疆，在新疆待了13年，后来以同等学力报考研究生，进了上海社科院。当时上海社科院有几个人搞旅游研究，领军的人是黄辉实，大悟去了之后如虎添翼，他的侧重点在饭店研究。当时在行业里，不知道怎么混出了这么一个说法。有一次《旅游时代》编辑说，上海王大悟，北京魏小安，这是个绝对，大对小，悟对安。当时还有一个人叫林洪岱，上海《世界经济导报》的编辑，该报给旅游留了点版面，他来负责。正好国旅总社改革，引发了很大的争议，然后林洪岱就找我，因为我在北京市旅游局的时候和北京国旅、北京中旅都有比较深入的接触，所以就在《世界经济导报》上发表了两篇文章，被当时国旅总社的老总王尔康看到了，专门约我谈了一次，把整个的改革设想跟我说了一下。我也不客气，王总你的设想不对，这不是改革，分明是倒退。因为当时的设想就是地方国旅的外联权一概上收，由总社统一来办，地方国旅集中搞接待。后来王总说："现在已经晚了，因为现在已经决策了。"1988 年 6 月 30 日，在北京的兆龙饭店开了这个会议，当时韩克华局长退休了，新局长刘毅刚刚到任，这是我第一次见到刘毅局长，他个子不高，眼风一扫，就能压住场。我去参加这个会，碰到了章新胜副局长，他特意跟我说："这次开会你是我点名来的，你知道什么意思？"我说："知道。"那次会议，国旅的领导班子全部出席，包括中旅、青旅的领导也参加了，地方的国旅来了几个代表，9 个省旅游局长也参加了。第一天会议，把这个方案说了一遍，9 个省旅游局长一律反对，地方国旅也反对，这个会有点开不下去了。后来，刘毅局长指着我说："社科院的小伙子，你谈谈看法。"我说："刘局长，您是商业部长出身，统购统销您最熟悉，国旅的体制等于就是统销。"因为当时所谓的外联权就是旅行社可以对外联络，跟着一个权力叫作签证通知权，就是驻外使领馆，国家旅游局发通知，这几个旅行社有签证通知权，否则不发签证，这完全就是统销。统销的另一面就要统购。一个国旅总社怎么能够保证 200 多个分支社客源饱满？如果不能保证客源饱满，没有统购为什么要统销？我说这不是改革，这是倒退。我这番话说完，凿实了这个事。我看了看，刘毅局长也没有表态。结果第二天开会，早晨上来刘毅局长宣布，考虑一下，给每个省增加一个有外联权的旅行社，统称海外旅行社，国旅的方案继续维持。按现在的话，一个是存量，如何优化；一个是增量，开拓发展。所以 9 个省的旅游局长态度大变，马上盛赞国家旅游局英明。因为我没有介入这个决策过程，但是我后来回想了一下，这也就是刘局长，老局长，出新招。但是参加这个会，让刘毅局长对我有一个比较深刻的印象。

之后，还在继续这个课题，有些课题的组织工作我也在做，包括有一些子课题的成果已经形成了，就要开论证会。第一个论证会是旅行社课题的论证会，是王大悟负责，当时发展中心有一些人参加了，他们听了之后就说，如果说能够达到这样的水平，这个课题的水平差不了。老孙听到这样的评价也高兴，特意跟我说："小安，你得多负责，你联络。"当时我们课题的总协调人是白仲尧，年龄比较大了，平时也出不来多少成果，希望通过这个课题谋点这个那个的事。我说："老白是总协调人。"他说："这是个说法而已，干活还要靠你干。"我说："行，我干活。"我自然而然就开始偏重青年人，而且当时国家旅游局一批人都开始介入了，除了邱毅勇和石建国之外，肖潜辉等这一批人开始接触，还有李庚，他是北京的专家。我们这批年轻人自然而然变成了课题的主力，形成了这么一个格局。对老孙来说，只要把活干好，怎么都可以，这只是他工作中很少的一部分，反正最终给谷牧副总理有交代就行了。

到了 1988 年 10 月，国家旅游局研究室刘桐茂给我打电话，说主任想见你一下，我就去了。原来的主任李玉茑已经退休了，当时研究室主任是孙钢，孙钢是谷牧同志的秘书，到了国家旅游局，就在研究室当主任。之前很多旅游的事介入过，都接触过，并不生疏，这个人能力很强。我去了以后，老孙就跟我说，国家旅游局想把你调过来，咱们俩第一次见，但是我听说过你。我说："调过来干什么？"他说："就在研究室，现在没有人写东西，而且我在研究室也不会太长，希望你干点活。"我说："这个事我得琢磨琢磨。"因为当时在社科院的好日子我觉得还没有享受够，一下子又进机关。毕竟我在北京市旅游局干了两年，机关生涯我想起来有点别扭。没过几天，又说何局长找我，我就去了，何光暐那时是国家旅游局副局长，这个人是高干子弟，何长工的儿子，大大咧咧，很有高干子弟的劲头。跟我聊了一番，有一句话把我打动了，他说："你在社科院也是写字，到国家旅游局也是写字，换个地方写字不行吗？"我一想也有道理，无非就是换个地方写字，而且我这个人喜欢调研，到了国家旅游局应该调研的机会更多，再加上在南昌开会的时候我对研究室已经有所了解。之后他就问："你有什么要求？"我说："我没有什么要求，就一条，什么时候我想走，请国家旅游局放我走。"他就笑了，说："哪有你这么谈工作的，没谈来先谈走。"我说："很可能我适应不了你们，也可能你们适应不了我，我这个人比较自由自在。干活没有问题，什么活我都能干，但是如果适应不了，我什么时候要走，希望你们放我走，免得伤感情。"后来光暐说："来了之后按正处职安排。"我说："这个我不关注。"既然他说了这句话，我认为此生我最大的官可能就是处长。这算应下来了，回去我就跟室里、所里说，当时老乔已经不管了，广瑞在管，我专门去找广瑞，广瑞说："这对你是好事，我不能挡，而且咱们在一起关系也不错，感情也不错。"后来广瑞专门约我到他们家去吃了一餐饭，广瑞的夫人下厨做饭，聊了一番。这个事我很感动，按理来说这是我求领导的事，现在变成领导请我吃饭。广瑞说："我没有把这个领导和被领导的关系放在这里，放在这里的是朋友关系。"他说："你走了还是干旅游，我也是干旅游，将来合作的机会无数。"有一次，国家旅游局开会，孙尚清先生也去了，当时孙先生还问："你们不是要把小安挖过来吗？"刘毅局长说："正在挖。"这个事等于已经放在台面上了，就是从所里面到国家旅游局报到，算是这个事定了。他们通知我报到，我就到了国家旅游局人教司，人教司两位司长见到我说："你很特殊，我们的外调工作都没做，你就直接来报到了。"我说："我不知道，光玮局长让我来的。"他们说："你是党组定的，进来的特殊人物。"我一看这两个人怎么阴阳怪气的，显然他们有意见，大概对他们不够尊重，我也不知道，反正就把手续办了，开始上班了。

到了 1988 年 11 月，这个阶段是一个回归的过程，从下海回归到学界，从乱七八糟的状态回归到旅游，应该说两年时间积累了一些东西，最大的收获就是跟着孙先生参与这个课题，让我知道一个国家级课题怎么设置研究框架，怎么组织，怎么分工，怎么一步一步形成成果，对成果进行评定。到最后编了一本书《中国旅游经济发展研究》，这本书就是把十四个子课题的成果汇集到一起，四十万字，很厚的一本书，我在这本书里有两个子课题，这两个子课题都在《经济研究参考资料》上发表了，这算是一个比较扎实的收获。

再一个收获就是通过这两年时间，在旅游研究领域深入了，尤其是跟着孙先生的系列调研。调研中，我也在观察，也在学习，孙先生怎么主持开调研会议，怎么和各地领导接触，怎么谈论各个方面的事情，对我而言，收获更大。因为接触的层面高了，原来顶多就是接触点企业的人，现在不同了，现在直接接触到部级领导，到了省里就是省级领导。跟着大领导出去自然也能接触到一些大领导，有些是寒暄性的过程性的，但是也有一些是实质性的讨论。

第三个收获就是通过这种研究，尤其是写作系列文章使我有了一个大的提高，在调研过程中形成了一些想法，最终会成为一个什么样的成果，一篇文章一篇文章地写。既然是社科院的，还是有一点学术要求。能够跟上学术研究的路数，也能够跟上这个队伍了。

四是认识了全国很多人，尤其是旅游研究界的这批人，这些人各有各的优势，比如说旅游地理学界，是从1980年开始我就接触了，比如说建筑师、历史学家、文化学家，他们都是从不同的角度，按照原来不同的积累进入旅游，也形成了一些不同的东西，甚至形成了不同的风格。在此期间，正经的《旅游学刊》创办了，这是刘德谦先生在北京联大旅游学院创办的，创办之前给我打了一个电话："我们想搞一个刊物，想了想名称就叫《旅游学刊》，你们原来的也叫《旅游学刊》，你们有什么意见？"我说："没有任何意见，我们原来的是内部刊物，非正式的，你们是正式刊物，你们用就用，这不涉及任何问题。"因为刘德谦这个人很细心，也很认真负责，所以《旅游学刊》创刊了，他们也涉及稿源问题。我们正好和孙先生一起做课题，这个课题的一些成果也通过《旅游学刊》发表出来，关系很好也很熟。刘德谦先生这个人就像他的名字一样，真是谦谦君子，他是学中文出身的，搞旅游研究也是踏踏实实在搞，我们私交也很好。

所以，就是这两年完成了一个转型，这个转型也使我对自己有一个认识。纯粹的学术研究对我来说兴趣不大，我觉得在这抠概念，抠这个那个，纸上谈兵，意义不大。我更关注的是实际发展，这大概和我的经历有关系，一些基本的研究方法有了，研究思路有了，但是让我局限到这一步，然后进行这种所谓纯学术的研究，这不是我干的事。

最终我同意到国家旅游局，如果从个人来说就是牺牲了自由，但是从发展来说展开了一片新的天地。知识分子的悲哀是把自己看得太重，知识分子的悲剧是被社会看得太重。而且人懒是天性，虽然我干活很勤奋，但是平时对自己没有这么强的约束，没事就喜欢看看小说，国家旅游局找我之前，我大概有一个礼拜啥事没干，就在看小说。后来我也在想，这一辈子就这么过来了？因为环境太舒适了，基本没有压力，共事这些人也都不错，这样一个环境，也是觉得很好。

——课题收获

课题进展过程之中，还在深圳开了一次讨论会，把主要的骨干人物集中到一起。这是1988年上半年，把大家凑在一起，老孙主持，大家汇总研究成果，讨论研究思路。当时第一本书已经差不多了，需要讨论总报告，框架、分工诸如此类的。基本上完成了这么一个过程，眼界更开阔了，接触的人更多了，思路也更开阔了。

中国旅游经济发展战略课题，最后结题，根本观点就是三句话。第一句话，经济产业。当时是很重要的定位，在这之前有各种各样的定位，如友谊为上，经济受益，人民外交等，这都是传统的外事工作的组成部分。之后有所调整，这个调整之后又产生了一种争论，就是旅游是文化还是经济？当时于光远先生说了一句话，旅游是文化性很强的经济事业，也是经济性很强的文化事业。我见到老孙，把这个话跟他说了一下，问他怎么看？老孙说，这种两头说话，永远对。但是我看恐怕要分阶段，在一个阶段之内，至少在30年之内，旅游就是经济产业，所以我们要明确经济产业这个地位。但是和一般经济产业不同，是经济—文化产业。如果到30年之后，可能性质就变了，就是社会属性加重了，所以那时候就变成文化—经济产业。我是比较认同孙先生的观点，这样一个定位，使整个旅游工作的方向把准了。

第二句话，适度超前。因为当时还处在严重的短缺经济的时代，这个时代讲旅游业的超前发展，实际上方方面面都在掣肘，所以只能谈适度超前。就是在交通制约，各类基础设施制约这种条件下，旅游又要谋求超前发展，所以就需要支持。这种支持也不是要求特殊支持，而是作为一个发展中大国，率先发展旅游业是应该做的事情。在课题里我们对适度超前做了很详细的论证，对超前的可能性也做了很详细的论证，这实际上就是鼓励各级政府对旅游的一种支持。

第三句话，永远朝阳。这句话实际上说到根本，就是消费的升级，消费的变化，随着人民大众的收入逐年增长，所以很自然，必有一部分消费转移到旅游领域。而且发展是未可期的。在发展的过程中收入越来越高，转移到旅游领域的消费也会越来越高，所以这里不存在朝阳产业和夕阳产业的区别，而是永远朝阳。后来也有人提不同意见，认为永远朝阳这句话在哲学上立不住。老孙就哈哈一笑，说我们用不着讨论这些问题，我们只要明确我们的观点就可以了。最终形成的成果是一本书《中国旅游发展战略——面对21世纪的挑战》，由人民出版社出版。这个成果形成了，确实产生了很大的作用。一是成果迅速纳入国家旅游局和地方旅游局的决策，包括语言，都是一段一段的用。二是解放思想，指导作用大。三是学术的突破，从翻译引进国外成果到形成中国的体系和特色。刘毅局长后来评价，这个成果，对中国旅游管用十年。

从方法来说，大战略需要大说法。在做中国旅游经济发展战略大课题的过程之中。有一次听到孙尚清先生聊天，他就说起当年小平同志提出中国“三步走”的大战略，是小平同志在会见日本人的时候谈出来的，当时尚清先生也在现场。他说，当时听了我都有点愣，这么大的事情，小平同志怎么就这么说出来了？当时小平同志说的意思，就是中国的经济发展需要“三步走”。第一步，温饱时期。温饱时期的标志就是人均收入 800 美元。第二步是小康时期，21 世纪的初期可以达到，小康时期的标志就是人均收入 3000 美元。第三步是到 21 世纪中叶，到中等发达时期，那时候的标志是人均收入 1 万美元。后来尚清先生就说，以小平同志这样丰富的政治经验和对世界的了解程度，他说出中国经济发展“三步走”的战略。听起来好像是随口一说，实际上是经过深思熟虑的。而我们经济学家在这个方面就要跟上去，就需要论证。

听完尚清先生说的这个事，我当时就想，旅游也需要一套说法。后来我就跟老孙说这个事，他问怎么个弄法？反正我琢磨了一个，就按照小平同志“三步走”的战略，人均收入 800 美元的时候就产生了旅游需求，人均收入 3000 美元的时候就产生了国民旅游大面积的旅游需求，人均收入 1 万美元的时候，旅游就变成了生活要素。老孙认可，这个说法可以，然后我们就把这个说法唱出来了。真是应了一句话，叫口号掌握群众。不光是掌握群众，首先是掌握领导。所以这个说法迅速在全国蔓延，领导也说这个话，学术界也说这个话。后来一个有心人，戴学峰，问这个话的出处到底是哪里？因为后来演变来演变去，就变成国际经验证明。再演变就是国际旅游专家提出来。查了半天，查着这个出处了。当时我和杜一力在场，我们两个人都说过了，出处就在我们这儿。

可是我想，从尚清先生身上学的更重要的也是方法。就是大战略需要大说法。说到这么大的一个课题，最后结题就是这么三句话，听起来简简单单，但是结结实实，所以就有很强的指导作用。后来我形成了一些经验，也创造了一些。比如有一次，那一年我跑西南跑得比较多，跑完了，我就说西南旅游发展，“九五”时期看云南，“十五”时期看四川，“十一五”时期看贵州。我是在贵州谈这个观点，当时贵州的旅游局长就说，你这个话给我们压力太大了。我说“十一五”达不到，“十二五”行不行？“十二五”达不到，“十三五”行不行？反正这种说法就是描述一个趋势。结果这个说法后来就演变成吴仪副总理指示，变成这么一个说法了，这个话就上了台阶了，大家的压力就很大了。这个做法促进性也很强。所以我真是感觉到这么一个经验，就是我们如何把复杂的现象转化成简单的话，甚至是口号式的话，但是对地方产生的实际作用反而很强。后来我再搞休闲研究，这时候心里就有数了，就提了一个概念，人均 GDP3000 美元的时候，休闲度假的需求开始产生，人均 GDP10000 美元的时候，休闲度假的需求就会演变成普遍性的刚性的需求。现在基本上达到这个阶段了。

第二部

发力

第五章　政策法规

从 1980 年到 1988 年，这个过程是一个积蓄力量的过程，通过几次环境的变迁和事情的关联，积累了经验，积蓄了力量。到发力阶段就进入了一个实干的过程，不仅是按部就班，更可以有创造性的发挥。

——政研室

1988 年 11 月，我被调到国家旅游局工作，部门是政研室。当时国家旅游局的办公楼正在建，还没有建好，所以工作地点非常分散，有一些部门在东长安街 6 号，原来的办公楼里，还有一部分是在贡院西街 7 号，这是局里的家属楼，当时不能分配，大家就在这里办公。我们政研室的办公地点就在 5 楼，一个三居室的房子里。还好，我住的地方上班比较近，骑车一刻钟就到了，所以还是比较轻松的。

政研室主任是孙钢，接触了以后发现，这是一个非常有意思的人。江苏人，有点口音，多年在国务院工作，天天埋头苦干，非常认真。当时政研室的工作格局，基本上是大家每天给他提供素材，孙钢每天出稿子，稿子出来了以后每天早上发给大家，大家开始抄。所以我去了以后，孙钢主任也跟我说，小安，你也不好特殊，也要抄稿子。我说，没有问题，抄吧。拿了稿子就抄，抄完了以后给他，他说：你这个稿子抄完了还不如不抄呢。我说：我的字写得很差，你让我很认真地写，我也做不到。他后来说，那就这样吧，原来办了一本叫《旅游调研》的杂志，这个杂志你来编。我说那没有问题，编杂志我行家里手。回想起来，我自己创办了一个《旅游学刊》，从 1983 年开始，1986 年又介入了《旅游论丛》，1987 年进入《旅游时代》的编辑，所以这个工作对于我来说确实很轻松。当时《旅游调研》基本上是文件汇编，做起来更轻松了。工作量不足，当时孙钢正在弄一本书，《旅游促进发展七十例》有两套稿子，其中一套稿子给了我，说你编这套稿子吧。我就编，编了两天我发现不对，同样的稿子孙钢也在编。我就去找他，说：老孙你是信不过我的能力啊？还是信不过我的质量啊？没有必要一个活儿两个人同时干，要不然你编，要不然我编，最好还是我来编，你腾出时间来做更重要的事，编稿子对于我来说不是很复杂的事情。说得老孙有点不好意思，他说：那就你编吧。所以，我把这部书稿编了一遍，基本是各地集中起来的案例，原来想做《旅游促进发展一百例》，但是各地报上来的数量不足，最后就是七十例，书是一本好书，从出发点来说是旅游促进发展，就是希望把旅游的很多典型案例集中起来，让读者知道旅游这些事的作用。稿子也不复杂，也不需要出什么框架，主要是顺一下文字。大体上老孙的领导风格就是这样，所有的文字他都需要把关。后来时间长了才知道，是当秘书当出来的毛病，何光暐局长开玩笑，老孙见字就想改，拿过来一看不对，这是《人民日报》，不能改。这是开玩笑的话，但他确实是这样的风格，见字就想改。他后来去计划统计司当司长，听他们讲故事更好玩了。老孙只要改完大稿子，心情就愉悦，哼着小曲在走廊踱步。这个时候，他们就把不好批的文件送过去。其中我碰到的一个事是邱毅勇在统计处当处长，老孙跟他说：你还不是党员，这不行，要写入党申请。后来毅勇找我，说，老孙让我写入党申请，我哪知道怎么写啊？我说我给你写，这个事对于我来说轻松得很。然后就写一个入党申请，写得还很认真，4000 多字。毅勇辛辛苦苦抄了一遍给了老孙，老孙辛辛苦苦地改了一遍，4000 多字改成 7000 多字。毅勇又辛辛苦苦地抄了一遍，他说这个入党申请写得辛苦，我都抄了 1 万多字。关键是这种申请是给自己看的，充其量是在支部会议上读一下。我说行了，这不就是老孙的习惯吗。他还有一个习惯：因为在国务院工作出身，认为一个文件办下来，这个事就算结束了。后来我跟老孙说：对于我们来说，一个文件出来，只是这个事情刚刚开始。但是对于他来说，已经结束了，所以他对待文字非常认真，所有的文字都要经过他把关。很自然就形成了工作模式，大家每天把各种素材报给他，那个时候政研室实际上主要集中的是一批外语干部，英文、日文、俄文都有，每天搜集各种材料，翻译过来摘一摘，摘完了以后给他。然后他就改正各种各样的东西，让他们来抄，基本就是这样的工作。当时真正做政研工作的只有我和老迟两个人，日常工作就是我编《旅游调研》，然后打杂。

这样的工作面临一个问题，就是从原来不坐班的状态转换成坐班的状态，实在是觉得累，开初半个月，下了班以后觉得浑身骨头都疼，就是天天在那儿坐班。而且一个办公室有两位女士，我又不能随便抽烟。好在有时候有人来串门，只要有人来串门，我就出去抽烟。那个时候我就发现有一种人，一天到晚不关注别的，就关注各种小道消息，尤其人事方面的小道消息。大体上这两位女士也是这样的人，每天会有两个人跑过来传递给各种消息，只要看他们进来，我就出去抽烟，也懒得听他们传递消息，人我也不认识，也不关注。因为我觉得在机关就应当好好干事，但是确实有这样的人，干事的能力没有多少，毁事的能力很强，传递小道消息的能力很强。

所以一开始，给我的感觉确实不太好，但是也得适应。当时局里还有一个法规处，法规处的处长是荆子玉，就是我前面说的写旅游商品那篇文章的时候请教过他，我有时候跑到老荆那边去聊天。他问我，你是一个学问人，怎么后来做生意了？我都觉得不可思议。我跟他讲，我也觉得不可思议，当时想法好，实际上做不下来。其他的时间就看材料，机关各种材料很多，政研处这边材料不是很多，可是法规处那边材料很多，所以从他们那边找了不少材料，就这样一天一天过。

——政研处

到了 1989 年机构调整，3 月份的时候组建了政策法规司，当时有三个处，一个政研处、一个法规处、一个信息处。政策法规司的司长是李铁英，副司长是荆子玉，我原来都打过交道，所以看到我，还挺高兴的，又来了一个干才。而且当时政研处只有我一个人，任命我为政研处副处长，后来何局长专门跟我解释一下，原来想按照处长任命，但是人教司不同意，不同意就小步快走。我说我不关注这些，能干事就行。还有一个法规处，副处长是张坚钟，信息处副处长沈惠蓉，我们三个人同一个文件任命，都是副处长，都是主持工作。但我这个处就是我一个人，光杆司令，光杆司令也无妨，就干吧。而且当时新楼建好了，正好机关搬家，原来想着还要等，刘毅局长生气了，这样等起来没完没了，先搬，搬完了再说。那个时候也没有搬家公司，都是我们自己搬。办公楼前面挖了一个大坑，大坑上放上了跳板，推着手推车过那个跳板往楼里搬，那几天搬家，我奋勇当先，倒是给全司留下一个好印象，这个人干活不惜力。因为我当工人出身，习惯干这样的事。所以家搬完了，有新的办公地点了，也踏实下来了。

开始工作，碰到的第一件大事是要召开全国旅游工作会议，涉及写局长工作报告，这是大报告，按照传统是研究室写。对于我来说这是一个考验，也是一个转型，要从原来比较习惯的写论文方式，学术性的文字转向机关性的文件。这又是刘局长到国家旅游局以来第一个大报告，所以我们李司长、荆司长都很重视，每天要讨论若干次，框架怎么搭？我就问：你们请示过刘局长吗？他们说：请示过，刘局长就一句话，你们先写吧。那就写吧，自己搭框架。李司长有一个工作习惯，他有什么想法给你写一个小条，看着各种小条，就弄吧。第一稿写了1.5万字，算是把框架搭起来了，到司长那里过不了关。他说：你这个东西不行，不像局长报告。那我再改吧，我当时知道，这一关必须得过，所以就跑到机要室，把原来局长会议的报告都找出来，反反复复看，然后又请教了一些原来写过报告的那些人，比如说付卓洋，他那个时候在办公室，写过局长大报告。尤其是请教孙钢，请教了一番，他说写局长报告的关键是要提前和局长沟通，搞清楚他想说什么。这个没有办法，那个时候我已经收到一大堆李司长给我写的小条，但还是觉得不得要领。后来我跟李司长说：要不然我去请教一下刘局长？他说你去吧。因为那个时候跟刘局长也算认识了，这算是第一次比较正式地谈工作。刘局长说，我也是新来，旅游行业很多情况你比我还熟，基本三块，第一块对现状有一个评价，第二块对问题的分析，第三块今年工作的部署，大体这样三块，难在对问题的分析，怎么提出问题，怎么分析问题。这样，框架就清楚了，按照这个框架写，第二稿写了1.2万字。那个时候还是习惯性地用写论文的大稿纸，400字，旁边的边框很大，这种大稿纸，1.2万字写下来了，觉得顺了很多，确实和领导沟通了以后顺多了。到我们司长那里，还说不行，毛病在哪啊？当时感觉口气不对，还是习惯用论文的口气。后来又去请教刘局长，刘局长就说了一句话，机关文字得有官气，我就明白了。然后请教孙钢，刘局长说机关文字要有官气什么意思呢？他说部署工作嘛，“要如何”。我一下反应过来了，我原来写东西，建议如何、应当如何，顶多说到这个程度，但是机关部署工作就是“要如何”。这是根本性的调整，所以这一稿调完了以后又是1.2万字，从头到尾一点一点抄下来，这是第三稿。到了第四稿的时候，我觉得可以出手了，找李司长，这一稿是不是可以找刘局长看一看？在他眼里觉得大体上可以了，到了刘局长那里。然后刘局长看了一遍，摇头说不行：你还没有明白我的意思，尤其是第二部分，问题的这一部分，问题找得不准，行业里大的问题到底是什么问题，要把这些问题找准，不是机关工作，机关工作不重要，这是全国旅游工作会议，一定要谈行业问题。所以这一稿这样改下来了，基本上过了。到了第五稿报到刘局长那里，刘局长开始提笔了。我后来总结了一个经验，领导提笔了，这个稿子基本过关了，因为领导改的就是文字了，如果领导不提笔还在跟你说，这个稿子是过不了的。反过来说，我们跟领导谈大文件或者大报告的时候，谈 5 分钟就出来，这个稿子过不了，如果谈 50 分钟出来，这个稿子基本就过了，所以前后五稿，一个字一个字抄一共是 7 万多字，摞起来有一尺高，确实很辛苦，但是这对于我来说就是完成了一个转型，从研究性的文字转向了机关性的文字。这个转型非常重要，何光暐也说，小安这一炮打响了，不错。后来总结，写稿子就是五稿，一稿披头散发，二稿初见轮廓，三稿有模有样，四稿精雕细刻，五稿气脉贯通。说气脉贯通，是因为这种稿子领导要读，要讲。语句太长了，一口气读不下来，感觉不畅，就要把长句子拆开。另一方面，写文章的时候有误区，常常是一个词反复用，看的时候就过去了，但是一读就读出来了，刚刚用过的词怎么又用上了？所以好的稿子都是读出来的，这才是精雕细刻。

之后就是参加全国旅游工作会，这一次会议是在回龙观饭店开的，当天还是国旅集团、中旅集团成立大会。到了晚上，在刘局长的住处，就听刘局长在那说，这个王总，太笨了，说了有六七个太笨了。我才反应过来，国旅集团成立就是按照那个体制改革方案，实际上等于挖了一个坑，把刘局长给陷进去了。因为有一次在珠海开会，有 20 多个地方国旅的老总集体要求刘局长接见，要谈他们的意见，刘局长就不见。这是国家旅游局决策了，决策错误，也不能马上说不行，所以只能这样顶着。局长会是几天会议，作为政策法规司办会，大家都很辛苦，每天晚上还要写简报，第二天一早就得把简报发给大家，还是那个时候的会议传统，大家没日没夜地辛苦工作。我也是第一次全面参与这样的会议，应该说这一步走下来了，从头到尾，收获很大。之后不间断地参加每年的全国旅游工作会议，一直到 2017 年，大体上参加了 30 次全国旅游工作会议，开始是办会，写报告；后来是参加会，做相关报告；最后是以专家身份，听会，发个言。

——初次出国

到了4月份，我就陪着刘局长出了一次国，那也是我第一次出国，大概也有点奖励的意思，先后去了泰国、新加坡、马来西亚、菲律宾几个地方。这一次，收获巨大，因为这是我第一次出国，第一是开了眼界，知道了其他国家旅游业怎么搞的。第二，刘毅局长毕竟原来是大部长，所以有很多海外的朋友，到了新加坡就是吴庆瑞副总理请刘局长，到了马来西亚郭鹤年也请刘局长，不光是开了眼界，也接触了很多高层次人物。我没有别的，一路走一路看一路记。那次是外事处处长杨柳荫、市场司司长李铁非，还有刘局长的秘书王丁虹，我们几个一路走，聊来聊去也熟了，他们也知道我第一次出国，还让我管钱，我也不知道这个钱怎么管，也不知道事怎么办，反正不懂就问。一路走下来之后，我写了一个考察报告，这个考察报告刘毅局长非常满意。他这个人的工作习惯，从来不当面表扬人，但是后来他有一本传记叫《平民部长的点滴人生》，在那本传记里把这次出访浓墨重彩地说了一番，把调研报告一段一段放进去了，我就知道这确实是他比较满意。而且通过走这样一趟，关系也熟了，我这个人从来没皮没脸，不懂就问，有时候一些问题我就听他聊。因为他那个时候是候补中央委员，从商业部部长到国家旅游局。不说刘局长爱玩不爱玩，但是调研方面非常勤奋，这是给我一个很深的感触。所以，我一路跟他走，拿个本子一路在记，包括这餐饭吃下来多少钱，我都记下来，做一个价格比较，他看在眼里，也是满意的。

——再次出国

回到国内之后，5月下旬，孙尚清先生组了一个团，去日本，还是课题调研。是日本的日日新闻社邀请，在日本走了一圈，考察一番，也有不少座谈。到日本的通商产业省去座谈，其中谈他们怎么管理旅游，通商产业省说他们不管旅游，顶多有时候出点政策，更主要的是靠行业协会自律。也接触了一批日本的旅行商，包括酒店老总，把日本主要的地方看了一遍。全程陪同叫东海林洋子，一口东北腔，居然也是四野出身，见到老孙，亲得不得了。我到现在也搞不清楚，日本邀请方怎么这么有积极性？大概是因为尚清先生在日本的威望比较高，而且他到日本，往那儿一坐，气场在那儿，真是大家气度。时不时还给人家说点日文，日本人觉得更加亲切了。这次考察，国家旅游局是我和邱毅勇参加，我们回来的时候已经乱了，坐的是国航，一架747只有我们这一个团，6个人回北京。孙先生坐头等舱，把我们都弄到头等舱，享受了一把，整个机组围绕着我们6个人转，当时就感觉到国内的形势太紧张了。

——形势认知

一个春夏之交的风波，对中国旅游业产生了巨大的影响。当时最大的问题就是行业的形势急剧下降，当时海外的评论就说，因为这个事情的影响，中国五年翻不过身，或者说五年以后才可能达到1988年的水平。后来刘毅局长说，这样不行啊，我们也不能让这种舆论甚嚣尘上。然后我就写了一组六篇文章，就是我们如何看待、如何分析、如何应对等，都在《中国旅游报》上发表出来了。然后又写了两份报告给国务院报上去了，我们怎么看这件事。但是当时又面临着一个矛盾，这个矛盾是什么？一方面我们有困难，应该向中央要点政策，另一方面我们又得鼓舞信心，又不能把这个事情说得太差，所以这个矛盾最后只能表述为，现状有很多问题，尤其是中国在海外的影响，从发展来看形势大好，一片光明，就是这样的一个格局。基本也是按照这个基调给国务院报上去。1990年开全国旅游工作会，这次写局长报告觉得好写了，一个是框架和文字都顺过来了，第二是总的基调有了，所以按照总的基调开了这个会。那次会议请了7个省的副省长和副市长参加，而且李鹏总理也要到会。所以这个会怎么开就很重要了，当时安排请两位省领导给李鹏总理汇报，然后大家再说，最后是总理讲话。第一个是上海市副市长汇报，汇报的基调是上海的饭店现在债务太重，连利息都还不起，所以希望中央给政策。第二个是陕西的副省长汇报，那个时候陕西正好出了一个事，陕西国旅查了七个导游，说他们拿回扣一共130万元，然后都被抓起来了，可是没有法律依据，也没有中央政策，所以希望中央出政策。只有最后轮到局长发言的时候，北京当时的旅游局长薄熙成，说了一番，我们积极努力，一是挽救局势，另外是北京要开亚运会，我们要给亚运会争光添彩之类的，说了一番这样的话，也算鼓劲了。最后李鹏总理讲话，这个会结束，时间还延长了。

这个会开完，我到国务院秘书局，秘书局的人就说你们的会开的实在很不成功，旅游辛辛苦苦搞了一把，最后就是两个结论，一个是饭店变成了国民经济的负担，一个是旅游这支队伍烂掉了，就得了这样两个结论，这两个结论太被动了。当时刘毅局长也是这样的感觉，这样不行，局面还得调整，就得做工作。可是这些问题确实存在，刘毅局长想能不能出一个国务院文件？出国务院文件，既提出问题又提出解决问题的方式，你写一个东西。我写完了以后说不成熟，出不来，出不来就算了。但是争取了一次机会，是开一次国务院常务会议研究旅游饭店的问题。在这之前，王大悟、我、邱毅勇三个人写了一篇文章，这篇文章的总体意思是，我们的困难是暂时的，从旅游发展的角度来说这些事情都不算是大事，我们应该有信心，总体是这样的意思，后来作为《人民日报》内参上去了。那天国务院开常务会议，最后得出的结论是谁的娃娃谁抱走，地方债不能转成国债。散会后，当时主管副总理是吴学谦，专门和刘毅局长说了几句，你们国家旅游局怎么有两个声音？我昨天晚上看了一份《人民日报》内参，是你们国家旅游局的人写的，和你今天汇报的口气完全不同，观点也不同。因为刘局长的汇报稿也是我写的，反正你怎么要求我怎么写。结果刘局长回来一查，火了，把我叫去：你什么意思啊？我说，什么什么意思？他就说：这两个东西都是你写的，观点完全不同，你到底什么意思？我说：你那个观点我不太赞成，所以我就写了这样一个东西。刘局长说，你走吧。我看出来，他真的很恼火。后来有一次我跟刘局长出差，他问我：小安，现在一年拿多少稿费？我说四五千元。他说：这样，你以后给我写文件写报告，我给你发稿费。我说：刘局长，我不是这个意思，我不差这点钱，而且我也不追求钱。他说：这样，不要写文章。我说：我做不到，我是学者出身，也不能在机关干一辈子，我得保持我在行业的影响。刘局长又说，如果实在想写文章，用笔名行不行？我说，笔名也不行。最后规定一条，不许和局党组既定方针政策唱反调。我说，这个我可以做到，因为我是你的兵，我怎么能唱反调？上次因为我年轻不懂事，你既然把规定定下来了，我按照你的规定办就完了。他的脸上才有点笑意，那一阵见着我老板着脸。我后来回想起来，确实这个事做得完全违背规则，好在吴副总理在会议上没有把那篇文章说出来，否则多被动，这个会还能开吗？我说那行，反正我的任务是论证你的观点，但是有时候你别让我猜，这个事你怎么看，你怎么说，我来论证。这样他总算有笑意了。但是刘毅局长这个人真的是宽宏大量，也没有因此影响对我的重用。那个时候我当处长了，算提拔了，我感觉行了，基本在国家旅游局的官当到头了，因为当时许诺的是按照正处职安排，算当到头了。反正我关注的是做事，做事就做事吧。

1990 年 11 月，国务院研究室在天津召开了一个产业政策工作会议。李司长说，这个事你最清楚，你去参加这个会，我就去了。那时候国务院研究室主任还是袁木，正是意气风发的时候。所以在做主报告时慷慨激昂了一番。但是我当时不以为然，因为袁木的表现，实在不敢对他恭维。在会议期间，专门开了一个第三产业发展的座谈会。在这个会上我谈了一个想法，旅游潜力很大，前景很辉煌，我们也有发展的能力。所以从产业政策来说，旅游不要求优惠政策，只要求公平政策。因为讲优惠，对一个行业的优惠实际上就是对其他行业的歧视，对一个企业的优惠就是对其他企业的歧视。严格地说，不符合市场经济的要求。旅游是市场化的产业，不需要这些，我们要的只是公平的政策。当时主持会议的领导就说，你这说的是什么话。我来说事情，我们这个行业，最简单的一个情况，是创汇性的行业。制造业企业只要出口就有出口优惠，就有奖励，有的有退税政策。怎么旅游创汇什么政策都没有？我们不要求优惠，要求公平。再比如说酒店行业，现在的水、电、气的价格始终不是正常的企业价格，始终对我们有歧视，我们的要求也只是公平。因为我说了一堆具体的事情，后来领导就说，我们对情况不太熟悉，你这个事我们记下来了。

我就感觉，做政策研究要踏踏实实地把实情搞清楚，这就是做政策研究的基点。后来中国旅游研究院出了一本书，《旅游研究三十年》。这本书老一代研究者都不满意，因为这本书，第一，对过去的历史不尊重。第二，只谈到了学术研究，好像中国旅游研究 30 年就是学术研究，实际上当时有重大的一块，就是政策研究。而且真正从实际角度来说，政策研究对实际产生的影响比理论研究要大得多。但是这本书基本没有谈。像孙尚清先生做的这么一个大课题，在这本书里只有一页纸，轻描淡写说了一番，而且说得还不准确。所以我就感觉任何研究，包括理论研究在内，如果不关心实际，这个研究没有更大的学术意义，更谈不上实践的意义。

——工作开拓

那个时候，政研处的格局也发生了变化。刚成立的时候就我一个光杆司令，后来来了一个王铁岭，后来又是迟景才，老迟是政研室的老人，1989年3月的时候让他去监察局，他不喜欢在那干，要求回来，所以就回来了。三个人，至少有人打杂了。而且老迟这个人勤勤恳恳，文笔还可以，后来是冯宗苏从康华集团过来，杜一力从全国总工会又来，变成五个人了，就得自己生事了，所以那个时候我们也生了不少事，自己做。

和领导的联络主要是我来做，之后冯宗苏当了副处长，老迟是副处级干部。后来又来了两个人，一个叫徐晓歌，一个叫叶军，这两个人笔头子也都挺强的，七个人的政研处，真是兵强马壮。我那个时候主要精力都在大的事情上，剩下的事情就分工。我知道一条，朝廷没有闲衙门，政研处说起来就是一帮写字的人，又没有权力又没有具体的事，就看怎么干了。有一次开会，老孙说让秀才去写吧，刘局长听了不高兴，说，老孙，你也是秀才出身，就是写字吗？一是对情况的把握，二是对运行的实感，三是理论和政策水平，四是文字功力。我听得目瞪口呆，这都是经验之谈。

我那个时候算是领导，这样就开展了系列调研，可是当时经费又有限，对出差有限制，所以我到处找机会，到处生事。比如说有一个综合司，综合司有商品处，我找到司长老蔡，问老蔡商品处干什么事？他说不知道，自己也说不清楚。我说那这样，我们先搞一本书，叫作《中国旅游商品指南》。我这里有人干活，但是没有出差机会，我的人出差在你这个司报销，他说可以。所以搞了一本书，这本书很大，180万字，基本上就是通过这样一个方式进行一个领域的系列调研。

我那个时候的主要工作是跟着刘局长去调研，1990年形势还没有恢复，刘局长开了一个拉练会，请了9个地方的旅游局局长，从武汉集合，然后到重庆、贵州、四川、云南、甘肃、山西去跑了一番，一路开会，一路研讨。一开始有一些省的局长还可以跟上，到后来都跟不上了，最后就剩下刘毅局长，他的秘书，我，还有计划司徐杰，就我们4个人，这一趟跑了35天，跑了7个省，确实跑得很辛苦。我那个时候是年轻人，我都觉得辛苦，每天早上8点甚至7点就走，坐在车上来回跑，舟车劳顿，到晚上才回来。其中最紧张的一次是在昆明坐飞机到西双版纳，到西双版纳下午 3 点，然后到西双版纳看了一圈，看到晚上 9 点，又坐着飞机回到昆明。天天这样跑，到哪里晚上都要开座谈会，基本是晚上 9 点半开始，有的时候 10 点开始，开到 12 点，之后我得整理座谈会的材料，整理到 2 点，然后早上七八点又走。其中最辛苦的一天是九寨沟，到九寨沟本身就很辛苦，要坐两天汽车从成都过去，路上还有一个台湾团的车在我们这个车后面，有的时候碰到了，他们就问，九寨沟怎么样啊？太辛苦了。到了九寨沟以后我碰到台湾团，问他们，怎么样？真是值得一来，但是不可能再来了。看完九寨沟，我们的安排是从九寨沟坐着汽车到甘肃，甘肃旅游局长特意赶到九寨沟来接我们，550 公里的山路，走了 21 个小时，吃饭都是在路上吃，带一个饭盒，饿了就吃。穿过陈仓古道，一路都是山路，到了天水，夜里两点多了，下车的时候都有点下不来了。我作为年轻人都觉得这么辛苦，刘毅局长那个时候 60 岁了，他没事，还这么精神。到了天水，酒店里睡了 5 小时又爬起来，又坐着火车去敦煌。一路奔波一路辛苦，最后一站到了五台山，第一天就上北台顶，一般人都不上。我记得很清楚，1990 年 7 月 25 日，正是三伏天，最热的时候，但是我们上山的时候每人一件军大衣。上了北台顶之后，刘毅局长一看，说这个坡很缓，咱们就顺着坡走下去。我们是坐着汽车，在快到台顶的位置，走一个多小时走上去了，我以为走原路下山。不行，要直接往下走，越走越热，把军大衣卷起来扛在肩膀上走。王丁虹摔了一个跟头，正好摔在牛粪上，让军大衣垫着，大衣又不能扔。后来刘毅局长说，王丁虹，怎么苍蝇老围着你转啊？大家哈哈大笑。一直走到了山下，当时五台山区的区长陪着我们走，走到山下他就躺在地上了。刘毅局长手里拿着一个棍，扒拉他，起来起来。他说，不行，我在五台山工作了 16 年，从来没有这么累过。当时我看刘毅局长很有精神，一路往外走，快出了沟口，汽车过来接我们，这一天折腾下来，回到酒店已经晚上 9 点了。第二天早上起来又去黛螺顶，因为爬五台太辛苦了，一般爬不了，所以后来形成一个风俗，台怀镇有一个黛螺顶，这个黛螺顶不太高，爬上去相当于把五台转遍了。到黛螺顶山下，导游跟我们说，你们往上走吧，就这一条路上下，我实在走不动了。这样，我们又上了黛螺顶又下来。最后是从五台山坐了一个夜间的火车，回到了北京。这一次调研给我的收获极大：一是一路上和地方局长们交流，当时都是老局长，和这些局长在一起交流，又不是开会，经常在路上瞎聊，大家都说实话，听了很多实情。二是这么跑下来，真是密集调研，35 天跑了 7 个省，辛苦是辛苦，但是海量信息聚集过来了。三是这个过程中一路上和刘局长聊，他有时候有一些火花性的想法，说完了我就记下来，这些东西对将来决策都会有用。四是开阔了眼界，而且不是一般的开阔，我后来没有统计到底跑了多少个景区景点，至少也是 60 个。辛苦是真辛苦，比如说我们去大理，坐了 8 小时的汽车，我基本在路上睡 8 小时，实在太累了。到了大理是下午 4 点，把大理主要的景点看一遍，看完后晚上开座谈会，第二天 8 小时汽车又坐回来，就是这样的强度。这样高强度、高密度的调研，我此生只有那么一次。此行有一个收获，就是对市场恢复的信心增加了。后来工作也比较正常了，也就开始比较正常的研究。

当时有几件事情。第一件事情是由国旅集团这个事情所引发，我们研究了一下旅游企业集团化，这也是刘毅局长提出来的题目，我们做了一番调研，主要的旅游集团都跑了一下。而且那个时候政研处 7 个人，有力量。后来在北京专门开了一次调研成果的汇报会，在怀柔雁栖湖，那个时候雁栖湖很不成规模，什么都没有，乱七八糟，只不过比较清静。开了两天会，形成了一个基本结论，这个基本结论我后来请示刘局长要不要形成文件？他说现在条件不成熟，旅游企业没有什么集团化可言，只是刚刚在培育，现在要求政策也不可能。

第二件事情，刘毅局长提出《旅游法》的事情，《旅游法》的事情在这之前，韩克华当局长的时候就提出来了。那个时候就已经有了初稿了，1990 年重新再弄。为此专门调了一个人就是王立刚，把王立刚调过来，参与《旅游法》的起草，我们也参与了一下。《旅游法》起草是以法规处为主，反正一稿一稿磨，不了解或者情况不熟悉，吃不准的，搞调研。我那个时候就是一个态度，有调研机会就要抓，没有机会自己都得争取机会，创造机会。在这个过程之中也增长了一些法律知识。最后一稿，征求国务院 54 个部门的意见，回来以后都是一个态度，《旅游法》我们很赞成，但是涉及我这个部门的事情最好不要这样谈，都是这样的态度，等于都是表面支持，实际否定，这个事情进行不下去了。

吴学谦担任国务院副总理的时候，组建了国务院旅游事业委员会，是非常设机构，格局还不同。谷牧担任副总理的时候，国务院有一个旅游领导小组，下设办公室，是常设机构。之所以组建这样一个旅游领导小组，有一个重要的原因是谷牧副总理当时对国家旅游局不满意。有一次在北戴河开会，谷牧副总理专门说了一句话，旅游不能变成改革的死角。虽然旅游是开放的龙头，但是改革方面旅游落后了，他不满意。后来国务院旅游事业领导小组专门设立了一个工作机构，就是办公室，办公室主任是石秀诗，那个时候我们跟他打过交道。当时相当于组建第二个国家旅游局，所以韩克华局长对这个事很不满意。后来谷牧副总理退休了，这个领导小组散了，旅游领导小组办公室也解散，韩局长专门说，他们的人我们一个也不接，就是抵制。那个时候旅游领导小组还真是做了一些实事，做了一些具体的事，因为形成了一个工作机构，就得有日常工作，最后只有一个人到国际饭店当了副总，石秀诗同志又回到国务院秘书局，就这么折腾了一番。

吴学谦任副总理的时候，组建了一个国家旅游事业委员会，算是一个虚的机构，但是起作用了。作用在哪儿？只要是旅委开的会，就算国务院通过了，就可以下文件。所以本来《旅游法》希望走这个途径，但是折腾了半天不可能。

机关工作，无非就是办文、办会，办事。办文清楚，办会简洁，办事聪明。从办文来说，先要吃透领导的意思。阅、研、办，三个字，是官场办文之诀窍。看领导批示，一般是降一层意思理解，阅可不阅，研倒要阅，但可不研。酌办就是不办，办可缓办，速办才是真办。这就是科层制度下的必然规则，领导要做好人，所以都批办，而又不可能都办，自然就演变为心照不宣的文字游戏。

——办实事

那个时候办了几件实事。其中第一件实事是筹备旅游发展基金。因为刘毅局长那个时候最大的困难就是手里没钱，每年给旅游就是5个亿，这5个亿有拨款，大概占20%，有的是拨改贷，有的是贷款指标，所以实际上在手里真正掌握的钱没有多少。这么一个碰到巨大困难的旅游产业发展，手里没有钱办不了事，所以就提出来能不能搞一个旅游发展基金。但是这个基金指着财政拨款不可能，财政肯定不同意。他就动了一个脑筋，当时外国旅游者出境的时候收出境费，40元钱一个人，能不能在这个上面加20元钱，这20元钱作为旅游基金？这个方案财政部同意了。结果财政部刚刚同意，民航局那边就把40元钱收费涨到60元钱，你再加就得变成80元钱收费。但是硬着头皮把这个事情算办下来了，算下来大概国家旅游局一年经费可以增加8000万元，手里面有点活钱，就可以办事。

第二件事是搞国家旅游度假区。国家旅游度假区也是刘毅局长提出来的，国际潮流是观光旅游向休闲度假旅游转变，我们能不能搞这样一类产品。后来我还跟着刘毅局长出了几次国，相当于做专题调研。1991年，到美国、墨西哥、古巴。当时去美国主要的原因就是要打开局面，中国驻美大使馆介绍，请了一个美国公关公司——福莱公关公司。因为我们对外交往中从来没有用过公关公司，这次是开一个先例，才知道公关公司如何厉害。我们当时给公关公司提了三个要求：一是我们要会见美国商务部长，可是当时中国正在受制裁，中美高层交往当时都停了，商务部长不可能见。二个是会见美国十大旅行商并和他们签协议。三是要求在洛杉矶和纽约办两场活动。这些要求给人家提出来了，人家也都接下来了。我们那次去，美国商务部发了一个函，听说中国国家旅游局刘毅局长访美，我们可以顺便见个面。所以到了华盛顿，到美国商务部会谈，还是很正式的一个会谈，双方国旗都挂着，但是不列入正式活动。10个美国大旅行商，我们也考察了几个，比如说美国的运通旅行社、卡尔森旅行社、麦道旅行社等，最有名的都考察了，考察完了以后简单会谈一下，签一个合作协议。其中有一家旅行社对中国很有看法，我今天会和你们签协议，但是让我支持中国，我肯定不会支持，发言就是这样发的，发完言就走了，晚宴都不参加。可是这么大的难题，还是办下来了。而且纽约和洛杉矶两场活动，基本都是200人规模。可以这样评价，打开了中美旅游之间的坚冰。而且这一路上，美国福莱公关公司一个副总跟着。第一次刘毅局长发完言，他做了一个评价，你们这个领导说话很幽默，希望他把幽默这一面尽量发挥，不要老念稿子。那次我跟刘毅局长出去活动，专门把日程研究了一遍，按照日程需要，写了16篇发言稿，到哪儿给一个发言稿，愿意念就念，不愿意念就说。因为有这样一个说法，最后刘局长都脱稿，效果反而更好。此行12人，飞机和酒店都是公关公司的客户，都优惠，包括两场大活动的费用在内，总共15万美元。但也有不同意见，甚至有人告状，大家都很恼火。

到墨西哥和古巴主要是考察度假旅游，先到了墨西哥首都墨西哥城，见到了墨西哥旅游部部长，会谈了一番，之后就到了坎昆。坎昆是世界一流的滨海度假区，有珊瑚礁，潟湖，资源顶级。1970 年开始建设，到 1986 年就承接世界南北首脑会议。到了古巴除了和古巴旅游部会谈以外，就去了巴拉德罗旅游区。古巴原来被称为加勒比海的明珠，虽然经济不景气，但是一些做法还是可以汲取的。

考察回来以后，围绕这个思路就开始在全国操作这个事。先是国务院旅游事业委员会开一次会，吴学谦、邹家华两位副总理都出席了，邹家华副总理出席是因为他主管国家计委。当时国家计委来了一个司长，我才知道大衙门确实厉害，上来他就说这个事不行。我们起草了一个文件，这个文件里有一个观点，旅游是外向型、创汇型、生产型的行业，他说外向型、创汇型我们都接受，生产型我们不能接受，很简单，如果明确旅游是生产型行业，生产型行业所有政策旅游都得享受，但现在旅游不行。刘毅局长也不能跟他辩论，捅了捅我，我就和他辩论，从五大生产行业说起，结果这个会议前一个小时似乎变成学术性讨论，实际上真正争的是什么？争的是旅游定位和政策。之后一个小时确定各个区，那个司长又说不能叫国家旅游度假区，吴副总理说叫度假点行不行？后来刘局长忍不住了，说不行，点太小了，不符合产业发展方向。但是到最后把生产型删掉了，12 个国家旅游度假区就算通过了，国务院旅游事业委员会下了文件，这是国务院旅委第 11 次会议。事情还挺复杂，先请各地报，报完了以后我们依次看现场，当时我是政研处处长，配合计划司一起来做这个事情。最后确定了 12 个国家旅游度假区，当时江苏争得很厉害，刘局长说咱们这样做，统一叫太湖国家旅游度假区，无锡一个，苏州一个，形成两个中心。到最后都是通过国务院办公厅发函，我就到国务院办公厅，把 12 个函一个一个做出来，尤其是明确各个度假区的四至。这个时候我才感到调查研究的重要性，比如说到这个地方，我就介绍是什么情况，最后这 12 个国家旅游度假区，真正作用是明确了 12 个区的四至，东南西北各划在哪儿，就等于给了地方可以自己裁量的一块土地的使用权，这也是当时办得比较大的一个事。

——分工负责

这样的话，一系列事情一个一个开展。政研处还有一个问题，7 个人怎么办？当时之所以调进来这么多人来，其中一个主要原因，机关可以评职称。我的想法，既然可以评职称，这些人就可以进，没有那么多的职务安排，可以走职称那条路。结果这些人进来，时间不长，机关评职称就不能进行了。第一次评职称，孙钢是计划统计司司长，评了一个研究员，邱毅勇评了一个副研究员。我说小邱你真是不落空啊，他问你干吗不报，我说来得时间太短，不好报这个事，另一个方面我也不太看重。但是这就涉及一个问题，这七个人怎么办？一个招数，每个人负责一个事情，而且有了这么多调研的积累。当时的方式是，这个事明确你负责，所有的人在这个事情上必须听你的，包括处长也得听你的。

先是提了一个题目叫作"旅游产业政策与协调发展"，这个题目就是冯宗苏负责，这件事办得很顺利，就是弄一本书，7 个人把大纲定下来分头来写。叶军比较自负，他分工那一块第一稿写了 5 万字，冯宗苏有点头疼，这个稿写得不行。冯宗苏是副处长，为人宽厚，我说让我来，我把稿子看了一下，看完了以后打回去重写，完全不行。结果叶军直接说了一句话，你读过几本书啊？我说读书再少也比你读得多，你这个就是不行，一二三四五说了一番，回去重新写。他第二稿改成两万字，很忐忑地给我，我翻了两页，就是一句话，行了，过关了。所以就按照这样一种方式，每个人都有每个人的事干，大家那个时候也是风风火火。

第二是这个时候孙先生的课题也结题了，最后形成了一本书《面对 21 世纪的挑战：中国旅游经济发展战略》，这本书老孙就说你来弄。这就不是子课题的方式，稿子汇集就行了，基本得从头开始弄，好在这本书弄得还不错，其中有一些差一点，所以多花了点精力把稿子改了一下，改完了以后给老孙，老孙自己动笔又改了一遍，给了人民出版社。因为老孙身份高，而且人民出版社有一个编辑，有两次开会，也参加讨论了，说这个书不错。第一版印出来是一本小书，老孙很不满意，推倒重来，第二本印成一本大书，还是精装的，最后算结题了。结了题还得有一个总报告，所以当时我、冯宗苏、肖潜辉、李庚这批人经过讨论，最后由我执笔写了一个总报告，这个总报告也是这个题目《面对 21 世纪挑战：旅游经济发展战略》，这是我写得非常满意的一篇文章，从理论上和对实践的指导上都很起作用。总报告形成了，课题也结题了，我就建议可以开会了。在 1990 年的时候召开"第五次全国旅游理论研讨会”，在湖南长沙开的，200多人到会，孙尚清先生、刘毅局长都参加了，省局有14个局长参加。当时管理司正在长沙开另外一个会，我见到管理司的一个领导，他惊叹你们的会规格这么高？会议开了两天，大家讨论也很热闹，来参加的局长都是精明强干的局长，比如当时辽宁省旅游局局长鲍志强，非常有思想，他的评价就很高。那个时候，我们这批人基本都是国家旅游局的人，所以这个课题研究成果我们在写文件写报告的时候自然而然地揉进去了。后来刘毅局长评价，这个课题影响了中国旅游业十年，可惜的是现在没有孙尚清先生这样的人了，确实如此。从那次理论讨论会之后到现在30年了，这个会再也没有开过，我也提过几次建议，能不能继续开这个会？领导都认为开不开两可，所以最后也没有开成。那个时候，好在兵强马壮，只要想一个题目我们就可以做事。

第三个事，当时国家计委主管旅游的是社会事业司，设了文化旅游处。文化旅游处长叫朱一兵，他想起一个题目，找我和邱毅勇，组织写一本《旅游经济工作手册》，后来在中国大百科全书出版社出版。这边我发动我们政策法规司司长，邱毅勇发动他们计划统计司司长孙钢，再加上社会事业司的司长张玉玑，三个司长一块儿聊了一下，觉得这个事很好，那就弄吧。具体活都是我们干，这本书花了很大工夫，也是180万字，很认真地做起来，几位领导也都很满意，而且开创了一个格局，以后我们做什么事，都可以用工作手册这种方式。最后稿费都是我领来的，依次给大家发稿费，我们李司长到处打听，你拿了多少稿费，他拿了多少稿费。后来我找他说，稿费单子就在这，你看一下，这种事不必麻烦你司长，我办就完了，我也会公平公正办这个事。弄得他一个大红脸，我不是这个意思。但是做成一个事，大家都高兴，这就很好。

第四个事，后来朱一兵觉得合作方式不错，1991年，他又出了一个题目，能不能搞一个中国旅游信息库。当时是国家信息中心的陈宏普提出来的，她是一个部门主任。这个事可大了，不是一般的大。后来想了想，靠咱们资源整合，可以做这个事。所以就写了一个报告给了何光玮局长，还专门找他说了一下这个事，他说好事，就办吧。信息中心三个人，我带着政研处这批人，再加上邱毅勇带着几个人，组织工作班子。先讨论信息库的框架和内容，最后设计了18个表，光讨论18个表就开了几十次会议，每次一点一点抠，头都大了。这18个表涉及旅游行业的方方面面，如果从工作角度来说，邱毅勇当时在统计处当处长，数据库形成，等于是统计工作形成完整的基础。对于国家信息中心来说，他们是把这个事当成一个生意来做。对于政研处来说，这帮人有了用武之地。对于社会事业司来说，在创造一个新的格局，所以大家工作积极性也很高。解决第一个问题，初始设计。第二个问题就是怎么采集信息，我们就在辽宁旅游局试点，因为鲍志强这个人精明强干，而且为人宽厚，他说这个事在我这实验吧，给他们配了 10 台电脑，最后把这个事从头到尾做下来了。当时还没有互联网，就是信息采集上来先要编辑，编辑工作就是我们干。有一次徐晓歌就说，咱们现在的工作量应该以吨公里计算。怎么讲？每天下班背着一大包材料，晚上要编辑，上了班还要背回来。把辽宁的情况算是摸透了，试点确实有这个作用，可是再往下推广，推广不动了，要想全国普及这个事，实在太难，但是硬性推广，陆陆续续也上来一些材料，反正有材料我们就编，编完了国家信息中心组织录入，他们也是一堆录入员在录入，最终成果是形成了 70 片磁盘，4000 多万字，也算形成了一个产品。最后的成果形成了，好像卖给台湾人一套，2.4 万美元卖了一套，最后这个事不了了之。这个事情，实在有点可惜，花这么大精力，到最后没有办成，或者说有初步的成果，但是没有达到我们的预想，这也就过去了。对于我来说，这也算练兵了，但是大家实在很辛苦，包括这么多加班，也都干过来了。

这都是属于分外之事，分内的工作，我们自己出题目，自己来组织研究，然后形成成果，报给领导。比如说欧盟要组建了，这就是新题目，我们得研究欧盟组建对中国和欧洲的旅游会产生什么影响，从这样的题目出发，反正类似这样题目都是我们自己出自己办。

第五件事，也是当时做得比较好的一件事，体改委要搞一套书叫作《中国改革全书》，其中有一卷是旅游卷，80 万字，请何光暐局长当旅游卷的主编，我当副主编，编这些文字不难，难的是材料怎么来。其中最难的一块，就是我们想把领导同志这么多年关于旅游的讲话能够发表出来，这个事当时是杜一力负责，实在是困难。杜一力是认真负责的人，她每天骑着自行车到国务院办公厅，到首长的办公室，把稿子给他们，要依次请示，最后首长要画圈同意。从邓小平的讲话开始，邓小平关于旅游有 9 次讲话，一共 4500 字。到万里委员长，到李鹏总理，各位副总理，一系列，汇总了很多文字，最后争取下来，有 26 篇文字可以发表，这个事情实在太难了。那个时候杜一力每天上班点个卯，或者晚上下班临走的时候说明天去哪，反正这个事别人办不下来，最后把这本书出版了。之后很有意思，我们开了一个新闻发布会，这已经过了一年多了，正好是开“十四大”，新闻发布会一开，领导讲话都报道出来了。一次我陪着领导碰到一个省的省长，他说你们旅游局真会做工作，反正我们“十四大”代表都有一个印象，小平同志在“十四大”期间什么都没有说，只是关于旅游说了几句话，这就起到作用了。

因为有这个基础，趁热打铁，杜一力又找中央文献研究室商量，最后专门出了一本《邓小平论旅游》，把9次讲话4500字再加上9幅照片，出了一个单行本。这个单行本出来，应该说起的作用很大，大家可以比较系统地了解中国旅游的开端和小平同志到底怎么讲的。后来专门形成一个词，邓小平旅游经济思想。黄山也会做工作，在小平同志登黄山30年、40年的时候又开了两次会，持续宣传。

那个时候怎么说呢？真是自己没事找事，但是不找这些事也不行。因为我希望大家都忙起来，如果闲的无所事事，就得起内讧，我不希望这样。所以不断自己出题目，自己做研究。有什么好的想法，大家觉得不错的思路，报给局领导，所以那个时候搞了一份《调研内参》，不定期，有想法就出，而且我坚持调研内参一定要个人署名，这样的话，每个人的劳动也让领导能够看到，也不埋没大家这番辛苦，毕竟在机关。日常就是《旅游调研》杂志继续出，一个月一期，大家轮流干，一直坚持到今天。忙官可以闲做，只要放权；闲官可以忙做，只要生事；热官可以冷做，只要心静；冷官也可以热做，只需钻营。

——形势分析

1991年的时候，当时形势已经完全恢复过来，基本符合我们的预测。1989年之后，外国普遍评价，5年之后中国旅游才能恢复，当时我们形成的判断大致1年半到2年就可以恢复，而且形势确实和我们的研究结果差不多。在1989年下半年和1990年上半年，那个时候真是一片惨淡。比如说北京中国大饭店，700间客房的饭店最惨的时候一天只有7个客人。当时很多人就提出来，削价竞争。北京有一个饭店老总就说，与其自杀不如自相残杀。我后来就说，这个都不对，自杀是死，自相残杀更是死，与其自杀不如自救，与其自相残杀不如联合自救。我还专门找了一下那个饭店老总，话不能那样说。行业怎么办？看到形势在恢复。当时国际上有个组织就叫 WTTC，世界旅行与旅游联合会，这个组织是 50 个世界上最大的涉及旅游的企业组成的，比如说美国运通、日本的全日空，等等，基本上就是旅行社、饭店和交通三大类企业。他们组建这个组织的目的就是呼吁各国政府重视旅游，那个时候他们提出来想在中国开一次会，说句老实话，国家旅游局也没有当个事。这是 1992 年，我那个时候已经是政策法规司副司长，当时的格局，司长还是李铁英，副司长荆子玉、王立纲和我，政研处是冯宗苏当处长，杜一力当副处长，政研这一块我管。那次开会居然让我来主持这个会，我搞不懂，外语也不行，怎么主持这个会？具体的事，国际司来配合。然后刘毅局长就是请到会的代表，大家一块儿吃个饭，表示一下重视和礼貌。这两天会，反正有翻译，就盯下来了，但实在是较劲，50 个世界涉及旅游大企业的老总，他们的观点和我们的传统旅游观点完全不同。但是这两天会算是比较顺利地开下来，是在王府饭店开的，大家对中国旅游的形势变化很吃惊，对发展很看好。后来 WTTC 专门出了一期专刊《关于中国大陆和香港地区旅游发展的分析和预测》，但是他们吹牛吹得有点过火了。当时我看完说，这对于咱们是有利的，我们把专刊编辑了一下，压缩了一下，作为一个专报，报给了国务院，这是外国人的看法，不是我们自己在吹牛。随着发展，WTTC 就变成了大组织，前些年在北京又开了一次会，这次会居然有上千人参加。后来记者采访，说这次会在北京召开，是不是意味着北京国际的地位提高了，我说不对，1990 年就开了这个会，只不过那个会就是五六十人参加，没有这么大规模而已。

鉴于旅游形势的恢复，1991 年刘局长就提出，中国旅游营销是不是需要一个系列。北京市旅游局提出来 1992 年要搞一个黄金旅游年。对这个事刘局长不太满意，后来就形成一个规矩，就是地方不能搞年，地方只能搞活动，但是当时人家已经提出来了，也不能那么否定。旅游年已经被北京市旅游局提出来了，后来想来想去，有一次开会，我建议说，提一个友好观光吧，因为友好涉及中国形象，大家都赞成，后来就变成了中国友好观光年。1991 年 12 月 31 号，国家主席杨尚昆做新年献词，专门把中国友好观光年说了一遍，国家层面肯定这个事，启动友好观光年，一系列的活动开展起来。结果这个活动开展起来以后，把北京黄金旅游年完全压倒了，薄熙成就说还是国家厉害，国家旅游局办的事我们比不了。从观光年开始，有一次跟着刘毅局长出差，刘局长就在飞机上写了一些字，拿到后面给了我。我一看明白了，我说刘局长，这个事咱们形成一个系列，就按照刘局长的说法，进一步把这个事圆下来了。所以就叫作1992年是中国友好观光年，1993年山水风光年，1994年文物古迹年，1995年民族风情年，1996年是度假休闲年。国家旅游度假区已经大体上从1992年开始建设，到1996年四年时间，我们第一代休闲度假产品产生了，所以1996年叫作度假休闲年，1997年就是第二个中国旅游年，这样一个系列整出来了，以后就变成一个传统。后来何光時担任局长，有一次开会还说，我们不要整那个东西，一年一个说法有什么用？但是大家已经习惯了，觉得不整这个东西就是不行，所以一直到现在，系列主题还在坚持。后来也是一次出差，刘局长写了几个词，在飞机上给我。几个人面面相觑，我看懂了，这就是调研中的火花，转换下来，形成了中国旅游王牌景区，一个省级单位确定一个，是当时的产品营销路数，旅游年是形象宣传，王牌景点是跟进产品营销。我感觉，领导不需要微观理论指导，但是需要宏观理论思维。

——国务院文件

1991年的时候，起草了国务院8号文件，这个事对于我来说收获极大。事情说起来也有偶然性，我当时是在政研处当处长，有一次刘毅局长找我，说我在琢磨一个事，就是行业管理。旅游这些事虚，也没有实际的工作手段，也没有资金，也没有法定的权限。当时法定权限只有一个，就是旅行社管理，国务院发布了一个《旅行社管理暂行条例》，其他的都没有。这套工作到底怎么开展？能不能研究一下行业管理？形成一个国务院文件。我当时真的很吃惊，我说刘局长一个国务院文件这样搞就可以了？他说先搞着吧。这样，局里面组织了一个工作班子，佟华龄当组长，他当时是正司级干部，在办公室，袁宗堂当副组长，老袁当时是资源司副司长，之后一个司抽了一个人。刘毅局长说得很清楚，他说老佟不熟悉情况，老袁思路不清楚，这个事以你为主，不能客气。我问文件怎么写啊？他说你先写，想到什么写什么。我第一稿写了124条，完全是按照理想，厚厚的一摞，熬了几天几夜写出来。写完了给他，他摇头不看，只说去调研。以行业管理这个题目，旅游局工作怎么开展，地方怎么发展，到各地跑了一圈回来，改了一稿，第二稿改成36条，我又给他。他看了一下厚度，又摇头，再继续调研。第一稿我完全按照理想写的，我们应该干什么事，希望有什么权力，第二稿趋于实际，36条。继续调研，第三稿写了24条，给了刘局长。刘局长拿过来翻了一下，还是这句话，继续调研。那个时候调研也很辛苦，到各地，我是希望能见到局长直接谈，但是人家觉得一个处长带着人就来调研，所以经常是和副局长或者处长谈，但是谈到一些问题，他们解答不了，讨论也很难深入，常常只是发牢骚。只有对上机会，碰到一些比较有思想的人，才有收获。第四稿变成12条，给了刘毅局长，刘毅局长这次认真看了一遍，指示打出来报到国务院秘书局，请秘书局组织论证。所以报上去，国务院秘书局专门开了一个讨论会，11个部门来参加，加上旅游局12个部门，来讨论稿子。刘局长还是那句话，以你为主，不要客气，要多说话。那个下午相当于舌战群儒，各个部门各有各的意见，大体上都想否定。因为很简单，要强化旅游行业管理，相当于和其他部门争权。甚至有一个部门谈到这种意见，你们谈到回扣和小费的事，想干什么？想搞腐败？把话说到这个程度。可是这时候商业部有一个司长说，这个话不对，我们商业部门受旅游之惠很多，如果没有相应的回扣，导游没有积极性，这个事往下怎么弄？秘书局局长主持会，一下午会开下来，说你们回去再改吧。第二天我去见到刘毅局长，他说你把会议情况汇报一下，哪个部门，哪个人，什么身份，原话怎么说的，你跟我说一遍。我把会议情况给他从头到尾复述一遍，他说行，明白了，你明天再来。第二天我去了，刘毅局长说，给我拿点纸来，我一看他桌子上只有白纸，没有我习惯的大稿纸，他拿了一支铅笔，在白纸上自己写，还是竖着写，把这个文件从头到尾包括前面的导语，以国务院的口气写完了，完全是一气呵成。我当时就说，刘局长你心里有数，干吗还要这么难为我们啊？刘局长说，干部就是这么培养出来的。我当时心里真是感慨万千。他说，我有一个习惯，有点时间精力，就想琢磨点大文件。这样，把文件打出来，报上去，这一稿报到国务院秘书局，秘书局评价，这一稿水平太高了。这是我们刘毅局长亲自写的，一个字一个字都是他自己写的，我还拿原稿给他们看了一下，他们说这难怪。然后就上报下发，这是1991年国务院8号文件的由来。

这个文件给旅游开拓了一个新的格局，就是从原来管直属企业，管地方旅游局，现在形成了行业管理的概念。而且也是国务院各个部门第一次提出行业管理，这不是简单的概念问题，因为文件里面还有一些具体的措施，这些措施也是一步一步落实，应该说开创了一个新的格局。

——从聚到散

1991 年 7 月，我当了副司长。之后想，我们七个人挤在一起，年龄差别不大，职称也不能评，怎么办呢？争取分散吧。所以我找邱毅勇，那个时候他在计划司当副司长，我说王铁岭这个人，大家的口碑也不好，但还是很精明的，你兜下来吧，你这也是什么人都有，不多这一个。第二次搞观光年的时候，局里专门组织观光办公室，我让徐晓歌去，后来就找到杨柳荫，他已经在市场司当司长，我说你们只有徐汎写东西，辛苦了点，这么大一个司，我有笔杆子推荐给你，英文也不错，就把徐晓歌接过去了，但是徐晓歌很不高兴，觉得我把他踢出来了。正因为这个人很有个性，徐汎也很有个性，这两个人在一起长久不了，徐晓歌最后到中信集团去了，这个人文字能力很强，研究能力也很强，在中信集团做研究。我那个时候当副司长，冯宗苏当政研处处长，杜一力当副处长，老迟还是副调研员，还有一个叶军，就提出来想去干公司，我一开始劝他，他就是想干公司，想独立做把事，后来就到康辉旅游集团，做了一个咨询公司。一个格局大体上摆布开了，我也算对得起大家了。

这个阶段热热闹闹，真是干了很多事情，也形成了很多成果。反正我就一句话，大家跟着我，升官发财都不用想，我也不是这样的人，但是跟着我长本事，是没有问题的。我离开政法司之前，1993 年那次全国旅游工作会议报告就是我、冯宗苏、杜一力起草。我们开始讨论，讨论完了以后，我说这个报告我写第一稿，写完后剩下的事你们处理，我把第一稿写完了，就不管了。后来他们说，刘毅局长对这份报告评价很高，几次开会的时候都说起来，说到最后，当然这个报告不可能不改，你们把具体的事往里说说。所以我写第一稿，冯宗苏第二稿，杜一力第三稿，三稿成稿就过关了。我感觉，人适应环境，环境也适应人，这是一个互动的关系。所以有些人行事就有自由度，因为环境的适应。再严格的体制也有弹性，任何环境都有资源，即使是恶劣的环境，也会形成负面的资源，也能锻炼人，也能成点事。想做事总在找机会，不想做事总在找理由。在工作伦理至上的社会中，创造一个好的工作环境比家庭环境还重要。工作不舒心，回到家里也不痛快。工作环境好，家庭氛围也好。第一，有平台，就有机会干事。第二，有机会，就可以发挥自己的能力。第三，在这个过程中每一个人都在成长，每个人都在锻炼。因为不同的平台，接触的人不同，做得事情也不同。所以这样一个格局也就形成了，到后来我们都是好朋友。人们在创造自己的生活，也在创造自己。这一切，产生于点点滴滴，发生于每日每时。

第六章　行业管理

——领导格局

首先要说国家旅游局领导格局和干部的变动。

中国旅游的发展，领导格局很重要。但是有一个问题，国务院的主管领导和国家旅游局的局长始终不大匹配。国家旅游局自 1978 年以来，第一任局长是杨公素，是隐蔽战线的老同志。干的时间很短就离开了。继任的是卢绪章。卢绪章是名人，有一个电影叫《与魔鬼打交道的人》，描述的就是卢绪章的故事。卢绪章干的时间也不长，也离开了。

第三任就是韩克华局长。韩克华局长是外交部副部长调过来的，曾经当过湖北省委管工业的副书记，然后当过驻法大使。韩局长接任局长的时候最难的就是短缺经济的制约。所以韩局长抓厕所的建设，抓各种各样的基本建设，那时候他很熟悉实际，熟悉到什么程度？内蒙古的哪片草原的草有多高他都知道，韩局长那时候就是争取资金来抓基本建设。那一任局长，包括地方的旅游局长在内，基本上定位都是基建局长。北京市旅游局那时候九位局长，三位副局长管项目建设。所以韩局长一方面工作抓得非常实、非常具体。一直到退休之后，走到一个地方，他说“这个厕所我有印象，是当年我给你们拨了 20 万元建设的”，都到了这种程度。另一方面，作为外事干部出身，传统就是外事无小事。所以非常认真、非常细致，尤其在文字方面。我听人讲，韩局长那时候一个稿子不知道抠多少遍。要上台发言了，发言之前还在改稿子。可是产生的另一面是什么？相对来说保守。当时谷牧副总理管旅游，他对韩局长就不大满意。可是那时候，国务院领导赵紫阳总理对旅游还是很重视的。在 1986 年的时候，专门开了三次国务院常务会议讨论旅游的问题。第一次会议主题就是如何重视旅游。大家也都是泛泛而谈，都是原则上认为旅游很好，旅游需要大发展，我们要重视。第二次会议就涉及投资。当时赵紫阳总理就问韩克华，你要多少钱？韩局长咬了半天牙，说能不能每年给5亿元？赵紫阳同志当时笑了，我以为开多大的口呢？就5亿元，给。会议散了之后，韩局长感到后悔，早知道要8亿元、10亿元，也要下来了。第三次会议，其中的一个议题就是旅游局升部。韩克华局长提出来之后，当时李鹏副总理就说不行，一口否认了。后来还有一位领导圆场，说按照小平同志的说法，什么时候旅游创汇100亿美元了，就可以考虑升部了。结果韩克华局长说，那好，我们就按这个办。会议散了以后，谷牧副总理很恼火，就和韩局长说，咱们俩商量好的，你提出题目，我来论证。结果你一口就把这个事应下来了，再往下就没法弄了。我之所以知道这段过程，是当时孙钢当谷牧同志的秘书，所以这三次会他都有记录，我把这个都看了一下，真是不容易。韩局长的时候，副局长一位是王越毅，一位是李权中，后来当了中国旅游饭店协会首任会长，80多岁了还骑着自行车天天来上班。第三位叫乔家钦，他当过西藏自治区的副主席，是个老西藏。所以见到乔局长还是满脸的高原红，黑红黑红的脸色。这个人是很豪爽的人，见到我就说，“小安，我知道你。你是旅游专家嘛”，我说可不敢称旅游专家。还有一位领导是孔筱，是管人教的副局长，我跟她只见过一次，不怎么了解。这是一批老干部，他们的共同特点就是对工作非常认真负责，而且也确实有老干部的风范。

1988年4月，刘毅局长接任韩克华局长，当国家旅游局的局长。当时的副局长一是何光暐，是从团中央书记，到国家旅游局当副局长。然后是章新胜，这是旅游的科班出身，当过江苏省国旅的老总，当过金陵饭店的老总，还到新加坡去学习了一段时间。因为那时候中国人出国少，像他们这种学习的就更少了，所以和新加坡的高层，包括李光耀、吴庆瑞都很熟。再一个副局长是程文栋，是学意大利语出身的，曾经在意大利大使馆工作过多年，后来到国家旅游局当外事处处长，后来当了副局长。为人宽厚，喜欢摄影，经常到下边的办公室去谈工作，一点架子没有。还有一位是何若泉，是从鞍钢过来的。这就是当时的格局。

这个格局就涉及干部的变动。因为当时国家旅游局有一批老司长，这批老司长也是来自各地，来自各个方面。政策法规司司长是李铁英，1954年国旅总社组建的时候他就在国旅，后来是国旅的副总，当过纽约办事处主任，然后到国家旅游局，一开始当国内旅游司的司长，后来当了政策法规司的司长。李海瑞，当时叫宣传司，是宣传司司长，也是老同志，很博学，温文尔雅。李铁非是市场司司长，也是国旅总社的副总过来的。财务司长是张培根，多年的老财务。当时还组建了一个综合司，综合司的司长是蔡贻谟，管理司司长是贾德炳，也是国旅总社出身。计划司司长是郭治。这一批老司长再往下是50岁左右的这一批人，在国家旅游局比较空缺的，不是说没有人，而是这些人的能力顶不上来。

在那个时候，这批老同志面临着退休，而50岁左右这茬人顶不上来。所以很自然，我们这批人，三四十岁，就到了一线。1993年2月，党组决定让我到管理司去当司长，也是提拔，也是调动。后来听说党组讨论的时候，刘毅局长还问，小安也没干过旅行社，也没干过饭店，这个司长他能当吗？何光時当时就说了一句，贾德炳又干过旅行社，又干过饭店，他这个司长当好了吗？一想也是这个道理。

而且那次是一个普遍的干部变动，孙钢被提拔为国家旅游局副局长，邱毅勇当计划司的司长，杨柳荫是国际司司长，我当管理司司长。冯宗苏和肖潜辉那时候都提拔成了副司长，过两年领导变动，他们也都当了司长。这一批年轻干部走上了台前，实际上也不算年轻了，当时年轻的是杨柳荫，33岁就当了正司长，邱毅勇是36岁当了正司长，我那时候已经39岁了。在这一批干部里，我算年龄大的了。但是大家还认为这就是一批年轻人。所以到管理司当司长，我也感觉到挺有压力的。

——开局摸索

我去和贾德炳交接工作，老贾滔滔不绝地跟我谈了三天，各种各样的事情。我听了三天，其中一个重点，就是说他们1992年刚刚搞了市场治理整顿，产生了多大的成效，然后如何如何，云云了一番。后来我就问老贾，咱们管理司到底有什么权力？想了半天，一个是旅行社管理法定权力。当时还叫一、二、三类社。一、二类社是国家旅游局审批，三类社是地方审批。再有一个是饭店星级评定，这个还算是有权力的。其他方面呢？看不出来了。他的意思是，这些事已经够忙了，何必考虑其他的呢。工作交接完了，最后他说我跟你说一说人的事。我说人你不要跟我说，要靠自己来了解，自己得出认识。你跟我说了，先入为主，我没有必要听。后来又跟我说，要不要扶上马送一程？我说老贾，这好像不必了。党组的任命文件下来了，管理司的事情就得我负责，我不需要扶上马送一程。这样就算接了这一摊。

当时管理司的格局是两个副司长，一个是陈旭华，和我同龄，浙江人，当过兆龙饭店的老总、国际饭店的副总，应该说酒店这一摊业务非常熟。还有一个副司长是钟海生，年轻有为，他当时 31 岁，也正是朝气蓬勃的时候。在这之前，他曾经到苏州去挂过职，他和李任芷两个人一块去挂职。任芷就是埋头干活，但是钟海生不同，挂职期间每个月要给党组写一封汇报信，表明他这一个月干了什么事，实际上就是怕挂职期间领导把他忘了。所以我听说这个事，我说这个人有心啊。

当时的分工是我主持工作，饭店这一摊旭华来分管，旅行社这一摊海生来分管，大体上是这么一个格局。当时管理司是五个处，一个是饭店处，一个是价格处，一个是娱乐生活指导处，然后是旅行社一处、旅行社二处，这么五个处，35 个人。那时候在局里算是人最多的一个司，兵强马壮，也算是有权力的一个司。但是说句老实话，我对权力不看重，这种位置，充其量就是技术管理。但是技术官僚在官场中起着特殊的作用，维持实际运转，延续实际规则，掌握实际权力。不关注官场，不等于不懂官场，衙门中，责任是第一位的，所以处处要留有余地。一是事事讲程序，二是处处有依据，三是绝不把话说满，四是有难题就集体研究。如此，天大的事都无妨。这是混官的态度，我的态度就是既然党组给了我们这么一个平台，我们就把事情干好。管理者的底线是明白各个环节和岗位的弊端，中线是保持有秩序的弹性，高线是充分调动积极性。宽容要明白，宽松要规则，宽厚要气度。

去了时间不久，就要开全国旅游管理处长会。当时司里的秘书很紧张，因为这次会是在四川峨眉山红珠山宾馆开。红珠山宾馆当时只是二星宾馆。所以秘书就说我很紧张。我问你紧张什么？他说原来贾司长的时候，开会非五星级饭店不开。他出去出差，非五星级饭店不住。这就是个二星饭店。我说几星饭店不重要，重要的是咱们把会开好。开会的前一天晚上，大家报到，一块儿聚个餐。我就让服务员跟着我，和每个人喝了一杯白酒，问一问名字，认识一下。那时候酒量尚可，喝了一斤多。第二天开会，上来我就说，昨天大家已经看到了，我跟各位每个人喝了一杯白酒。什么意思呢？就是让大家了解我这个人，没有那么大的官气，我也不太在乎。但是咱们既然有缘在一起，一块儿做事。

按照惯例，他们给我准备了一个发言稿。我看了看这个发言稿，虚头巴脑的话，咱们就别说了，就谈事，一个事一个事的说。有一条，如果什么事你们觉得不合适，就提出来。当时部署了 20 多项工作，其中有两项工作，上海的一个老钱处长，他有点犹豫。我说怎么了？他说这个事干的劳民伤财，因为当时要组织员工技能大赛。他说员工技能大赛我们已经组织好几次了，每次都要花费很大的精力，但是最后的效果并不好。反过来说，凡是员工技能大赛获奖的，完了他就要提要求，要涨工资或者要调动工作。等于是我们给他们搭了个台。我就问了一下，大家怎么看？大家也都摇头。我说摇头的事咱们就不干，但是大家都同意的事，咱们一块好好干，行不行？把这个事干出点成效。所以那次会开完了，大家也能够畅所欲言。我在这个会的过程中，听各地的处长讲，当时都是老处长，工作经验极其丰富。听他们的一些意见，我也觉得很有收获。回来之后，我就说按照会议定的这些一件事一件事往下部署。

——星级标准上国标

可是当时碰到了一个大的问题，就是星级标准上国标。因为中国饭店的星级标准是 1987 年，当时企业司有个饭店处，那时候是由章新胜副局长主管，他因为到新加坡学习了一段时间，国际视野很开阔，就提出来能不能引进星级标准。袁宗堂、陈世红具体负责，从西班牙请了一个专家，在国内看了 130 家饭店，看完了之后，在他的指导之下起草了一个饭店星级标准，这个星级标准 1987 年起草，1988 年就开始实行。第一批星级饭店，如广州的白天鹅酒店、上海的锦江饭店、南京的金陵饭店、北京的中国大饭店，等等，这一批饭店都是第一批五星级饭店，还都是吴学谦副总理出面给他们发的牌。所以一炮打响，做得也比较成功。当时国家技术监督局标准化司就找到管理司，提出这个标准能不能转化成国家标准？贾司长就说，我们这是国际标准，没有必要转化成国家标准，把这个事挡住了。那个时候商业部已经叫国内贸易部，国内贸易部有饮食服务司，他们做了一个标准，就是饭店的等级标准。分成一级、二级、三级、四级、地方级，一共五级。他们做完了之后就上了国家标准。而后马上就引发了一个争议，当时媒体的报道叫“哪一颗星星更亮”。这边是国家旅游局的星级标准，那边是国内贸易部的等级标准。

当时我就感觉到这个问题，我们还是应该争取上国标。可是这个事已经形成这么一个格局了，当时价格处分管标准化工作，后来改为价格标准处，处长是刘汉奇，他就说得做工作。当时的标准化司有一个处长，叫张灵光，我们就去拜访，张灵光这个人很好，也想做事情。他说，这个事就是个难题，从我们这儿来说，是一个综合部门，两头都不想得罪。当时找管理司谈上国标的事情，你们贾司长的派头大了，干吗要办这个呢？现在你们觉得被动了？我说，当时是贾司长，现在是我，这个事咱们还得琢磨琢磨。他说，你们先写个报告吧。写了一个报告，他们研究了半天，不敢发这个文。因为这个文一发就涉及两个部门之间的关系，也涉及技术监督局，当时还是标准化司和两个部门的关系。后来我就说，请张处长一块儿出趟差，让他了解一下行业的情况。这也是我到管理司第一次出差，去了一下广西，北部湾、友谊关，走了这么一趟。其中重点看了一些酒店。所以那次出差回来，从首都机场下了飞机，我就跟张灵光处长说，咱们是哥们儿了，这个事多难，你都得帮。

国内贸易部也在做工作，当时国内贸易部有一个质量标准司，司长是王晴，是刘少奇的女儿。还有一个饮食服务司，司长是凌大卫，当过刘毅部长的秘书。他们两个人来找我，提了一个方案，能不能两个标准揉在一起，叫两等十级。我说这个事大，我得请示，不能答复。聊完了我就抓紧做工作，最后标准化司下了决心批复发布，旅游饭店星级标准上了国家标准。看到文件之后，我专门到国内贸易部去拜访了一下两位司长，再加上五六位副司长、处长，在一起，我就说了这个事，咱们都是国家机关，没有必要为这个事打官司，弄得社会上这么大反响。这次我们也不想搞什么新闻发布会之类的事，反正大路朝天，各走半边。哪个标准在行业里有生命力，企业就跟着哪个走。他们就问能不能两个标准等同采用？我的看法是可以等同采用，反正都是国家标准，这相当于一国两制。诸如此类的说了一番。本来我的意思是缓和一下关系，结果后来国内贸易部专门给国家技术监督局写了一个函，就是《关于国家旅游局魏小安司长到我部谈话的函》。把我的“大路朝天，各走半边”之类的话都弄上去了。后来张灵光就跟我说，你看你这次谈话谈的，我说不就是一个函吗，也不需要你们答复，知道了就完了。但是总体来说，这个事就算办成了。而且我相信星级标准符合市场的需要，符合企业的需要，符合发展的需要。所以我们一定有生命力。道理很简单，采用这种标准就相当于政府背书。第一，帮助企业在市场上树立形象。第二，降低了企业的营销成本。第三，有助于企业扩大市场。所以我相信这个标准一定会胜过土标准。

之后就开始组织实施，在组织实施的过程中还有不少事情，很有意思。一个事是江苏省第50家星级饭店，江苏省的管理处长唐建国过来找我，提出能不能搞这个活动？我说你们搞，我去参加一下，只要对行业有促进作用就好。后来我说50家还不够，要追求全国意义，全国第50家四星级饭店，是这么一个说法。第二个事，福州有3家五星级饭店申报，我们也都验收完了，都批了。可是这3家原来在市场上竞争比较厉害，所以这3家文件怎么下，变成个问题。下一个文件不就完了吗？一个批复文件，他们说那不行，谁在前，谁在后？后来就变成三个批复文件。三个批复文件他们还得追究文号谁在前，谁在后，这就没法讲究了。结果第一个五星牌拿到了，从飞机上下来之后，红地毯迎接，坐到汽车上在城市里环游。后来我就跟福建省旅游局局长说，你们这个事情做过头了。青岛当时也涉及三家五星，诸如此类的。也就是说当时大家非常看重这个牌子，不是一般的看重。

但是这不光是一个星级标准的问题，在具体把握中必然不同区域有不同对待。那时候我就说，新疆等地要宽一点，大体上新疆的五星，如果到了沿海地区就是四星。但是这个五星牌我们也要给，这就是区别对待。这只是一个工具，而且不光是星级的问题，星级之后怎么办？需要研究这个问题。后来我们又搞了星级饭店百优十佳的活动。那时候何光暐副局长主管我们，这个文件他也同意了，我们下发了，也部署了。可是这个事一弄，行业影响很大，很多外资饭店的管理集团来拜访光暐局长，他觉得这个事大了。后来就说这个事不能搞百优十佳，我说这个事是你批准的，文件都下去了，怎么能说翻就翻呢。他说那不行，我批的也不行。后来我真是有点火了，我不管，这个事既然说了就得干。后来我说退一步，搞个百优五十佳行不行？那就百优五十佳吧。最后我们在广东开了这个会，在具体操作的时候，到最后倒数10、9、8、7……这么数下来的，还是这么数完的。数完了，白天鹅宾馆是第一名，第二名是北京的中国大饭店，第三名是南京的金陵饭店。当时我就想，这个事也违背了主管领导的旨意，会议弄点干货吧，所以在会议上我专门开了一个讲座，讲了三个小时。把整个饭店行业的形势、任务、发展、星级标准等这一套说下来。我当时就是这么一口气讲下来的，讲完了我下来，有一个小伙子，愣头青，迎着我就过来了，说，魏司长，你就不尿尿吗？我说你什么意思啊？他说我憋了一泡尿，始终想等着你说休息一下，结果你又不休息，我实在受不了了。上个厕所，回来一看，落了好几点。我说将来会形成文字，看文字就行了。回到局里，我就跟光玮局长汇报这个事。光玮局长说这个事我都知道了，我说了你们也不听。我说，我们都听啊，就是百优五十佳，只不过有一个发布方式的问题。何说，那怎么着？莫非我要给你写个检讨？我一听明白了，我说这样，光玮局长，我给你写个检讨。我就专门写了一个《关于星级饭店百优五十佳评选方法不当的检查》。这个事后来也就过去了，现在想来，我认为事情是对的，只是评选方法不当而已。

——饭店用品博览会

1993 年，我们又组织了中国旅游饭店用品博览会。这是当时饭店处提出来的，中国国际贸易中心有一个展览部，就是要提高展场的利用率，组织各种各样的展览，所以他们就提出了这么一个概念。我和展览部的人接触，他们负责招展，负责提供场地，负责全套运转，国家旅游局就出一个名义。这个事挺好，就办吧。第一届旅游饭店用品博览会，因为那时候大家已经看到了中国市场的前景，所以日本、意大利、西班牙这三个国家都组织了展团，有四五百个展位，挺红红火火的。开幕时，当时办会的人请了好多老同志，陈慕华副委员长到会，还有好多老将军也都来了。我都很奇怪，怎么把这些人都请来了？他们说，这些人来给咱们撑场面。在这个过程中，我也和这些展团的领导接触了一下，问了问他们为什么来参加？为什么有这么高的积极性？对这个会还有什么期望？他们也分别说了一下，就算是对这个事情有所了解。但是让我吃惊的是撤展，撤展的时候我又去了一下展场，发现有的展商一叠一叠的瓷盘子就摔在地上，直接摔碎了。我就问到底是怎么回事？好好的东西怎么给摔碎了？他说很简单，进来的时候有手续，是保税手续，没有手续就算走私。你在展场的时候把它卖了，就从参展变成销售了，销售就得纳税。如果你卖不出去，原样还得运回去，回去的运费还不如当垃圾处理。我这才明白。搞展览也真是一套学问，各种各样的东西。所以我看这些展商在摔盘子的时候，脸色都很不好，也确实如此。为什么没有组织销售呢？说今年来不及做了。按说展览公司对这种事情应该有经验，但是没有想到是这种情况。在这个过程中，我们专门开了一次饭店老总的会议，组织了900个饭店老总去参加这个展览，这就叫专业参展，他们也很兴奋。其中有一个展商就说，我一下午收了400多张名片，这都是我将来的客户。

第一届是这么搞了，继续搞第二届，当时还想了一个花样，要创造一个吉尼斯世界纪录，就是搞一个最长的烧烤，大概100米长的烧烤。可是很遗憾，那天下雨，所以露天烧烤就搞不成了，但是至少大家都在尽心尽力地做这件事。饭店用品博览会搞了三届，三届之后就停了。因为那时候上海有一个饭店用品博览会起来了。这个博览会是和国际展览公司一块儿搞的，更对应市场，做得也更好。

——饭店管理公司

那个时候外国饭店管理公司已经开始大规模进入中国了，如假日集团、喜来登集团、希尔顿集团，等等，而且不约而同提出的目标都是到20世纪末争取在中国能搞到100家。我说搞到100家没有问题，但怎么发展是个问题，那时候这些集团还有很大的吸引力，他们只在省会城市，省会城市以下不进去。假日集团驻京办事处的一个负责人叫刘春田，他是北京旅游学院毕业的。毕业之后就做这些事，国情也熟，有时跑到我这儿来聊一番。可是大家当时就感觉一个问题，都是外国的饭店管理公司，那我们中国的饭店管理公司怎么办呢？所以我就问饭店处处长夏兆宗，咱们研究个办法吧，后来我们起草了一个《饭店管理公司管理办法》，以国家旅游局的名义下发，意思就是要扶持我们自己的饭店管理公司。1994年专门开了一次会，定了国内16家饭店管理公司，鼓励大家积极投入市场进行竞争。那时候这些饭店管理公司也正是感觉没有品牌，没有市场，需要支持，所以这个会开得不错。其中有一家是薄熙成开的，他原来是北京市旅游局局长，辞任之后就搞了一个六合兴饭店管理公司，后来薄熙成专门请我吃了个饭。说没有想到，这16家里面居然有我们，我说我们一视同仁，只要是自己的饭店管理公司我们就支持。当时还协调了海关，海关配套下了一个文件，主要是我们这16家饭店管理公司所管的饭店，如果要进口设备和物资，可以减免海关的税收。这应该说是很有含金量的一个政策。但是这个政策没有引起大家的关注。后来还专门盯了两家来办这个事，还获益了。

这个事情开了一个头，一步一步地是想形成一个系列，但是在市场竞争过程中，靠政府的这种方式，很难见到真正的成效。我当时有一个感觉，中国如果有 20% 的饭店，都是由饭店管理公司来进行管理，那么我们基础的服务质量就可以保得住。所以无论是外国的饭店管理集团，还是中国的饭店管理集团，我们都应该支持，只不过支持手段有限，但是至少在道义上应该支持这个事。这个目标早已经达到，意味着中国饭店的基础服务水平已经和国际接轨。

——学以致用

这样的话，饭店处的这一摊业务总体来说可以稳步前进了，那个时候陈旭华已经调动工作，到国际饭店去当老总。饭店处夏兆宗处长挑这摊业务，老夏也是老饭店，业务熟的很，思路也很多，所以经常我们谈点事，或者他有点什么主意来找我聊一聊，都觉得这个事很好，那就往下做。

我刚到管理司的时候，老夏带着我去看饭店，看看星级饭店到底怎么操作，我说你不要介绍我的身份，你带队，我跟着你走。他说那怎么行，你是领导。我说现在大家也不认识我，咱们看吧。那天在北京看了四家饭店，我就看他怎么检查饭店，有很多技术性的细节，我只能跟着学。比如说到餐厅，他掐着杯子看，我问老夏你这是在看什么？他说在看杯子，洗得怎么样，酒店都有洗碗机，如果是 100℃出来，上面没有水渍。80℃出来，上面一定有水渍。但是作为洗碗工人来说，100℃出来太烫了。所以一般都是 80℃，一看就知道那是什么温度出来的。再比如说到了客房里，他把浴帘提起来看一看，这是干什么？浴帘下面应该每天擦一遍，如果不每天擦，浴帘下面就会发霉，一眼就看出来了。包括浴缸上面的墙，拿手摸一下，按要求，这个墙必须擦一遍。但是有的服务员偷懒，就不擦。皂沫干了，表面上看不出来，手一摸就摸出来了。诸如此类的各种检查细节，一天看下来，我说行了，下回我有数了。之后我再看饭店，就学他这几招，经常把饭店的老总唬住，魏司长内行啊。我说什么内行，我不懂这些，但是我就是跟着学了一下，就知道了。后来我对饭店处专门说，你们不是饭店专家，充其量是饭店的质量专家，我们距离饭店专家还远着呢。最后要求，一家饭店看下来，要能够提出一百个问题。

1989年以后，高干子弟不能经商。所以李瑞环的儿媳妇刘卫就到了国家旅游局饭店处，她原来在一个商贸公司。来了之后，下了一个笨工夫，把上万字的星级标准背下来，至少在这一点上她就变成内行了，后来还专门到王府饭店干了一段时间，把主要岗位都轮着干了一遍，迅速成为内行。所以我很佩服她，一个高干子弟还能下这样的笨工夫，实在是不容易，说明她对业务挺努力的。那个时候我和饭店处的工作关系很好，不断创造一些新的东西，工作模式也很好。

之后的处长换成刘京平，是中国第一批从瑞士洛桑饭店管理学院毕业的，经验丰富，技术性极强，也是不辞辛苦，任劳任怨。有一次我们一起去一家饭店，从下车到上电梯，不过两分钟，在电梯上就和老总说，你这个大堂有五个问题，包括一个英文标识不对，老总目瞪口呆。行业管理需要专家，更需要干部成为专家。我后来举一反三，到饭店先问五个数据，建筑面积、客房数、总收入、出租率、平均房价，之后就基本有判断了。由此又和城市的房地产价格相对照，对城市也有判断了。行业管理的专业性很强，不怕不懂，不懂可以学习；也不怕不懂装懂，不懂装懂毕竟心虚；最怕不懂还自认为非常懂，这才叫“秀才见了兵，有理说不清”。而在目前，则是秀才见秀才，有理更难抬。

之后我又主持修订饭店星级标准。没有别的，从实际需求出发，一点一滴抠细节。为了尊重历史，在引言部分我们特意把标准的来龙去脉说了几句，后来第一批起草标准的人都感慨。

——旅行社开放

与此同时，我们的工作还涉及旅行社的一套业务。旅行社一处当时是一个老处长，一口一个治理整顿时期。我说，这个事过去了，好像没有必要这么扯了。再说了，这个行业还没有发展起来，动不动就治理整顿，我不太赞成。所以那个时候，我就想旅行社从行业管理的角度到底该怎么做?

我当时的主要思路，就是要放。因为那个时候全国的一类社就50多家。二类社200多家，三类社有3000家。这么一个涉及民生的行业，我们还把的这么严，这个事肯定不行。当时是副司长钟海生主管，我就把想法跟他谈了谈，他也是这个看法，认为可以放一放。我就去找刘毅局长，说我们的看法，旅行社审批需要放，要扩大行业规模。

第一件事就是增加一类社，大概在一年之间，从 50 多家一类社增加到 300 多家。当时中央各个部门都在积极地申请办一家一类社。我当时跟他们说，旅行社肯定会批，但是你们不要认为靠部门的优势就能够把旅行社撑起来。所以那个时候很大的工作量就是每天都有各个部门的人来拜访，而且经常是各种各样的名人跑到我的办公室，都在谈他们的旅行社。甚至有国家计生委的要搞一家幸福旅行社，申办的时候文件上写的理由是有些国家禁止堕胎，我们可以吸引客人到中国来堕胎。我说这个理由就删掉吧，人家老攻击中国侵犯人权，还把这个当作申办旅行社的理由。这个文件一办，万一传出去变成什么了？变成外国人的口实了。我说你们放心，一定会批。只不过我就说，你们现在的想法都太简单了。后来我就演变出一个说法，自杀的方法有 100 种，其中有一种就是干旅行社，大家就笑，说你不批就不批吧，还弄这么个说法。我说不是，确实如此，干起来就知道了。所以那一年批了 80 家中央一类旅行社，全国也膨胀到 300 家。而且我有一个基本原则，差不多了就批。可是当时旅行社一处就有点抵制，因为他们把这个事当作一个权力，认为权力不满足不行。后来我专门跟他们讨论了一次，我说这个事情，这个思路不对。按照我的想法，将来中国要发展到几万家，旅行社要进入社区，进入乡村。在这种情况下，我们对旅行社还把得这么严，能对应将来的发展吗？所以一定要开放，要以一个开放的态度来管理旅行社。我坚持这种态度，所以他们也不得不这么办，这应该说是 1993 年我到了管理司之后一个突破性的进展。到今天，基本已经形成了这个状态，超市旁边都有旅行社的服务网点，民生企业就要便民。

——国内旅游交易会

管理司的旅行社二处，处长钱建平，颇能干，只是一喝完酒就不知道是什么口音了。是抓国内旅游，对三类社无所谓管理不管理，审批在地方，没有工作抓手，没有管理就强化服务。原来管理司举办一个中国国内旅游洽谈会，但是洽谈会的模式基本上是官办模式，做不下去。1992 年在郑州开了一次会，河南旅游局就委托郑州旅游局，郑州旅游局委托一家旅行社来干这个事，结果这个会办得一塌糊涂。我们一个副司长去主持这个会，回北京的时候连火车票都买不到。我就说这个情况不对，大的思路要调整。按照国际旅游交易会的这套模式来做，就是要设展台，要收展位费，让办国内旅游交易会的机构至少不亏损。

那时候我出差，找了几个地方谈这个事，他们就说这个事我们办不了，后来我就压给了广东，广东是改革开放的先导地区，你们先办这个事，硬着头皮把这个事完成了。我说敢保一点，这个会不会成为负担，不会亏损。那届是 11 月在广州办的，叫首届中国国内旅游交易会。我记得很清楚，我在马路上走，有一个人骑着自行车，就停下自行车看，说旅游还有交易会？那次交易会按新的模式走，在开幕之前很多人入场了，入场的时候得有一些东西陪衬着，就在广场载歌载舞，要龙灯、舞狮子，诸如此类的，反正广东的这一套都上来了。大家在这儿等了大概一个小时。我在贵宾接待室，候着广东省的各级领导，后来说领导要不要介绍？不用介绍，何光暐局长宣布一下就行了。在这之前大家已经巡了一遍馆，开幕式就 5 分钟，很简单。那天上午人很多，下午就没有什么人了。第二天上午对公众开放，人也很多。两天结束了。当时只有 180 个展位，但是算下账来，广东省旅游局不亏。这就使交易会形成了一个新模式，而且有了活力。之后就是 1994 年，是在昆明办的。当时云南省旅游局的局长李禄安，他对这个事很有积极性。所以 1994 年办下来，这个事就上了台阶。1995 年是在海南办的，我先去看了一下，看完了就说海南没有条件，没有好的展场，酒店也不足。后来何光暐局长指示，一定要在海南办。在海南办就办吧，到海南这一届的规模就更大了，有 3 万多人。这个会应该说有点不成功。当时何光暐局长去了，他进场都有点进不去。当然领导很不高兴，我就跟领导解释，至少说明这个市场起来了，很火爆。

之后就得研究固定程序，不能是这么指定了。程序是对权力的制约，在法律上，只讲道义是不行的。程序公正胜过实体公正，在各类事情上也都如此。无程序的事情必有黑幕。但程序同时意味着名义效率的损失。所以常常被人扣以官僚主义的帽子而加以革除。说到底，人治不讲程序，法制必讲程序。在科层制的垂直体制下，上对下，只能越级检查，不能越级指挥；下对上，只能越级投诉，不能越级汇报。这是程序形成的秩序，一定程度上也是对权力的制约。好处是规范，坏处是效率低。凡事有利必有弊，看一个时期的取向或领导的偏好。

1996 年在上海办，那时候已经形成了一个申办模式。在上海办这个事，也是好事多磨。本来各个方面的事都弄得比较顺，因为上海人有个特点，你跟他谈事情非常费劲，什么样的大事小事都要跟你说得清清楚楚。但是只要这个事谈定了，上海人的落实能力和操作能力一定会超出预想，那次会议也是这样。我到了上海，他们就说出事了，当时他们把门口广场这一片的广告位卖给了龙虎山，龙虎山拿了 30 万元钱。广场上都是道教文化的这一套，黑色，绿色。上海主管的副市长叫龚学平，去了一看，不行，马上就得拆。可是龙虎山不干了，说我们大家辛辛苦苦凑了 30 万元，好不容易做到这么个格局，你一个副市长说拆就拆？也不行。然后我就赶到现场，上海旅游局局长当时是王乃粒，一块儿做工作。做工作这边就不通，这边公安已经组织了一个中队在这儿待命等着拆。一直谈，后来孙钢副局长也来了，跟他们谈。我说，老孙你走，你不要参与这个事。你跟他们谈没法谈，我来谈。最后我说了两条，这件事龚市长有指示，我们按照龚市长的指示办，但是上海市要补偿。第一，把 30 万元钱退给人家。第二，明年组织上海的旅行社去龙虎山，让他们能火爆一把。大体上就是这么两条。这两条说下来，龙虎山也接受了。这个时候已经谈到夜里两点了。还有第三条，空出来的这块场地你们上海填上，你们也可以趁机收点钱，等于是给上海做一个宣传。这个时候我跟公安的人说，你们可以出动了，也用不着你们拆，让龙虎山自己拆。第二天这个会议开幕，很隆重，很气派，很热闹，领导都很满意。下午的时候，按照我们设计的一套程序，就是申办下一届国内旅游交易会。当时有六个省市参加。中午请六个省市的副省长、副市长吃了一餐饭，反正下午大家都在争办，中午还能在一起吃一顿饭，热闹一下。当时北京市的副市长去了，包括五个省的副省长。下午申办的时候，就看各省的水平和能力了，尤其是宣传片做得怎么样。多数省还是按照传统的方式，娓娓道来，细细地说一下情况。只有大连不同，大连当时去的是市委宣传部的部长、常委。对这一套新的展示方式熟悉，所以下午各自介绍完了之后，大家就投票了。当时是 31 个省、市、自治区的旅游局管理处长每人 1 票，国家旅游局有 2 票，一共 33 票，然后就大家投。投完之后，大连争取到了下一届的申办权。争取到了，大连自然高兴。但是其他人就不高兴了，那些领导哗啦哗啦就走了。后来我一看，这个事对我们自己压力大了点。虽然看起来很正规，散会的时候还设计了一个会旗，会旗还移交了一下，按照国际模式这一套。1996 年在大连举办，后来我归纳出来，举办一个全国国内旅游交易会，组委会本身可以有 100 万的净收入，至少是不赔钱。作为当地来说，一周期间来了几万人，给当地增加了 1 亿元的消费。因为宣传出来了，在这儿办会，大家了解所在地就会组织客人来，第二年当地会增加 100 亿元的旅游收入，就形成了这么一个概念。这个事模式已经形成了，也可以长治久安了。

那时候已经是孙钢副局长来分管管理司的工作，我还专门找了孙钢，现在差一个会歌，要不然你写个歌词，我们找个音乐家谱曲，老孙欣然。他就写了一个，结果报到何光暐局长那儿，何光暐局长就说这个事我不知道，也不应该这么办，就把这个事给否了。

再以后就是市场司觉得这个事有甜头，就找到何光暐局长，说这个事应该他们来办，因为市场司每年办国际旅游交易会，一年上海，一年昆明，每年这么办。他们也觉得办出路数来了，然后就争这个事。何光暐局长就找我，说市场司想办这个事。我说他们想办就办吧。但是我敢说一句话，他们肯定办不成。原因很简单，这个事靠的是管理系统的力量。从国家旅游局管理司到各个省的管理处，到各个市的管理处。管理处管理旅行社，所以他们对旅行社有权威。发动的事，旅行社就接受，而且参与。同时通过这个交易会，大家聚会一次，很多生意确实在现场就谈成了，帮助旅行社降低了成本。市场司办这个事，我看他们办不下来。后来这个事确实也就办不下来，就不了了之了。

——导游大赛

1994 年，我们又搞了一次全国导游大赛，这是旅行社二处主办，主要是国内旅游的导游。总裁判长一个是国旅总社王连义，一个是重庆国旅的陈蔚德。这两位都是人物，说起话来滔滔不绝。我跟王连义没有业务上的直接接触，就是有时候见了面聊聊天。可是陈蔚德不同，1990 年我们开全国旅游局长拉练会的时候，从重庆到大足，当时开车要 8 小时，陈蔚德给我们主讲。上来就讲这 8 小时怎么分配，先讲红色旅游，然后讲佛教旅游，然后讲茶文化，一路滔滔不绝地讲。留 2 小时让大家吃饭休息。刘局长评价说这个人博学。他经常怎么讲？比如说引证一句古语，此语出自《尚书》，中华书局某某年版的第多少页，有点卖弄。但是他这么说，大家没话说了。后来问大家有什么问题？我想了想，提个问题。为什么有的水叫江？有的水叫河？他当时就回答一句，南方的水叫江，北方的水叫河。我说那不对，黑龙江、鸭绿江都是北方的江。后来他想了想，那可以这么解释，靠近黄河流域的都叫河，远离黄河流域的都称江。大家鼓掌，这个解释分明就是他临时编出来的，但是编得有道理。所以他们两人当总裁判长，预备会一人一番讲话，把小导游都镇住。这些导游们，前一天给一些颐和园的材料，把材料看熟，第二天大家讲颐和园。北京的导游当然很熟了，外地的导游怎么可能熟呢？但是当时的冠军是上海农工商旅行社的一个小伙子。所以这次导游大赛做得不错，大家还提出来说我们能不能在各地轮流举办。这恐怕不好说，反正这一次事办完了，再说以后。

当时涉及一系列的事情，也就是说管理司的工作需要进一步深化。所以在管理司有一个特点，事情一件接一件，实在是多，而且大家都觉得工作平台比较好。我当时的总体思路就是如何开拓新局面，所以只要是新的事我就赞成，咱们就干吧。我说一句话，干不好，还干不坏吗？即使这个事干坏了又如何，也没啥了不起的。

旅行社的这一套，因为有了加快审批进度，他们也忙不过来，所以好多事情，所谓权力的事情也没有看得那么重。旅行社二处是通过国内旅游交易会的新模式开创了一套工作基础。应该说都陆陆续续地上轨道了。

——价格与标准

当时就涉及价格处的工作安排，价格处原来是管价格的，实际上主要是两摊事情。一摊事情是全国主要旅游景区的价格，当时国家计委价格司在管，我们的价格处配合他们，每年要提出景区价格，这是一摊。还有一摊就是和民航总局一起研究旅行社买机票价格的优惠。主要就是这么两项工作。

那时候标准化工作需要深化，通过星级饭店标准上国标，我对标准化工作有了充分的认识，这是国家旅游局将来工作的重头。而且很多事情应该通过标准开拓管理领域，同时形成管理手段。所以在 1995 年的时候，价格处改了一个名，叫价格标准处，然后协调国家技术监督局标准化司，组建了全国旅游标准化技术委员会。这个会是在香山饭店开的，我是第一任主任。当时我们价标处的处长为刘汉奇，他是秘书长。通过标委会的组建，团结了一批人，组织了一批人，标准化工作在继续往下做。其他各项标准我们都需要研究，都需要推动。之后就一项一项标准开始做，饭店标准细化，其他标准开拓，我也对标准化熟悉，有热情。

——中国优秀旅游城市部署

1993 年年底，我提了一个设想。一个原因是我始终觉得旅行社二处工作任务单薄，严格地说，一个部门的存在一定要有日常工作，没有日常工作，这个部门就没有存在的必要性，有事情设一个临时办公室就行了。那么旅行社二处做什么工作呢？我那时候形成一个构想，这个构想也有它的偶然性，也有它的必然性。

有一次到南京出差，坐出租车，上了车司机就问我，你是检查组的吧？我说不是。什么检查组？他说全国卫生城市检查组，对出租车司机都有严格要求。我说你怎么看我是检查组的？他说第一，你说的是北京话。第二，看着像个官员。我说不是，我出差晚上去看朋友。路上就跟这个司机聊全国卫生城市的事。整个城市如临大敌，比如说公共厕所原来开，这两天虽然开，但是原则上不许人用，为了保证卫生清洁。后来我就想，一个卫生城市，地方都这么重视，如果要搞一个旅游城市会如何？我就去找刘毅局长说这个事。刘毅局长说这个事有点意思，你们先研究研究吧。这样的话，我就找旅行社二处，你们琢磨琢磨这个事。开始叫中国最佳旅游环境城市，当时定了这么一个名，而且到年底，刘毅局长讲话就把这个事说出来了，说出来就在地方形成了影响。后来我们继续讨论：第一，最佳不合适，范围太小。第二，旅游环境城市，局限性强，这不光是一个环境的问题。第三，不能叫全国，要叫中国，因为我们要对外。所以最后何光𬀩局长主持开一次会议，决定下来，叫中国优秀旅游城市。形成这个构想之后，先起草标准，这个标准下了很大的工夫，从 1993 年年底提出设想，花了将近两年的时间制定标准，1995 年开始部署实施。

这是一个大事。因为部署之后，引发了全国的广泛重视，尤其是市长。有些市长就说，我就在琢磨城市下一步怎么发展，你们这个标准提出来，把城市下一步的方向描画清楚了，所以大家都在积极申办。从国家旅游局来说，工作对象改变了，扩大了。原来国家旅游局的工作对象就是地方旅游局加一些旅游企业。现在工作范围扩大到了市长，所以那个时候市长们排着队到国家旅游局，请求领导接见。对于地方旅游局来说，通过这个事增加了一个工作抓手。成都旅游局长就跟我说，我感觉天天像政府秘书长一样。因为标准分为十八大类，每一类都有分解，到了市里面就分解到比如说统计局 80 分，城建局 150 分，分解来，分解去，旅游局真正拿的分数反而还少。那时候成都把这件事当作政府的一级工作目标，所谓一级工作目标就是必须要落实，不落实就要追责。所以那时候各个部门的领导都在找旅游局长，你还有什么要求？赶紧提，提了我们好落实。这个事情可以说在旅游的发展过程中上了一个台阶，转变了一个方向。

——质量保证金

旅行社的事情到底怎么管？审批只是事前管理，事中事后如何管理，也就是怎么形成体系。当时我们研究了一下国际上的各类情况。日本管理旅行社有一个营业保证金制度，看到之后，我就说这个制度好，能不能学一学。在局里提这个事的时候，领导都觉得事情很好，但是恐怕办不成。后来我建议上一次局长办公会，局长办公会之前，大家在那儿聊会儿天，刘毅局长就说这个事我看干不成，但是小安坚持要干，那咱们就试试吧。开办公会，我讲一个小时，大家都说这个事挺好，那就试试吧。所以我当时跟我的副司长和处长就说，这个事办不成，咱们三个人集体辞职，因为很简单，这不是领导交办的事，这是我们想办的事。后来我们就归纳了世界各国有关于旅行社管理方面的情况，整理了一个小册子，大概有 10 万字。

可是营业保证金涉及收费的事，涉及收费的事就复杂了。我先找到工商局，国家工商局对这个事赞成，又找到国家计委价格司，他们也对这个事没有什么意见。但是最终主管要到财政部，所以后来去找财政部。我当时还是比较注意方法的，先找财政部的一般干部谈，又找处长谈，又找副司长谈，最后找到张司长。后来我才知道，我把这个司长得罪了。因为我第一次找张司长谈这个事，他就说，我知道，你到管理司的时间不太长，总得做出点政绩。我当时如果就坡下驴，就应该说“那得靠张司长支持啊”，说点这样的客气话不就完了吧？我当时也不知道想起什么来，我说我在行业里大家都了解，我不靠这个出政绩，就觉得这个事是好事。结果就这一句话把他得罪了。我后来找了他六次，也约他吃饭，找了六次他都不答应。当时经贸部在申办一个国际旅行社，给他们批下来了。经贸部行政司司长挺感谢的，说我和张司长我们俩交情不错，我来约个饭，他来，你也来，就在经贸部安排了一个地方吃了一餐饭。那天财政部的张司长来了，见着我，脸色就不对，口气也不对了。后来我就跟他说这个事，说来说去，他说你要说的事我知道，不用说了，你们明年办事处的经费我都解决了，我说谢谢张司长。结果我说完，他又来了一句，你怎么这么说话？我说我不知道这么说话有什么错？他说你说话像首长口气。我一看这个话说不下去了，我说张司长，咱们喝酒。他说那好，你三杯，我一杯。真是人在矮檐下，不能不低头。所以那天张司长这样，我也只能这样了。那一顿酒喝的，我到洗手间去吐了三次。觉得喝得差不多了，到极限了，跑到洗手间抠着嗓子吐了出来。最后跌跌撞撞回到家，抱着马桶又吐了一次，吐出血来了。前人老说吐出血来了，我这是真正吐出血来了。做事嘛，总得有难处，干自己想干、喜欢干的事情，累也不累，有难处就得挺过来。干自己不喜欢、不想干的事情，不累也累。

第二天上午，张司长的秘书打来电话，我们张司长评价说旅游局魏司长这个人不错，后来我就给他回了一个电话，听到你的评价，谢谢你。

在此期间，一次开全国旅游座谈会，钱其琛副总理想听几个地方旅游局长的汇报。我就找到天津的局长孙海麟，我说明天汇报你别谈天津的事，我现在最关注就是保证金的事，能不能把保证金的事，通过你的嘴说一下。我把情况来龙去脉跟他说了一下。他说行。一个人 5 分钟，然后孙海麟就用了 5 分钟把保证金的事说得非常透彻。钱副总理就问，这个事到底卡在哪儿？后来国务院的秘书长何椿林就说，在财政部。钱副总理指示，再做工作。所以这个事情领导也有了指示。

这样，散了会我就和旅行社一处处长张志方说，赶紧起草文件，原来已经有若干文件的底子了，结果我等了三天还没出来。我就问他，怎么回事儿？他就说这个文件不好写。我说你少说这个，现在每天都很关键，哪能这么耽误？那时候我和财政部张司长这顿酒也喝完了，我说赶快。他还是有点不想干。我就火了，把你全处的人都叫到我办公室来。那时候旅行社一处全处7个人，坐在那谁也不许说话。我拉开纸就开始写，大概写了一个小时，他们就在那干坐了一个小时，我写完了就给张志方，你来打字。后来他就说，你也太不给我面子了，在全处面前这么晒着我。我说对不起，你先不给我面子，你晒着我，所以我就得晒你，我就不能给你面子，再说了，我是写文件出身，拿这个要挟我，没门。

之后，我还特意说，再走一遍程序。在办公室，我想了半天，营业保证金这个词不合适，后来我就到了文印室，说把这个词改一下，凡是“营业保证金”都改成“质量保证金”。他们说这个文件领导已经批过了，我说我现在就去找领导。然后我找刘毅局长和何光昨局长分别说了一下，他们说这个改得好。所以就按照质量保证金报到了国务院秘书局。后来秘书局也说这两个字改得好，从根本上变了。营业保证金的说法是政府对企业的管理。质量保证金就是我们的起点，是对质量负责任，对消费者负责任。这个事就以国务院办公厅文件的形式下发，以后就要组织实施，开了一个全国性的会议，叫旅游质量保证金落实工作会议，当时只有北京明确是旅行社质量保证金。然后就部署，大家开始做。

当时我们也分析了一下形势，不是每个旅行社都心甘情愿。比较聪明的是广之旅，当时还叫广州旅游公司，他们听说了这个事之后，自己开了一个新闻发布会，就是企业自己设立保证金。反正也知道迟早要交，还不如自己争个先。那个时候为了发动各地，我们把整理的将近10万字的世界各国的关于旅行社管理的一些规定、做法发给了各个省市的旅游管理处，让他们有一个底数。同时，关于旅行社质量保证金，我们又形成了一个工作手册，这个工作手册也发给了各地。当时全国的旅行社有3000多家，我估计会有一批旅行社交不起。有些省旅游局就说，按照这个规定实施，我们这个省大概涉及50家旅行社交不起质量保证金，这就涉及上千人的就业，怕出事。我说你们放心，这个事我们研究过，旅行社转向不转人，这些人都是人精，不是工厂的下岗工人，下岗没活干，今天把他的旅行社证吊销了，再过几天一家新的旅行社又组建起来了，我们咬牙也要办下来。全国3000多家旅行社，这一次有1500家被吊销，相当于一个行业的一半被吊销了，这在全世界各个国家的管理历史上无此先例，但是最后风平浪静也过来了。因为质量保证金，在我们的方案里面，所有权还是企业的，只是押在旅游局手里。如果出了事情你自己先赔付，不赔付就拿保证金来抵。等于是起一个威慑作用。所以无论怎么困难，最终这个事算办成了。想干事的生事、造势、创市，不想干事的躲事、拖事、毁事。保官者不惹事、不生事，糊弄事。谋官者无事生非，有事生浪。做事者无事生事，借题发挥。

——质量监督管理所

保证金存在银行里，会有一笔利息，就有点活钱了，我们跟着就提出组建全国旅游质量监督管理体系，利用这笔钱来办这个事。这个事情提出来，刘毅局长就问我，叫什么名字？我说叫旅游质量监督管理总署。他说不行，这个名太大了。后来想了半天，就叫质监所吧。然后他就问我，质监所的所长谁当？我说我来当。因为我当时的想法，质监所就相当于管理司一个处，这样的话，这边管旅行社，这边有个质监体系，我觉得这样工作比较顺。后来刘局长摇头，说这个不行。这个事你把它想小了，要单独组建，当一个司级机构来组建。后来他又问，你怎么安排？我说我没想这个事，他说你当质监所的总监，然后请一个人来当所长。那就请你们政法司的老司长李铁英，你去找他谈一谈，然后我就去找李司长谈了一番，把意思跟他说了。李司长说已经退休了，不干这个事。后来就把政研室的老主任李玉莺请出来，当首任所长。

我后来回想，姜还是老的辣，按照我开始时的想法，只考虑工作顺手，首先是违背机构的性质，立法执法监督混同。其次是管理司权力过重，很难实际操作。这样的话，质量保证金的事情也办完了，质监所的事情也办完了，一个体系基本形成了。这个事情花了我极大的精力，因为我当时工作精力分配，主持工作，大体上饭店处的事情花了五分之一的精力，价标处和旅行社二处的事情花了五分之一的精力，五分之三的精力放在旅行社一处上，就放在这些事情上。

——娱乐生活指导

当时还有一个处，叫娱乐生活指导处。组建的时候有两个人，后来大家就开玩笑说，这是夜生活指导处。但是没有工作手段，也没有工作经费，什么都没有，就是指导处。之所以形成这么一个处，是刘毅局长提出来的，在一次局长办公会上，他说食、住、行、游、购，说了多年，一是范围不全。

二是排序不对，我们应该旅游者的行程来排序。最后明确下来，行、游、住、食、购、娱，六个字，就把这个“娱”字列进来了，就组建了娱乐生活指导处。

没事干，就先调研，在全国组织案例，后来在全国搞了7个娱乐生活比较典型的案例，开了一次会，就想推广这个事。当时刘毅局长的思路，六个字两个司，管理司一是负责游，是旅行社这块，二是住，是饭店这块，还有食，餐饮这块。你们就是三个字，食、游、住。综合司负责另外三个字，就是行、购、娱。这样相当于两个管理司，管这六个字，是这么一个构想。所以有一次领导们开会，就说要把娱乐生活指导处划出去。因为当时是何光暐副局长主管，死活不同意。这个会就僵下来了。后来何光暐忍不住了，出去上了一个厕所，回来之后，刘毅局长笑眯眯的，说刚才已经定了，娱乐处划出去。后来，何光暐局长说：“好么，撒了一泡尿，丢了一个处。”

这是个好构想，所以综合司当时三个处，一个是商品处，一个是交通处，一个是娱乐处，工作没有抓手，这三个字落不下来。最终也没有开展起来。可是管理司的这摊工作，当时很有点风风火火。一个体会，把自己想办的事转化为领导交办的事，是为上策，关键是要抓住领导的兴奋点和关注点，才能充分调动领导的积极性。

——振兴鲁菜

1994年，刘毅局长找我，说你们组织个事吧，振兴鲁菜。我当时就说，这个事恐怕不行。怎么不行啊？质问我。我就说，反正我有一个经验，凡是组织振兴的事都振兴不起来，鲁菜也是如此，振兴鲁菜最终能振兴起来吗？刘毅局长是山东乳山人，说话也是胶东口音，在商业部也管餐饮，对鲁菜很有感情。说这是交办给你的事，交办我就办。

为了这个事，我专门到山东去做了一次调研，鲁菜三个菜系，一是济南菜，就是传统的鲁菜代表，黑乎乎、油乎乎、黏糊糊，就这么三个糊糊。一个菜系是孔府菜，是样子货，看着很讲究，吃起来味道不行。还有一个菜系是胶东菜。我那次是带着国家旅游局刚进来的博士蔡家成，一块儿转了一圈，考察了一番，也是一次美食之旅。把这三个菜系分别品尝了一下，品尝完了，当时有一个感觉，胶东菜有希望，济南菜、孔府菜都没希望。

回来就组织，我的任务是攒出一套说法，饭店处具体组织，全国 18 个省都派出代表队集中到济南，搞振兴鲁菜大赛。总裁判长是全聚德集团的总厨师长，我就跟他聊，他就说我当年学徒是怎么学的，早上 5 点起来就杀鸭子，到 9 点 300 只鸭子宰完了，都是这么辛苦出来的。我就说陈总，这套事现在还有人坚持吗？他说现在年轻人谁这么干啊。那这个鲁菜到底怎么弄？到最后组织大赛，反正有一套评定体系，有总裁判长、副裁判长，有这么一套东西。最后把这个活动也搞下来了，但是金牌被大连富丽华大酒店拿走了，山东人没有拿到金牌，自然很不爽。最后临走，拼命灌酒，我们一帮人都喝倒了。刘毅局长那次也去了，还有中国烹饪协会会长，商业部的老副部长张世尧。张世尧觉得这个活动办得不错，可刘毅局长不满意。我说把这个活动办下来就行了，不就是振兴鲁菜吗？

那个时候，我还有一个职务性的职务，就是国家旅游局管理司司长都要兼中国烹饪协会的副会长，还有一个叫中央国家机关工委烹饪协会的副理事长。我第一次参加烹饪协会的活动，不懂餐饮，没有任何发言权。这次开会给我震住了，开会是 10 点开，大家说事情，说到 11 点半吃饭。吃饭没有好菜，都是家常菜，但是家常菜最见水平。最后一道菜是清蒸鱼，服务员端上来的过程中，有一个人看了一眼，说一斤四两。第二个人又说了一句话，火候不足。端上来之后，第三个人拿筷子夹了一下，说差 2 分钟。当时给我震住了。我就问，你们怎么看出来的？第一个人就说，清蒸鱼最好的重量是一斤二两到一斤四两，因为这条鱼略大，所以看着有一斤四两。第二个人的说法，眼睛没有爆起来，火候差点。第三个人拿筷子翻了一下，确实如此。这条鱼满汽上屉8分钟，火候最好，它只蒸了6分钟，差2分钟。把厨师长找来，说你这个鱼不行啊，火候不足。厨师长说那我再回个锅，大家都笑了，清蒸鱼有回锅的吗？这次真是开眼，才知道什么叫吃主。

我的习惯，既然干这个事，那就得做点研究。通过那次振兴鲁菜活动，接触了很多大厨，也有了一些吃的见识。我比较善于归纳总结，所以也归纳出了一些东西，后来写了一篇文章，叫作《饮食 15 字》，就把餐饮这件事归纳了 15 个字，形成了一篇文章。后来我们那些会长、副会长看了，说你又不懂餐饮，但是你说得挺不错。

怎么说呢？我这个人好吃，好吃大概也是我投身旅游的一个动力。刚到北京旅游局工作的时候，局长张忠实，他是北京市委交际处处长出身，所以很懂吃。有一次聊起来，他就说，现在全国两个半美食家，哪两个半？中央一个，谷牧同志。民间一个，南京画院的一个画家叫宋文治。我问那半个呢？他说，不好意思，那半个就是我。后来有一次我随老张到南京出差，老张带着我拜访了几个画家，一个是江苏画院的院长亚明，一个是魏紫曦，都是名画家。最后一个是宋文治，到宋先生家里聊天，后来宋老说到饭点了，咱们去吃饭吧。进了餐馆，不仅是经理、厨师长出来迎，食客都站起来了，宋先生来了。我就想，这个宋先生真是不得了。吃饭的时候我就请教，全国两个半美食家，您是其中一个，他说谁说的？我说是张局长的说法，他就笑。我说您给讲讲。他说美食是吃出来的，不用多讲，说一个例子你就清楚了。油炸锅巴，油炸锅巴这个菜，很多菜系里有，有无数个名字，什么桃花泛，抗战的时候叫轰炸东京，都是一盘锅巴上来，一浇，"哧啦"一声响，转一圈，一人一筷子，第二筷子不吃了，已经泡软了。真正的油炸锅巴怎么吃？一碗滚烫的高汤，连碗都是滚烫的。两片油炸锅巴，夹起来在汤里一涮，"哧"一声响，吃掉了。金黄色的油炸锅巴，吃完了再想吃，没有了。这就是文野之分，高下之分。我听明白了，接着问，宋先生，你怎么有这么多见识？他说小时候学昆曲，经常出堂会，到这些大户人家，这个菜才是最好的菜，比国宴的菜还要好，比宫廷菜还要好，所以有很多这样的见识。

这样的话，因为"吃"字也是我们管，那就这么搞吧，所以这一次搞完了，也实在没有兴趣再干这样的事。那时候中国烹饪协会隔两年就要组织一次全国烹饪大赛，我们就有义务帮忙组织这些事。具体的事我也不问，也不管，就知道烹饪大赛完了之后，获奖者就水涨船高，要不然就加工资，要不然就走人。所以企业经常说，到底在干什么？

所以我们第一次开会，就否定了员工技能大赛，觉得这个事有点劳民伤财，但是类似这样的事情还要搞。

——方法之师

总体来说，实际上我在管理司的工作分两段：第一段是1993—1995年，这是刘毅当局长的时候。这段工作，我觉得只要想事，刘局长觉得是好事，他就支持。1995年刘局长退休，专门召集副司以上的干部开了一个会。刘局长上来就说，我当了41年的干部，现在实现了不干。这句话我印象很深。然后又说了一番客套话，说我也做了一些错事，也说了一些错话，大家不要记恨，要退休了嘛。还说我的办公室已经清干净了，何光暐坐在旁边，就给了他钥匙。当时中组部来了一个领导宣布，后来会散了，刘局长站在门口和大家依次握手。当时感触很深，也有点依依不舍的感觉。刘局长退休之后，过了一个礼拜，我就到他家了去了一趟，刘局长就笑了，他说："小安，我到旅游局工作七年，你没到我家里来过。"我说那是，原来有什么话在办公室就可以谈，我干吗到你家来啊？拍马屁啊。现在不同了，现在您退了，您是老同志，我就把您当长辈看，刘局长也挺高兴。

在这个过程中，我和刘局长算是很熟了，跟他学了很多方法，所以我把他称为法师。其中有一次开办公会，讨论一个管理司的事情，讨论的时候我们俩就吵起来了。结果刘局长一拍桌子，散会。我现在都忘了讨论什么事情了，散了会之后，我一想，这不合适啊，就到他办公室去了。他看着我，说，什么意思啊？我说局长，论年龄您是长辈，论工作您是领导，我不该跟您这么吵架。他笑了，小安还知道道歉？后来他就说，我有一个道理，谁都不愿意得罪领导，敢于得罪领导的人，一定是对工作负责任。这句话说得我很感动。跟着又说了一句话，你也得给我留点面子，有什么话咱们在下面沟通不好吗？非得在会上吵架吗？我当时眼泪都出来了，这样的领导值得我死心塌地地追随。所以很自然，退休了，我反而可以跑到他家里去了，聊点闲篇。他也是，别跟我谈工作啊，工作的事我不介入。我说行啊，就聊聊他过去如何什么之类的，就聊这些。刘局长很喜欢我，也觉得我是个比较得力的人。

多年以后，看到刘局长对我们的评价：

魏小安、杨柳荫、邱毅勇是三位年轻人，各有特点。国务院研究中心孙尚清同志曾经给我谈过，魏小安、邱毅勇是两位表现不错的青年人，希望注意观察他们。经过一段时间的机关工作和随同外出考察工作，我认为魏、杨、邱这三位小青年，确实有与众不同之处。魏小安同志有才不张扬，有谋略埋头干，有场面不争先，心里想着旅游事业发展，他观察力强，知识面宽，思路也开阔，长于钻研，会写文章。缺点是日常显得清高一些，亲近感差一些，有点与众有别，就是有点脱离群众之嫌。

杨柳荫同志是位耿直的人，敢于直言，不管是对领导还是对下面同志，只要看着不对，他能向你说出来。工作上一直是埋头苦干，他的英语水平相当高，对国际旅游的交往有很大贡献，把任务交给他，可以放心地让他独立去做，他表现老成稳重，从不自我表白。缺点是严肃有余，不善于用变通办法去解决不同问题，是位内在力比较强，可以信赖的好人。

邱毅勇同志是一位很有水平的强力人，是一位长于观察别人的人，处理日常工作时，总是关注协同与有关方面的关系，协调能力比较强。他还长于工作设计，求新力表现突出。要说缺点，我感觉他有身在曹营心在汉的问题，他在哪里都会认真做事，但却不知他还在不断自我选择，追新意识过大，这个缺点不太适合机关的枯燥工作、受领导约束太多的工作，多了些自我追求。

对上述魏、杨、邱三位同志，我坚持大胆越级提拔，不过邱是位更适宜从商的能人，果不其然，后来提为计统司长，工作了几年，他向我提出港中旅请他去工作，我虽舍不得他走，也做了一些说服，留在国家旅游局可以施展你的才华，但内心觉得他适合选的企业，又是旅游范围内的大企业。我问他去做什么工作，他说可能负责扩大港中旅，扩大企业发展的拓建副总兼主管工作，是廖晖同志找谈的。我当时没有表态，我与其他同志商量一下，再告诉你结果。过了一段时间，同分管人事的程文栋副局长和分管计统司的何光玮同志商量，同意调出。他如愿以偿地离开了道和志不同的老同志，踏上了新的岗位去了。

所以这一段的工作比较顺心，我也很感恩领导给了我一个平台，让我能放手做事。不管这些事做起来有什么困难，但是毕竟可以放手做。领导最重要的权力是否决权，高明的领导往往如此。事权统一，才能权责相符。事权分离，事不成，权乱用，无人负责。

在实际生活中，有四种情况。一是有些事情是主动的，认识到这一步，主动提出，产生积极效果。二是有些事情是误打误撞，反正知道这事该办，至于能办到什么程度，吃不准，但咬着牙干下去，也成了。三是有些事是歪打正着，事后总结，才明白一二。四是有些事也不好说是错误，也未必是错误，但因为出发点不符合市场经济规律，就很难做下去。这四种情况，深层次的问题首先是方法问题，方法对，思路就容易清楚，路径也对，反之则反之。总之，无论做什么工作，方法的问题是第一位的，真是工欲善其事，必先利其器。这几年工作完了，我有一个习惯，因为我的心态始终是“一脚门里，一脚门外”。所谓“一脚门里，一脚门外”，就是主体的精力放在机关工作上、行业管理工作上，但是做一段时间就喜欢总结一下，有一类事情做完了，会把它总结一下，形成文章或者书。因为我始终没有忘记专家的这种念想，也是专家的这种影响。所以这一段算是行业管理工作前半场。

管理工作，必须要回答四个问题，即谁管，管谁，管什么，怎么管，也就是管理主体、管理客体或管理对象，管理内容和管理手段问题。这是做任何管理工作中必须研究的问题。但在实际管理中，容易形成一个误区，就事论事。就事论事一番，还是说不清楚。不管大事还是小事，把这四个基本问题说清楚了，也就清楚了。但是在我们目前的体制状况下，尤其是在市场经济发育还不成熟的过程中，往往过于强调管理主体。这是一个普遍问题，认为政府提出来的就是对的，其实未必。应该换一个概念，管理客体实际上是服务的主体，管理也是服务。

政府部门把管理就是服务挂在嘴上，但真正形成服务意识并不容易。为什么，因为它是管理主体。本来企业是市场的主体，政府为企业服务，但由于多年计划经济的传统，直到现在，在实际生活中经常是主客颠倒，形成的观念还认为企业是围着政府转的。从道理上说，这显然不对，但这就是现实。之所以决策不当，产生了一些不该产生的后果，就是因为主客颠倒。在这个过程中，要把管理客体搞清楚，就和上面的问题扣在一起，就是“是什么”的问题。第三是管理内容的问题，它也是我们很多时候没有搞清楚的问题，实际上是解决管什么的问题。很多人的思路就认为管理就是管人，我说是什么你就做什么，这就是管。这还是人治的思路。从管理内容角度说，具体事情有具体内容，但总体来说，离不了基本原则，我们现在有些管理者还是用计划经济的思路，来看待行业管理，其实情况已经发生根本变化。原来企业是政府的附属，企业领导由政府任命，在这种情况下，只要政府说什么，企业就做什么，那时的管理相应简单。但在市场经济条件下，行业管理的做法就截然不同，更多是引导性的东西，而不是说什么就是什么。第四是怎么管，解决问题的最后一步就涉及管理手段。我们原来习惯于直接的行政手段，还不能说是行政手段，而是命令手段。只要能管住人，就能管住根本。所以管理主体、管理客体、管理内容、管理手段这四个问题是紧密联系在一起的，这里说到底是一个管理思路的调整问题。在市场经济条件之下，行业管理的主体应是相应的政府部门，但并非只一个方面，也应是多主体。比如说协会，协会也会成为市场经济条件下行业管理的一个主体，这种多主体的形成，从根本上打破了计划经济的思路。但现在很多协会起不到作用，还是因为计划经济这套东西根深蒂固，不是短期能转变的，一遇到问题，很容易就往计划经济思路上转。因为计划经济思路简捷，见效快，但破坏也大。破坏了市场经济的基本规律，破坏了企业内在的活力、发展前景，这是根本性破坏。但这些破坏和现在官员的任期制、政绩要求没有必然联系。在市场治理上，运动式的治理方法是必要的，但国家光靠运动式的治理是不行的，也有运动式办法和常规式办法怎么协调的问题，即市场规范和市场治理相结合的问题。说到底，任何问题都是这样，大管理有大管理的问题，小管理有小管理的问题，但任何一项管理工作都离不开这四个问题，按这么一个思路，把这几个问题说清楚，管理问题也就清楚了。

到 1995 年年底，旅游行业管理工作基本上已经开拓出了局面，各个方面的事情积累得越来越多。尤其是国内旅游的发展形成了新的格局，当时杜一力在政策法规司，提出来能不能起草一个相关的文件，然后我们辅助，起草了一个关于国内旅游的文件，最后是以国办 75 号文件的名义下发的。也算是国务院第一次在国内旅游方面下发了一个正式文件。在此之前，就是 20 世纪 80 年代，中央书记处曾经提出来，对国内旅游不支持、不宣传、不提倡、不反对，基本上就是自生的局面。当然到这个时候已经不同了，后来中央书记处又提出“四个转变”“五个一起上”，国内旅游算是提上议事日程，正式下发了这样的一个文件。

举一反三,一通百通。

这是一个工作思路的问题。我们在工作中往往就事论事，这样事情反而论不清楚。可是学会举一反三，很多事情一通百通，这就需要一个开阔的思路。有些人钻牛角尖，就是思路不够开阔，就事论事太厉害。如果能够举一反三，在工作思路的形成上，就能产生很多新的东西，在研究一个事情时，会引发另外的事，回头再来看这件事，就看得更清楚了。

从方法而言，在研究旅游问题时，无论是学术界还是实业界都很容易强调旅游的特殊性，实际上有些东西恰恰相反，首先要研究共性，才能找出个性，才能举一反三。比如，生产与消费的同一性，是上了教科书的旅游产品的特点，但这是所有服务产品的共同特点，只是有别于实物产品。如果转换一种思路，首先把旅游作为经济产业定位，再作为服务产业定位，最后研究旅游的特殊性，事情反而容易了。即从经济的一般现象和一般规律出发，到服务产业的特殊现象和特殊规律，最后到旅游产业的个别现象和个别规律，基本上可以一通百通。另一方面，是从社会学、文化学、建筑学、人类学等多学科的角度进行综合研究，以及与经济学的复合研究，思路都是相同的，真正较劲的是综合把握能力和综合分析能力。

从实际工作来说，更是如此。不少人有个毛病，说一只是一，说二就是二，多一步就不想，多一点也不做，感觉这就不错了，看起来是不错，因为听话。但是不能举一反三，就不可能开拓局面。举一反三，说到底，就是创新，不管从我们成长的过程来讲，还是从办事的效果来讲，都离不开这两句话。

在大的判断上，形势决定任务，思路决定生路。

我们研究形势，研究工作，这两句话是联系在一起的。形势本身就有客观性，在形势客观发展的基础上，我们来造势，这就是我们的任务。所以形势每发展一步，工作都需要适当调整，有时一些工作重心也需要调整，这就是形势决定任务。这个任务需要操作，不是让你原则化或是说空话。需要操作，就是看能不能产生新的思路，经验有这么几条：

一是看看国外是怎么干的。因为我们是发展中国家，处于不同的发展阶段，人家走过的路，我们正在走，人家达到的成果，很可能就是我们将来的目标。二是我们国内能够接受到什么程度。有些思路很好，有些事情也很好，但是条件不成熟，就不能急。但是可以先唱，唱就是创造条件的一种手段。三是目前的客观状况需要我们怎么做。因为政府部门是提供公共产品的。作为公共产品的生产商，你也得研究市场，研究需求，看市场需要什么，我们能做什么。

如果把这三条把握住，在每一项工作的具体思路上，也都容易厘清楚。当然，面临的具体问题不同，有的需要小思路，有的则需要大思路，有的问题需要一个比较细致的操作方案，有的就需要一个总方案。具体操作方案的形成，只是具体把握的问题，但总体来说是形势决定任务，思路决定生路。如果说我们总是维持现有的工作局面，就谈不上开拓，我们现在有些人就满足于维持，因为现有的事已经忙不过来，就没必要开辟新市场了。但如果不开拓新市场，现在的事情也很难维持，保守是没有生路的，生路只有靠开拓。在开拓过程中，新的事情开拓出来了，原有的事情就得放权，这样工作才能滚动起来，这里确有一个度的把握问题。很完善的标准可能在操作上会很失败，不完善的标准可能在操作上很成功，这就是一个具体把握的问题。要按一般的思路来说，明明能够搞好，为何不搞好？但在实际中，往往明明可以搞好的事情，第一步就不能搞好，这样的长远效果反而会更好。从思路的角度说，除了大的思路，还有操作上的思路，大思路和操作性思路结合在一起，才能见效。因为我们的目标是把事办成，促进发展。

研究政策时，有一个普遍现象，上有政策，下有对策，所有的政策在执行中一定会走样。如果在制定政策时把对策也考虑进去，可行性就大为提高。在实际生活中，最终操作的都不会是最好的，就是最优目标和次优目标，在学理上可以找到一个最好的，但肯定达不到，最好的就是现在能实行的。如果把认为最理想的方案提出来，大家都抵制，那它就不是最理想的方案。在实际中把握的时候，有一种办法是提出高目标，再一种是提目标的时候就提一个中目标，目标低一点，大家感觉好操作，事也就进行下来了。

——顶撞首长

1995 年，那时候有一个大事就是在北京召开世界妇女大会，涉及旅游局要支持。有一次通知我去中南海开会，陈慕华副委员长和国务院彭珮云副总理两个人主持会。因为在这之前，我听老司长说过，凡是这样的会，旅游局常常变成被告，很被动，所以我就有了思想准备。那次会也是这样，一开会，首长就问，旅游局谁来了？我站起来说我来了。你是什么职务？我说是管理司的司长。好，你坐下。跟着就读了一个全国妇联的简报，意思就是她们请了三个瑞典专家给他们讲课，住在北京国际饭店，结果受到了骚扰。然后她们就到大堂去投诉，大堂副理说如果你们不需要这些服务，就把你的电话给掐了。跟着就说，你们回去要严肃处理。我就说，对不起首长，这个事我听着不真。第一，我们的大堂副理都是受过严格训练的，绝不可能这样说话。第二，北京的“鸡”好像还没有这么高的水平，能用外语直接和外国专家对话。所以我回去可以调查，但是不能严肃处理。我就顶在那儿了，当时全国妇联书记处的书记还说，我们的翻译就在旁边，她们能错吗？我说也可能翻译错了，也可能翻译得不准。结果那天的会，涉及旅游的事能应的我就应，积极努力，不能应的我就顶。散会以后，国务院秘书局的一个副局长跟我说，你可真行，这么顶首长。我说她们不知道我是谁，就知道旅游局有一个年轻司长挺厉害的。回去之后我就跟何光暐局长汇报，何光暐局长欣然，对，就得顶他们。然后我就去找国际饭店，问到底怎么回事儿？这个事情是专家回到酒店之后想休息，当时国际饭店给她们打电话介绍说国际饭店有游泳池、保龄球，等等，说一番，她们就投诉，大堂副理就说如果你们想休息，有电话征求你们的意见，你们愿接就接，不愿意接把电话就掐了，是这么一个事。后来我就跟国际饭店老总说，这个事就这样，你们写一个情况说明，我们报到中南海，让首长了解一下。另外，全国妇联你们去给人家做做工作，毕竟是你们的大客户，别得罪人家。何光暐局长后来当了一把手，他有一个特点，很护着这个行业，也很护着旅游局，这倒是一个长处，也是一个好事。

——内河游船标准

1995 年，组建全国旅游标准化技术委员会，我是首任主任，后来何光暐局长就说这么重要的职务，司长不能当主任，到第二任的时候变成一个副局长当主任，我当副主任，到后来我连委员都不是了。但是当时起来之后，工作继续进行，所以当时就想制定一个内河游船的星级标准，主要是长江游船，之后再扩大范围。这个事涉及交通部，所以我们先找交通部水运司谈这个事，他们也觉得这事可以做，但是他们的意见是以交通部为主。这不行，因为标准立项是旅游标委会立的项，咱们一块儿弄就是了。我们标准初稿出来之后就在武汉开会，本来会议的题目定的是内河游船服务等级标准起草工作会议，是想讨论标准。结果交通部派了船检局局长李克濬加上四个处长去了。到了武汉，刘汉奇处长就说，这个会不对，交通部阵势这么凶，我说那咱们改个会名，叫标准协调工作会议。当时技术监督局标准化司陈司长也去了，张灵光处长也去了，那就先协调。所以第一天上午开会，我和李克濬对话，他是船检局局长，非常国际化，英文也好，视野也很开阔，等于我们俩讨论。他强调，游船标准首先是船，然后说了船的事。我说游船标准首先是游，我们把它看作水上浮动饭店，然后我就说一套，相当于一个学术讨论。当时刘卫在旁边看着，你们干吗呢？这不是学术讨论，是给部门争地盘，争权利。讨论来讨论去，我提一个方案，叫联合起草，共同评定，这样行不行？后来我们就上了游船，从武汉到了宜昌，我们俩都下船了，形成了一个会议纪要。但是毕竟有谁为主的问题，这个标准是旅游标委会立项，肯定是以旅游局为主，标准化司的领导也表态，支持这个做法。回去以后，交通部的领导批评了一番，没有努力争取之类的。

这个事就这么开展了，所以那一年我跑长江，一站一站地跑，和这些船老板还有老总依次交流了一番，大家都觉得这个事很好。而且我当时说，按照我们的经验，第一批不评五星，大家都是四星，大家也都接受，所以回来之后我也跟领导都汇报了，也觉得可以。但是后来不知道谁做了什么工作，趁我出差的时候，局里把饭店处的人派出去评了两条五星。为这个事，我专门在长江走了一趟，也给大家宣布了，大家也都拥护。现在我们出尔反尔，这事怎么弄啊？第一批评定过后，要开会发牌，我拒绝去开这个会。当时我们主管领导是孙钢副局长，他还劝我，我就不去，副司长去。结果到了之后，船老板们要罢会，说原来魏司长跟我们已经说好了，也都赞成，现在你弄两个五星，就发你的五星牌吧，我们都拒绝。后来孙钢局长做了很多工作，湖北和重庆两个旅游局也都做了很多工作，这个会就算开了。反正我知道这个事这么搅和，就没戏了。从那以后，说游船评定，我不问也不参与，爱怎么弄怎么弄，最后一个很好的标准死了，变成一个死标准。我这两年到长江，有些老人还说起这个事，当时要是能够一步一步走下来，这个标准会做得很好，那我也没办法，大家也没办法。

——全面上轨道

有一个标委会的平台了，就要研究其他标准怎么做，那就一步一步推进工作。1996 年开全国旅游管理工作会，一个会开了 5 天，每天早晨 8 点半进会议室，有时候晚上还要加班，开到 10 点半才结束。后来服务员都说，我们没见过这么开会的。5 天部署了 65 项工作，开得头都大了。我一直盯着全场，今天这个处来，处长谈这个处的若干工作，谈完了就讨论，就部署，回去就得贯彻执行。所以那次那个会开下来，处长说我们回去给领导汇报工作，领导都说这个管理司怎么这么多事？实际上就是行业管理工作要强化，而且一项项工作要实施，有些办不成的事就别办了，能办成的事我们就努力办。

那时候老夏也走了，饭店处处长是刘京平，副处长是刘卫，京平是瑞士洛桑饭店管理学院毕业的，然后在国内管过若干个饭店。他来的时候，程文栋副局长有一个批示，至少要干满一届，而这个人完全是一个技术型的人，他也很难应对官场。我也是一个态度，只要是好事，提出来就做。当时很多具体的事涉及饭店，他和饭店行业也熟。刘卫工作特别努力，这个我实在没想到，因为我觉得一个高干子女，不就在这里混一下吗？但人家完全就是积极干工作的。那时候饭店处在全国的权威很高，有一次我们一位副局长在张家界，跟他们局长吃饭，说还要等一位国家旅游局的领导，然后就问谁？说是刘卫要来评饭店。后来领导有点火，到底谁是领导？刘卫哪知道这样的事？结果弄得很被动，所以那时候大家感觉这个饭店处太牛了，就是这么一个感觉。

——上党校

1995 年，有机会到中央党校进修班学习了四个半月，主要就是学邓选三卷。我也觉得这是一个读书的机会，也是一个写书的机会。所以我也没把中央党校的这些课正正经经当个课，开班第一课是胡锦涛总书记做报告，我一觉醒来 11 点了，那也别去了。班里的班主任叫组织员，完全是一套一本正经的方式，天天盯着，动不动就是中组部在关注。我又不关心升官，也不把组织员当个事。她看我老不上课，后来就找人问，魏小安到底在干什么？大家说魏小安在写书。在四个半月里，我编了一本《旅游行业管理工作纲要》，130 万字，把我们司里各个方面的工作汇总起来，归纳出来，在这里面我也写了一些涉及理论性的东西。比如说旅行社的性质和特点，酒店的性质和特点，类似这样的东西。同时又把这些年来发表的一些文章汇集到一起，形成了一本专著叫《旅游发展与管理》，40 万字。上个党校，弄这么两本书，我觉得很好。最后得有一篇论文，写的也是《市场经济与行业管理》，比较系统地把行业管理的事来来回回说了一遍，那时候这个概念也算新概念。

党校就算上完了，基本上叫读了一回书，弄了两本书，在那个时候开始正式摸电脑。当时搬了一个电脑到党校的宿舍里，没事就练练，我记得很清楚，写第一篇文章用了一个下午，写了两千字，也不知道哪个健碰错了，没了，当时觉得很心疼。但是一步步这么做出来了，那时候也参与了一些具体的事，还和中国建筑研究院一块合作，搞了一本《中国一流酒店》，是在建筑工业出版社出的，这本书搞完了以后，后来我去台湾，居然在台湾诚品书局里看到了繁体的台湾版。

——国际饭店

当时还有一个事情，花了不少精力，就是国际饭店。国际饭店那时是国家旅游局的直属企业，1989 年 4 月开业，开业的时候基建决算投资 3.9 亿元，但都是银行贷款，那时候债务已经达到了 5.4 亿元，压力很大。而且当时银行利率比较高，我们算了一下，如果把这 5.4 亿元还完了，国际饭店的债务变成 8 亿元，8 亿元还完了，债务变成了 15 亿元，驴打滚利滚利，国际饭店是看不到希望的。后来局里讨论这个事，我就说只有一招，就是卖股份，否则的话这个事解决不了。因为国家旅游局自己没有钱，指着国际饭店自身经营，一开业就碰见春夏之交的状况，只靠自己经营，怎么可能呢？好在那时候台湾市场刚刚兴起，很多台湾人住国际饭店，台湾的老乡们没见过这么好的饭店。我有一次在饭店就看到，台湾团一进来，嗷嗷地叫，大家高兴。靠这些东西怎么能撑起这个饭店？当时国际饭店共有 1070 间客房。所以就商量卖股份的事，当时就责成计划统计司的司长邱毅勇和我，我们两个人负责这个事。

于是，我们就开始接触外商，不断地谈，把酒店的情况和数字都弄得滚瓜烂熟。我感觉，跟外商谈判凭实力，没有实力讲道理，千万不能谈友谊。谈友谊就在示弱，可是我们中国人习惯，见了面就上来谈友谊，先攀关系，谈来谈去这个事也谈不下来。当时还涉及一个难点，就是已经引进了锦江集团管理，这也是刘局长说要支持我们自己的管理公司，所以签了10年的合同。可是和外商一谈判就涉及这个，你们先把锦江集团请走，咱们再谈这个事。没办法，硬着头皮又去了一趟上海，先找到龚学平副市长说这个事，龚说，国家旅游局的事，上海从来都是很支持的，但是你们的事也太多了吧，最后谈得不了了之。后来又拜访锦江集团的钱董事长，他也是不冷不热的态度，但是毕竟把这个事说出来了，算是摊牌了。扯来扯去，当时还找了南德集团的牟其中，局长请他吃饭。当时国际饭店的人还问，今天是什么饭局？他就说请一个德国人吃饭。实际上牟其中派头大得很，政治思维主导。他当时的思路，就是把国际饭店办成一个全国中小企业聚集的场所，这也是一个思路。那天吃饭时，牟其中居然说，我当总书记看起来是没有可能了，但是当个人大副委员长还是有可能的。一个企业家怎么变成这么大的官迷，而且如此关心政治，我就很反感。第二天他就派人来谈了，那些人也是牛的很，后来谈了两轮，没有结果，就不跟他谈了。再后来又弄来了一个港商，他派了一个谈判代表，我们一看就笑了，这个谈判代表原来是国务院发展研究中心的，我们做课题的时候就在一起，访问日本也在一起，都很熟。他后来到深圳去当了市政府的副秘书长，然后辞官下海，就下了港商这个海了。我们在外面勾肩搭背，称兄道弟，进会议室之前我一抹脸，咱们进去各为其主。他说明白你的意思，就是都不客气。谈的时候，我们两个人一张口就是党组什么意见，后来他说，你们一张口就是党组，我们也成立一个党组。最后这个事差不多算谈下来了，而且到深圳去签约，刘局长就说晚上 12 点前要把这个约签了。我也不知道刘局长为什么这样严格要求，孙钢副局长有点恼火，刘局长还劝他，咱们这么大一个包袱能甩出去，是好事。结果晚上差 5 分 12 点，文本刚打印好，然后领导去签约，签完约之后，我们当时具体负责的是计划处处长，他深夜 2 点给我打电话，说这个文本不对，有很多错，有一个条款明确不利于咱们，还说这个事是他的责任。我说你别谈这个，一个处长担不起这个责任，这个事就这样，由于文本严重错误，所以这个文本是无效文本，继续谈判。

这个事最后不了了之了，而且那时候市场形势缓过来了，关键是国际饭店周边的商圈起来了，使国际饭店这口气喘过来了，那时候管理权也收回了，就自己管吧。这个事前前后后花了不少精力，但是也谈不上有什么效果，只是到最后因为市场形势扭转了，所以整个格局扭转了。

——市场整顿

治乱不能乱治，规范不是管制，在竞争中规范，在混乱中发展。1996 年，我们组织了一次市场整顿，我始终对这种治理整顿的事不是很赞成，之所以提出这个，就是因为当时有了质量保证金，要对得起交了保证金的企业，不交保证金的就得收拾。而且当时也产生了一些案例，所以当时是国家旅游局、国家工商局还有公安部，3 个部局 10 个司，联合进行了一次市场整顿。

那次市场整顿，开会部署的时候我就说得很清楚，这次的目的就是要保护好的企业，整治坏的企业。做法是四句话，形势轰轰烈烈，典型扎扎实实，统计圆圆满满，表彰漂漂亮亮。大家说魏司长你是让我们走过场？我说没要求大家走过场，要求典型，扎扎实实，每一个省都要挖出一些典型来，通过典型起到震慑作用。当时北京就收拾了一家地下旅行社，是泰国的一家，前两年我们去泰国，这个旅行社老围着我们转，我还奇怪怎么回事，结果一查查到了他们，就是地下经营出境游。我们就是借助公安的手段，借助工商的法规，然后达到目的。所以那天抓完了之后就突击审讯，死活不说，后来公安的人就说你们走，第二天早上让他们交代，第二天早上就都交代了。

这样一个市场整顿，形成市场规范，然后也形成相应的成果，可就是一阵风，过去就完了。我也不想没事老组织这样的市场整顿。一般来说，先发展后规范，在发展的时候我们强调规范一定会影响发展。旅行社的事已经积累这么多了，所以就涉及修订国务院的《旅行社管理暂行条例》，可以把很多工作成果纳入到这里面去。比如说保证金的事，当时有的部门还有意见，说这个事情不能入法。如果不入法，这个《条例》可以不修订，到最后基本上把我们这么多年的工作成果都纳入进去了，就把暂行两个字去掉，形成了国务院的《旅行社管理条例》。这个事主要是政策法规司做的，但是这些工作基础都是我们形成的行业管理工作基础。后来就涉及整个旅行社的规范和整个体制改革，也涉及保证金。这个管理条例出来之后，原来一、二、三类社就调整成国际旅行社、国内旅行社两类。

关于导游，我的基本看法就是导游是自由职业者，而且从国际上来看，有一套市场运营的规则。研究导游管理的事，也有一种看法，导游如果都归旅游局直接管，一定能管得服服帖帖。这是军队的思路，军长一声令下，全军都得服从，军人以服从命令为天职，如果不是这样，军队就乱起来了。而我们现在是市场经济，若用管军队的办法来管导游，正式注册的导游一个都没有了，黑导游遍地都是。1993 年，我们做了一个比较细的导游管理体制改革研究报告，这个研究从现在来看也还是有深度的。其中提出的改革目标就是导游自由职业制，市场化。并提出用五年时间、十四个操作步骤到位，但当时条件不成熟。那个时候，对导游的基本管理观念还是把导游视为国家干部。工厂的工人是劳动局管，有了纠纷找劳动部门，要是导游造成纠纷，就得找人事部门，因为他是国家干部，是大学毕业生。在这么一个宏观体制条件下，我们提出这个自由职业制的改革方向，是超前了一点。在做研究时，首先是借鉴国际管理经验，这就是国际惯例，借鉴过来就要分析为什么会有这个惯例。进一步是研究什么样的职业适于自由职业，实际上就是一个人主要借助自己的智力，不借助更多的资金、技术或设备条件经营，就可以成为自由职业。比如说建筑师、会计师、医生，在世界各国都是自由职业。从导游本身的职业特点、岗位特点出发，与自由职业是完全相符的。其实这么多年，市场自发的路也是这条路，从 1993 年到现在，导游的整个内在机制的变化也是一步步这么过来的。比如放开导游资格考试，逐步形成导游供过于求的人才市场状况。形成导游等级资格，旅行社对导游基本上保持一种松散的关系，有些比较认真一点的，还给上大病统筹和保险。现在，导游不能说是完全自由职业化，但大体上也是半自由化。在这时，有些后续的措施需要出台了。完全依靠市场，很多事情最终能走下来，但这中间要走很多弯路，要付出很大代价，市场并不是万能的。我们作为发展中国家，一个最大的优势就是后发效应。后发效应是什么，就是把别人走过的弯路好好看看，少走弯路，把人家的经验多学一学，争取使发展速度能快一点。但是在类似这些问题的处置上，最容易形成的误区，就是管理主体中心。我们现在机构改革还没完全到位，但毕竟事物一步步在发展、在变化，好多东西在不知不觉中进步了。从这个角度来看，长期的问题就是这个问题，说大一点就是政府和企业的长期关系问题。这个关系处理好了，市场的成熟程度就会大大加快，如果处理不好，政府在辛辛苦苦地工作，但实际上阻碍了发展。不管是什么出发点，往往起点越理想化，客观效果越不理想。这个方案我们经过了反复研究，我觉得这个方案比较成熟了，可以实行了，但是局里把这个事否了。否了就算了，否了就不干了。但是导游的事情到现在也没有完全到位。

随着市场的发展，特种旅游开始形成，我们就要研究特种旅游这个事情怎么做。开了一次全国性的会议，当时是新疆、西藏、青海、内蒙古这四个地方，他们有一批旅行社在做特种旅游，有些做得不错，也是希望规范。一开始想搞一个标准，后来发现特种旅游搞不了标准，因为特种旅游每一个产品都各有各的类型，靠一个标准规范下来太困难了，这样的话，就形成了一个特种旅游发展纲要，也形成一个小册子，也算有相应的成果了。

——出境旅游开拓

到1997年，有一个更大的事情定下来了，就是中国公民出境旅游。原来主要是公安部门在管，旅游局管不了。但是市场需求在形成，一开始是港澳游，之后是边境游，出境游已经开始做了，但是不合法。所以就得研究出境游的事，那时候主要的协调对象是公安部，公安部的出入境管理局和边防局。当时刘汉奇调到旅行社一处当处长，那年我和汉奇两个人到公安部24次，就是反复沟通，反复讨论，国务院秘书二局出面协调，但是也协调不动。有一次国务院通知开会，是四局的局长主持会，四局管公安、管交通，四局局长说话口气很硬，狠狠批评了一顿公安部，不适应改革开放发展的要求，只考虑怎么保护权力，明确中国公民出境游可以正式启动了，由旅游局负责。回来以后我们又去找公安部谈，起草了相应的管理文件，当时的想法就是出境旅行社有一个名单表，旅行团基本上按名单表放行，这个表是出入境管理局审批，但是操作权在旅游局。这个事弄得公安部很不高兴。但是这种方式只是过渡方式，不能长治久安。开局长办公会的时候我就说得很清楚，我们现在的方案是一个阶段性的方案，从旅游局来说，我们现在必须这样做，但是这个方案大体两年之后就要改。何光暐局长说，哪有你这样的？刚出来就谈改，我说是，就是两年，如果工作格局形成了，我们也把握了主导权，这个方案就要改，因为这个方案完全是计划经济管理方式，又得有一个计划表，又得有一个名单表，说起来叫尊重公安部的权力，实际上旅游把握了主导权。

这样就可以开全国性的会议，开始全面启动。我给何光暐局长起草了一个讲话，里面有三句核心的话，大力发展入境旅游、积极发展国内旅游、适度发展出境旅游。这三句话何光暐局长也比较赞成，适度在哪儿？就在有计划，有控制，有组织，有管理。但是这个事情各地旅游局都不太赞成，当时有一位局长当着我的面就说，请你们考虑一下地方旅游局，请你们照顾一下地方的利益。因为通过这些方式，等于国家旅游局把权力都揽到手里了，地方没什么权力，这些办出境旅游的旅行社直接找国家旅游局，找我们来办。那没办法，我们现在走到这一步了，只是给旅游局争一个主导权，以后再怎么做再慢慢调整。

——人与事的纠纷

在这之前还发生一个事，这个事说不说，我犹豫了一下，但既然是旅游生涯，这也算生涯中的一件印象深刻的事。就是在1996年的时候，我们研究出境旅游，当时就想直接启动，那时候的思路就是由旅行社去磕公安部门，省得旅游局和公安部门打官司打得这么复杂。当时已经办了一次班，64家旅行社参加，准备批准这64家作为首批经营出境旅游的旅行社。班办完了，又觉得这个事还是不妥，文件都印出来了，后来我就说把文件封存，咱们这个班算给大家打个招呼，这个事先停一停，再看和公安部门的协调结果。

可是在这个过程之中，有一个文件就流出去了。广东省旅游局跟我说，有一个阳光旅行社，已经在广东运营出境游了，还说他们拿了文件。我说把文件传过来，传过来一看果然是我们的一个文件。然后我就拿着这个传真去找钟海生，他是主管的副司长，还有旅行社一处的处长张志方，问这个事是怎么回事儿？给我说清楚。两个人当时就傻了，后来海生就说，因为这个事，可以折一个司长和一个处长。我一听他把话说到这个程度了，我说这样，你们把文件追回来，而且停止他们这个事情，再给我一个说法，这个文件到底怎么出去的？两个人都不说话了。我想等一下吧，但是这两个人有点恶人先告状的意思，就到何光暐局长那里把这个事说了一下，把责任推到我的头上。后来我去找何光暐说这个事，他说我知道这个事，我说这个事他们说得不准确，就把这个事的来龙去脉说了一番。何光暐说我也不管你们这个事，反正这个事你们得兜着。当时司里有人在这个事上划了线，钟海生和张志方两个人总想捣鼓我，后来我也直截了当地说，你们看一看，我是能整倒的人吗？后来我就说，要求就这一个要求，把文件追回来，把业务停止。当时这等于是把这个事摊了牌了。张志方就觉得待不了，所以就跟我说想走，我说你想走快走，要是想留，我欢迎，因为你还是有能力的。他是北京大学的研究生，但是在机关里这么不守规矩，我没法接受。后来他走了，走了以后刘汉奇接任，一块儿做出境游的事，把这个事就这么做完了。

那时候，司里只有一个副司长钟海生，严格地说我们两个的关系也不算好。反正我是当面锣对面鼓，有什么东西我就当面说，结果说来说去，他也觉得有点不好待了，所以他就提出来想调动工作，就把他调到了计划统计司，任副司长，主持工作。说起来海生这个人年轻有为，能力很强，文字能力研究能力都很强，但是有时候能力有点外溢，所以我们俩也不是很合得来，局里也知道我们俩关系不好，尤其是有出境旅行社文件这个事，等于公开化了。所以又安排了一个副司长张连生。张连生原来是局办公室副主任，后来到西班牙办事处当主任，他是国际总社过来的，也是西班牙语出身，调来当副司长。来了之后我就直截了当地说，老张你是不是领导派来监督我的，他说没有，怎么能有这样的事。我说即使是这样也没有问题，你要看着我哪儿不对，你直接到领导那儿去告我的状，对我来说都无所谓，反正我就是一个目标就是把工作做好。老张后来跟我说，你当时这话真给我说愣了，我没见过这么直截了当的司长。他说我发现和你在一起共事很愉快，因为他接海生这一摊，旅行社一处二处，这一摊工作他也熟悉。所以后来我们俩共事倒是挺愉快的，他也不是那种小肚鸡肠的人，有时候不高兴了我跟他嚷嚷两句，或者他认为有意见跟我嚷嚷两句，我们都很好。

在工作这方面，我们一直是很严格的，我在国家旅游局工作 16 年，没收到一封行业的告状信。那个时候，一是我对这些事情实在没兴趣，我不认为权力带来的东西是有意思的，另外我是一个比较各色的人，经常跟领导干仗，我得防备领导收拾我，所以屁股一定要干净，这才能把这个局面稳下来。社会从来就是两套规则，一是表面规则，一是实际规则。表面规则是说的，也是对人的；实际规则是做的，也是对己的。表面规则，一靠道义约束，二靠法纪约束。实际规则，一靠利益和关系约束，二靠理性和良心约束。两者之间有重合的一面，有互动的一面，也有相悖的一面。最后造成人格的二重性，造成官话，假话、空话脱口而出。

后来相当长的一段时间，就是我一个司领导，工作量很大，但是处长都比较得力，也主动。在这个过程中，我还是一脚门里一脚门外，会把很多工作记录转换成学术记录，转换成文字，所以那时候也出了一些书，反正只要有机会我就编本书，我觉得对大家也是个推动，也是个总结，我们不光是做一个工作性的总结给领导看，大家说一说，也应该有一种痕迹性的总结，给自己留点什么东西。

有所为需有所不为，有所不为才能有所为。因为人的精力有限，不能什么事都做好，必定要有所选择。只能是把能干的、该干的事办好。有人经常说一句话：要不然就不干，要干就干到最好。精神可嘉，但不可能。因为我们生活在一个现实生活环境中，一是不可能由我们来自由选择，很多不想干的事情不得不干，很多想干的事情没有条件干。二是在各种情况中，有一个如何抓住中心目标的问题。可往往是小事影响大事。比如，同样是业务问题，战略性的问题，就得着重抓；战术性的该放就得放，这是一个自身资源的配置和优化组合的问题。三是什么事情都有阶段性，都有过程。比如，景区评定工作，第一步的目标是把事办成，第二步的目标才是把事办好，如果一开始就想办好，也许反而办不成。四是任何事情都有优劣势的比较，都要扬长避短。要把最具优势的争取达到领先地位，不具备优势的，努力跟上先进水平，有些东西落后就得承认。扬长就是有所为，避短就是有所不为。我们就是要把自己的精力放在最有价值的事情上。实际上我们每一个人都是这样，比如做人，有的人总想做个完人，那不可能，有缺点的人才是活人，才是真人。我是从来见到“完人”就敬而远之，见到真人就想交朋友。

——故土工程

在此期间，还有一件事情，刘毅局长说，这是我在国家旅游局一个挺大的错误。我说，刘局长这不算错，时代不同。因为刘局长始终感觉手里没有钱，原来有一句话，手中有粮，心里不慌，脚踏实地，喜气洋洋，这是原来说粮食的事。刘局长就说，作为旅游局，我们手里没有财权实在是不行，所以先折腾了一把旅游发展基金的事。那时候有一个人找到邱毅勇，是深圳的海王集团，一个药业集团，也不知道想起什么来了，找到邱毅勇，提出一个构想，就是搞一个拥有一片故土工程。这个事情不是虚的，是想做实，就是在全国建36个故土园，发行拥有一片故土的证书，证书卖钱，还有一堆权益，就是这么一个构想。然后邱毅勇就找我，和海王集团张思民，包括康达律师事务所两个律师一块儿讨论这个事，觉得这个事不错，所以就开始启动了。当时大家都觉得这个事不错，而且从里面提取一部分钱直接给国家旅游局，扩大旅游发展基金。北京故土园的仪式涉及7个部门，7个部门的工作也都做通了，北京故土园的这个奠基仪式还有中央领导去参加。这个事开始启动，故土证书是委托541厂印刷的，就是印钞票的工厂印刷的，真是看着精致。各地都上报了故土园的建设方案，也都不错。但这个时候正好赶上中央整顿金融，尤其是乱集资。当时，朱镕基副总理批示，这就是一个乱集资的典型，据说已经集资96亿元。这样的话，国务院就当作一个重点案例来处理。当时北京故土园已经开工了，建出点模样了，最后海王集团在这个事上赔了有2个亿，好在没有其他的处理方式。因为后来查了一下，证书还没有发行，也谈不上乱集资，就不了了之了。但是刘局长总觉得是他的决策错误，我说这个也谈不上决策错误，心情都可以理解，而且这个事也不是一个坏事，而是一个弘扬民族精神的大事，只不过后来做不成就做不成了，最后就这么过来了。

——领导变动

1995年，刘局长退休，何光晫当局长，开始主政。在这之前，何局长和孙钢副局长两个人有一点竞争的态势，都在争这个局长。中组部征求刘局长的意见，刘局长认为这三个副局长都不错，但是都当不了一把手，所以他的态度是谁也不倾向，但是因为这样一个态度，使何局长对刘局长就不高兴。他主政之后，领导风格变化了，何局长在部队待过，后来到团中央书记处当书记，1986年就到了国家旅游局当副局长，按资历来说很老，但是有一套部队作风，很多语言是军事语言。他主政之后，认为邱毅勇、杨柳荫、我，都是刘局长的人，这是很自然的，就会另眼看待。而且一朝天子一朝臣，这也是正常的。杨柳荫被派到国家旅游局驻纽约办事处当主任，当了几年主任，回国家旅游局也回不来了。他后来到了首都旅游集团当副总经理兼神州国旅的总经理，干了没多长时间就到了北京贸促会当会长，之后又到了北京外办当主任，干得非常优秀。最后北京市委派他到北京东城区当区委书记，在区委书记任上退休，这算是因祸得福，也算是一个比较完整的官场历程。邱毅勇那时候是想组建中国旅游信托投资公司，他很积极，做了大量的工作，最后中旅信组建完成了，但是刘局长不让他来负责，派了当时的财务司司长刁玉良到中旅信当董事长兼总经理。这个刁玉良平时看起来嘻嘻哈哈的，可是在中旅信干了一年多，就卷了钱跑了，这一下这个中旅信就停在这了。后来是局里派审计局局长到中旅信去，也就是维持。到1998年国家旅游局政企脱钩，中旅信也脱到了首旅集团，冯宗苏从政策法规司司长调到中旅信，实际上就是擦屁股，收摊子。冯宗苏在中旅信15年，非常不容易，反反复复地折腾，就是想找出路，最后把中旅信的问题解决了，给了泛海集团。当年首旅集团相当于接受一个包袱，15 年之后这个包袱不但甩脱了，而且有盈利。泛海集团就提出来，冯宗苏是国家旅游局的政策法规司司长出身，所以还是要在我们这继续工作，担任党委书记，一直到去年才算正式退休。

当时的格局就是这样一个格局，我是因为行业管理的这一摊工作风风火火，也是局里的主体工作，所以要动我不太可能，我当时也不太想动。而且当时的主管副局长转成孙钢，在政研室的时候我就接受他的领导，就熟悉，后来工作里面也多有接触，一块儿做了不少事，所以孙钢局长来管我们，我还是比较高兴的。而且他当时也受排挤，心里不痛快，也很想在工作方面做一些事，来争一口气，所以专门跟我说，小安咱们有缘在一起共事，好好做一把。我说那没有问题，但是我担心很多事不让咱们做，孙钢也没有什么办法。因为孙钢的风格是工作很严谨很认真，他分管管理司时间不长，一次有一个批示：管理司的文件质量实在令人头疼，请小安同志务必多费费心。我就把大家召集起来开会，把孙钢副局长的批示给大家说一遍，要求大家认真看待。我去找老孙做检讨，老孙就说，你们管理司的文件你动不动笔我是知道的。我的看法就是，在局里转的文字没必要那么认真，只要事情说清楚就行了，但只要是出局的文件，我一定会认真对待，认真改。何局长在当副局长的时候，比较开明，因为有追求。当了一把手，就要建立新的关系，我不太接受。看回忆录，有一次周总理问薄一波，对刘伯承和邓小平怎么评价。薄一波说，小平同志举重若轻，伯承同志举轻若重。说得非常精彩。由此生发出这么一句话，遇事举重若轻，办事举轻若重，感觉在工作中很实际。比如出了乱子，乱子已经出了，慌慌张张的也没有用，还不如举重若轻，碰到越大的事越要沉住气，这样思路才能清晰，才能准确。可在具体办事的时候，必须细致，举轻若重。机关工作三项基本功，办文，办会，办事，都要从小事开始。一个小事办不好，可能就会影响整体的效果，所以多小的事，都得认真。这实际上说的是两个阶段性过程，一是研究和决策的过程，二是实际操作的过程。研究和决策的时候，眼光要宏观、长远。办事的时候一步一步，脚踏实地，每一个环节都得注意到。这句话，在我们做事情的两个阶段都能体现出来，也应在我们处理事情的每个阶段体现出来，这也是毛主席常讲的战略和战术的关系问题。

——西藏调研

那时候正好产生一个机会，因为何局长倡导，局里要大兴调查研究之风，所以组织了十几个调研组到各地调研。我是平时老出差，平时就在调研，这种走过场的事我不以为然，但是我一看有个机会，是西藏调研组，马上申请。何局长还有点吃惊，以为这个组没有几个人想去呢，结果报名的人很多，最后我们是六个人一块儿去。去之前开了一个会，我表态，咱们这次简单，调研报告我来写，你们就跟着走，有什么建议提给我就完了。那也是我第一次到西藏，跑了 16 天，从拉萨到林芝到山南，到日喀则，基本上就是常规性的三角线路，但是把主要的点都看了，大山大水大美，充分满足了一个旅游爱好者的憧憬。美好的东西要学会欣赏，而不必追求占有。学会欣赏才有生活质量，追求占有只会越来越累，反而成为包袱。自然之美日日存在，我们常常无暇顾及。还是罗丹的话，生活中不缺少美，只是缺少发现。之所以如此，是占有欲模糊了双眼。

最后一站看了羊八井，地热电站，在羊八井看到一支磕长头的队伍，当时真是震撼，十几个人的一支队伍，一路磕，我专门过去问，从哪儿过来的？青海玉树，已经走了 11 个月了。然后问我们离拉萨还有多远，还有 60 公里。他们就说总算快到了，15 个人的队伍出发，到了我们见面的时候已经有一个人过世了，有 3 人打前站，支帐篷，做饭吃，一路就这么过来了。我当时就想，人要有这样的精神，什么现世的困难不能克服啊，为什么非要追求来世的幸福。当然，我们没有这样的宗教信仰，所以不太理解。最后一天晚上，吃藏餐，其中有生拌的牦牛肉，别人就吃了一筷子，我吃了一碗，到晚上就闹肚子，闹得一塌糊涂，一直折腾到早上五点，才算睡了一会觉。跟着上午就开会，开会的时候我又说了一番话，然后西藏旅游局提了一些希望和要求，有些情况我们不知道，他们说这就是国家旅游局的事。那次调研回来，局里十几个调研组还在全体大会上说了一番，局里很多人才知道，魏小安思路很清楚，也很能说。

——新事情的开拓

同时，又开展了一些新的工作，探讨一些新的工作思路，我的习惯是喜欢做开拓性的工作，事情开拓完了上了轨道，可以按部就班进行了，我就完全不问了。所以那时候旅行社的事，饭店的事，基本上是副司长和处长说了算。

那时候我就是提出一些题目，第一是想召开全国旅游企业工作会议，大体上想500人左右的规模，旅游集团、旅行社、饭店、各地旅游局，这个会我是很看重的，孙钢副局长也很支持，但是说来说去局长不同意，不同意就算了吧。

第二个事情是《旅行社管理条例》出台，我们面临宣传贯彻的系列任务，同时旅行社的服务标准也将作为国家标准出台，这样就为建立旅行社资质等级划分标准，创造了好的条件。因为旅行社的类别划分，只划分了经营范围，并不能说明旅行社的资质，而且这次调整是大幅度的，所以引发震荡也是全局性的。这样就涉及一系列的问题，进入资格的变化和旅行社的审批，类别条件的变化和现状的调整，改革开放的有关问题，操作上的过渡问题，分支机构的设立和全国统一市场的形成等一系列的问题。而且当时我提出一个看法，旅行社是民生性的企业，我们要争取将来旅行社进入乡村，进入社区。当时云南省有几个旅行社，尤其是云南国旅的张昆生，就在组织社区，来介入旅游业务。如让街道居委会的老太太代卖机票，代卖旅游产品。我当时听到这个事很高兴，符合我的构想，这么多年的发展，应该说现在这个目标基本达到了，但是当时是起步阶段，涉及一系列的问题，都需要研究和关注，有些问题能做就需要推动。

第三个事情是刘卫当时提出了旅游物业行业管理，这个概念既包括星级饭店管理，也容纳了今后一个比较长期的各项新的工作。所以我们当时也调研了几家企业，比如说会议型的企业，或者说是写字楼型的企业也调研了几家。一方面就是以饭店为主要功能定位，但是往下可以细化分为商务型、度假型、会议型、观光型，等等。再一个方面就是饭店的公共图形符号安全等标准的系列化，交织成为一套标准网络。

第四是扩大范围，当时很多新事情也花了一些精力。而且当时还在研究一个问题，就是旅游质量的认证工作。因为国际标准化组织提出了ISO 9001到ISO 9004的标准系列，中心是推广企业的质量认证，已经被国家技术监督局等同采用推广。这一项工作在旅游业也有较好的基础，因为旅游企业的质量意识比较强，当时招商国旅就专门采用ISO 9001，花了很大的精力做了一套体系。所以我也想能不能组建一个旅游质量认证委员会，就是把标准化的制定工作和旅游质量的认证工作，先是分开，各自把关，战略合作，全面推动。因为这些都是新的事情，新的事情就一项一项地做，其他事情我基本不管不问。

——金钥匙服务

1995年，刘卫来找我，跟我谈金钥匙的事。这是当年霍英东先生和白天鹅饭店的老总杨小鹏说，国际上有金钥匙服务，你们派几个人学一下。所以派三个人到国际上学金钥匙服务，负责人叫孙东，他回来之后就想推广这个事。但是涉及一个问题，就是世界金钥匙组织要发展台湾（中国），中国大陆如果想进去，就是马上要办，如果台湾进去我们就没有办法进去，所以我们要抢在前面，台湾（中国）就进不去。我说，这不是好事吗？涉及这么紧急的情况，咱们司里先出一个函，表明我们支持这个事，你们先去办，然后再汇报。之后给领导汇报，领导也没态度。结果弄得挺被动的，当然这个事已经这样了，就往下做了。

金钥匙是从世界金钥匙组织引进的模式，在中国发展，到后来逐步扩充，组建了一个世界金钥匙酒店联盟，还有金钥匙服务学院，是高端服务的体系。后来世界金钥匙组织的主席当金钥匙酒店联盟欧洲总代理，我说这个事有意思，等于是一个孙子起来了，现在爷爷要当孙子的总代理。但是中国有中国发展的路子，最基本的特点就是规模大。世界金钥匙组织1929年成立，到现在已经有90年了，全世界也就是5000多个金钥匙。中国从1995年引进，到现在也已经有5000个金钥匙，而且中国有一整套的路数，就是金钥匙酒店联盟、金钥匙服务联盟、金钥匙学院，也从酒店扩充到了物业，扩充到了景区，规模大，范围广。2008年北京奥运会的时候，金钥匙还进了奥运村，说起来也好玩。当时北京市旅游局副局长于德斌管奥运村服务业务。有次我们聊起来，说可以把金钥匙服务引进，这样的话，中国的奥运村也出个彩。所以马上就把孙东约过来，我们三个人一块儿谈，就把这个事定下来，最后36个金钥匙进了奥运村。现在筹备冬奥会，前一段时间我和于德斌见了一面，又谈到这个事，这次应该更多一些，因为这次有三个奥运村。

金钥匙服务就这么一步步推动，现在已经形成规模，也发展起来了。其中最难的时候，没钱了，孙东跟我说这个事。当时我正好在海南，碰到一个老板王力，我说有这么一个事你拿钱支持一下，他说怎么支持？我说算你贷款吧。当天晚上把孙东叫到了海口，深夜2点半我们在大排档吃饭，我就问孙东要多少钱？30万元。后来老板就说，30万元没有问题，谁来担保？我说我来担保，实在还不起我来还，行不行？他说你这么大的决心，用不着担保，最后王力给了孙东60万元。后来我碰到孙东，你缓过来，把钱还给人家，孙东说还给他，他不要，就说我算投资了。

——主题酒店

还有一个事是主题酒店，当时是成都的一个酒店老总安茂成，他对主题酒店很喜欢，先做了一个京川酒店——三国主题，后来又在都江堰做了一个鹤翔酒店——道家文化主题。这两个酒店做完，就形成社会影响，通过一个酒店的主题化，二星酒店卖到了四星价格。后来我遇到他，聊起这个事，我说这个事很好，而且很可以有全国推广的价值，后来组建了一个主题酒店联谊会，关于主题酒店前前后后我讲了11次话。

那时，我在北京市旅游局的老朋友赵准旺从美国回来，也说主题酒店的事，我说咱们一块儿出本书吧，他出摄影作品，我出文字，就出了这么一本书，居然还拿到机场去卖。现在主题酒店全国有上千家了，旅游标委会还专门搞了一个行业标准，发展不错，现在已经普遍化了。

总体来说，工作已经上了轨道，当时形成的主要思路就是：一个体系，要形成一个全过程的动态管理体系，各个方面的管理都要事前有规范，事中有监督，事后有奖惩，形成一个完备的体系。两个目标，为广大海内外旅游者创造一个好的旅游环境，为广大旅游企业创造一个好的竞争环境。三个符合，就是行业管理中政策措施的研究和实行，要努力做到符合市场经济的规律，符合企业长远的发展需要，符合员工的利益诉求。四个依靠，依靠标准化工作开拓行业管理范围，依靠法规建设巩固行业管理成果，依靠执法力度规范市场秩序，依靠全面服务促进企业发展。所以当时就形成了一二三四这样的主要工作思路，各项工作大体上上了轨道。一是旅行社质量保证金收缴工作全面完成，吊销了5家一类社，114家二类社和1298家三类社。二是开拓了旅行社年检年审，年检面大量增加，质量也有所提高。三是饭店的行业管理，新评星级酒店持续进行，同时开展了复核工作，星级检查员的培训也在开始。四是在标准化工作方面，已经发布了两个国家标准，四个行业标准，这都转化成日常性的工作，这种日常性的工作转化之后，就得研究新的工作开拓。五是1996年，开了一个国内旅游工作会议，这就是为了适应国内旅游蓬勃发展的大形势，总结和交流各地经验，尤其是表彰国内旅行社50强。而后继续表彰了百强旅行社和星级饭店百优五十佳50家。

——优秀旅游城市

当时的工作重点转向了旅游城市，旅游城市工作的开展，力度很大，难度也很大。开展这项工作时，何光暐副局长还特意说，这个事只靠旅游局能办得下来吗，要不找建设部商量商量？我就到建设部城建司去了两趟。第一次他们就问这个事谁为主，我说优秀旅游城市应该是旅游部门为主，而且这个事是我们发动起来的，现在已经部署了，我们希望建设部支持一下。对这个事他们不置可否。跟着又提了一个问题，要不要呈报国务院，如果呈报国务院谁在先谁在后。本来我们就寻求一下支持，他们马上把这个事上升到了部门之间的关系，回来之后我跟局长说了一下，这个事不行。他说那怎么办，我说这个事就咱们自己干，我觉得没有问题，这是一个好事。凡事都有两面理，不能只讲自己的理，打架常常为此。两面理都占，才是真有理。这句话简单，但在日常工作中不容易做到。我们常常讲换位思考，就是要考虑人家那一面的事。把两面理糅合到一起，而且先讲人家的理，甚至说得比他还全。之后，再说你的理，人家就不驳你了，觉得你有理。但这样，一是要充分把握情况，二是要把道理想透，尤其要把反面意见想透，三是要心平气和，讨论问题。但现实中，常常是各说各的理，甚至发展到依法打架。

那时候孙钢副局长对这个事也奉献了很大的力量。以优秀旅游城市为主，形成当时局里的中心工作，也是管理司的中心工作。主办的是旅行社二处，基本上全处的力量压在这个上面，除了组织一个国内旅游工作会议，再加上国内旅游交易会和国内旅行社50强，这算日常性的工作，上了轨道，但是优秀旅游城市这个事情，需要创新。要把这个事情一步一步推下来，外部的压力并不大，但是这个事情涉及和地方的关系。所以在这个过程中，开了若干次会议，办了若干次培训班，一步一步推进。这个事情在地方反响极强，这项工作大体上就是从1993年提出构想，研究两年标准。讨论标准的时候我从头到尾主持，一个字一个字，一个标点符号一个标点符号地抠。1995年下发文件，开始部署。从1996年开始，进入实质性的创建阶段，1996年5月先召开了一次部分城市的旅游工作座谈会，引起了强烈的反响。然后我们又把标准细化，形成现场检查评分标准，下发到各地征求意见，而且搞了中国优秀旅游城市的创建简报，总结宣传各地的一些好的经验，提供信息服务。我们也和有关部委进行了大量的接洽和协调工作，所以到了1997年，这项工作得到了进一步的推动和落实，地方呼吁也很强烈，就是希望国家旅游局尽快来评定。但是我们的基本思路，就是不到火候不揭锅，所以在1997年6月30日的时候，关于这方面的工作我们做了一个系统的评估，也向局领导汇报。当时也确有一个问题，就是领导关系不顺，对我虽无可奈何，但这样我们想的很多事情做不了，如全国旅游企业大会，这个事情就做不了，有些我也不管，也不请示，就做了，所以我和其他司长的工作态度显然形成了明显的差别，何局长对这点也不太满意。

——另类

身处官场，我却是个另类，关键是不把官当个事，也不考虑升迁。官员有两类，一类人谋人，一类人谋事。谋人者不谋事，谋事者不谋人，但谋事者常被人谋。常常有人和我说，要防备什么人，我没有精力更没有兴趣去防备。甚至有的朋友也和我说，你不能干得太猛，我们都觉得有压力。我的态度，做官就要做事，难得有做事的机会和条件，不能辜负。而且，领导与被领导的关系应当是工作关系，因此，对工作负责才是真正对领导负责。但是在传统体制下，常常演变成人身依附关系，所以只能唯领导的马首是瞻。

“群众有反映”，往往是压制个性的利器；“群众意见”，往往是扼杀创新的口实。实际上，群众只是被借用名义、成为工具，多少年的群众运动就是运动了群众。我的原则，没事不惹事，有事不怕事；生事能干事，遇事敢扛事。所以，我对官场的很多事情都超脱，也迟钝，一门心思，只在谋事。但并不是看不明白，忙官可以闲做，只要放权；闲官可以忙做，只要生事；热官可以冷做，只要心静；冷官也可以热做，只需钻营。机关中，责任是第一位的，所以处处要留有余地。一是事事讲程序，二是处处有依据，三是决不把话说满，四是有难题就集体研究。如此，天大的事都无妨。个性在组织中，一定是缺点，所以对人的一个负面评价就是“该同志个性强”。由此而形成先进模范一定无个性。而在实际生活中，个性却往往成为吸引力，有个性的人自有魅力。也有的个性组织不得不容忍，评价就是“该同志优点和缺点都很突出”，殊不知，此处的优点就是缺点，缺点也是优点，均无法克服。一个不容忍个性的文化环境谈不上创新，从小的教育也不培育创新，所以只能模仿。一个提倡个性的社会才是生机勃勃的，这就需要个人主义的制度和文化。

事情都清楚，心态自从容。但是周边的小环境，尽量搞好。在工作伦理至上的社会中，创造一个好的工作环境比家庭环境还重要。工作不舒心，回到家里也不痛快。工作环境好，家庭氛围也好。人们常常感慨身不由己，实则是身不由心。官身不自由，退出官场就自由。人在江湖云云，不在江湖又如何？说到底，还是割舍不开。

我的方式和孙局长不同，孙局长是事无巨细都想管，而且干得都很认真，我的基本风格就是无为而治，只盯工作，其他不管。我刚到管理司的时候，第一次出差就是陪着标准化司的张处长出差，那次出差途中，我们司有两个老处长打架，一直吵到楼道里，在司里影响很大。副司长就给我打电话，还在学他们怎么说。我说你不要说这些话，我也不听，等我回去处理。回去之后两个处长分别找我告状。我说这些话我都不听，你们都是老同志，两个老处长在楼道里吵架，对吗，谁都不对，我不管你们是是非非。之后我就通知全司开会，开会的时候我就把我的原话说了一遍。我就说为什么这么处理这个事情，很简单，这种吵架只是个形式，一定是原来有潜在矛盾，我不管这些矛盾的是是非非，就管一条，两个老处长在楼道里吵架，谁都不对。而且我又说了一条，我刚到这个司，大家都希望引起我的注意，如果在这个事情上花了很大的工夫，以后大家为了引起我的注意，就会打架，所以这个事我绝对不关注，绝对不管，也不问是非。我关注的只有一条，就是工作，谁工作干了多少，谁能干什么样的工作，我心里会有数，我希望导向就要导到工作上。在机关里，难免是是非非，但是我最不喜欢的就是这种是是非非，所以无论谁到我的办公室，跟我谈人，跟我谈是非，我都是一句话，不听，你请走，来说是非者，必是是非人。从那以后，管理司有很多底下的矛盾，如这个处和那个处因为工作纷争，说到底就是利益的纷争，他们在底下吵架，我从来不管，只要不打得一塌糊涂，也犯不着我来管。问目标不问过程，是为放手，下属也才有积极性。但领导常常做不到，没有具体事，没有具体人，权力无从体现。官场的存在本来是为成事的，但有时却是坏事的，因为目标异化了。官为官而存在，官为升官而生活，事情只是在这个意义上才有意义。效率牺牲质量，常常是令人不能接受的。实际上，效率和质量之间，也有一个最佳组合与配置问题。当糊弄的就糊弄，当马虎的就马虎，当认真的才认真。花五分精力，可以得到七分好，花十分精力，只能得到九分好，就不如求七分，反倒可以多干事。好读书，不求甚解，是为同理，“此中有真意，欲辨已忘言”。次优目标，轻松做事。管理一定要得罪人，但一不能得罪多数，二不能得罪干活的人。所谓一碗水端平实际上就是得罪了干活的人。但不干活的人最有精力来闹，又往往能够闹出个结果。

所以孙钢副局长分管管理司以后，我还是这个态度，我甚至不管迟到早退，只管一条，工作，工作的进度怎么样，工作的质量怎么样，我只管这个，谁工作干得好，我看在眼里。但是我们司长权力有限，基本的权力就是工作，所以我跟大家说得也很清楚，和我在一起，升官发财不要想，党组管干部，升官的事我说了算不了。作为政府官员，发财这事本身就是错误的，谁想发财谁走。但是我可以保证一条，和我在一起做事情，一定会有提高，一定会有长进。所以我跟老孙说了这么一番话，老孙说你该严格管理还是严格管理，我说没这么大精力，也没这么大兴趣，我最烦的就是这种人与人之间的纠纷，最烦的就是这个事。人际，无非上下左右。走到哪里，都会听到一句话，人际关系复杂。所谓复杂，无非是今天谁吃香了，明天谁倒霉了，后天吃香的人又倒霉了，大后天倒霉的人又吃香了，恰如轮回。所以只要能够表面上平安无事就够了，但是树欲静而风不止，也有一些人在底下捣点鬼，搞点小动作，我知道也不理。

到后来我们形成一套比较系统的工作思路，我带着副司长和处长一起，去给孙钢副局长做了一次汇报，汇报了很长时间。到最后我就说，还有一个事我得说一下。老孙一下就明白了，你不要说了。我说必须得说，然后他皱着眉头，你说吧。我说就是关于廉政的事情，我的基本原则，第一现金一分不收，这是底线，谁收了就是谁的问题，第二贵重礼品坚决不收，第三有一些农副土特产品，有时候面子实在过不去，也没有办法。而且我们也有公关的需求，所以这个原则就是不许拿回家。我把这一套东西说完了，老孙一直皱眉，你说完了？你走吧。然后我们出来，钟海生就问我，老孙明明不高兴，你为什么坚持说啊，我说很简单，第一就是我跟领导汇报了，因为咱们这套事难免有人告状，有人告状给领导汇报了，领导知道。第二是给你们画一条线，按照我刚才说这三条，你们这么办，有事我兜着，但是越过这个线那对不起，有事你们自己兜着。

但是我就想，既然何局长如此倡导，大兴调查研究之风，正好我有点时间就自己调研。按制度来说，我出差是要请示的，领导批准才能出差，我那时候也不管这套。我就知道一天到晚要是憋在办公室，只听地方汇报，工作很难往下进行，所以就是只要不开局长办公会，有点空我就走，但是有一条，不在局里报销，所以经常有各种各样的活动，我也不请示就去了，反正谁搞活动谁给我报销，弄得何局长也没有办法。

可是这个工作，顶来顶去就确实有问题，有点进行不下去了。有一次，因为工作，我和何局长吵起来了，吵来吵去吵得我有点火，所以我就提出来，身体不好，养病。因为我是 1994 年检查出来，得了糖尿病，这个时候到 1997 年，好几年了，病况也不见缓和，我就提出来养病。然后回到家，在家养三个月，天天看书，走走路，活动活动，有空有精力就出去跑一跑。好多事情也上了轨道，按照轨道运转，这三个月反正有副司长主持工作。后来是程文栋副局长托冯宗苏带了一句话，小安如果想走就走吧，如果不想走，差不多回来上班吧。我一想也是这个道理，所以又回去上班。而且当时司里的工作，除了优秀旅游城市这个事情，孙钢副局长也认真负责，一管管到底，也省得我操心。剩下的就开始转换，

何局长一年要出国好多次，到处跑，管理局长变成了市场局长，但是有一个好处，基本上符合了各个国家旅游局的工作情况，因为全世界各个国家的国家旅游局做的事情基本上就是开拓市场，不像我们管得这么多，还翻出这么多花样。所以何局长做这些事情，也少一些精力来管我们这些司长，我们能开拓的事情自己开拓，开拓不了的事情也就算了。到后来就相当于一个维持的格局，可是在外人看起来，管理司还是风风火火，不断有新的事情产生，也不断有新的事情在推进。宽容待人，宽厚待事，宽松待己。但前提是实力，否则人们就会把宽容当软弱，把宽厚当随意，把宽松当松弛。

人从本性来说，就是永不满足的，但不满足就会带来不安定，带来动荡和变化，因此，人们又都在责骂不满足。可怜的人们，他们甚至不敢正视自己的天性，而任其麻木，泯灭，同时又去压抑别人的天性。我是个不安定的人，把不安定的人分为三类：一类是性格上的不安定，他们所追求的是单纯的新奇和刺激，是生活的表象，这一类人表现最活跃，但也最没有力量，说到底，他们并不知道自己到底要什么。一类是气质上的不安定，他们所追求的是动荡和变化，只有在动荡和变化中，他们才如鱼得水，这一类人常常可以不顾一切地追求什么，又可以不顾一切地抛弃什么，对于他们来说，变化就是生活本身，就是生活的全部意义所在。最后一类是思想上的不安定，通过思想发现变化，又去追求变化的思想，用思想的变化和变化的思想去指导自己的生活，用生活的变化实践自己的思想，他们在精神上是绝对自由的，一切都可以成为怀疑和批判的对象，包括自己和自己的思想在内。这是一种内在的深刻的不安定，是古往今来一切变革者、开拓者、寻求者的共同的内在素质。

这三类可以是一个人经历的途程，也可以是相悖的。在表现形式上甚至可以是截然相反的。也可以在一定程度上统一起来。人们宽容第一类人，压制第二类人，惧怕第三类人。这种人的存在本身对于他们在黑甜乡的生活就是一种威胁，即使他们在现实中并不构成什么威胁。好事之徒和卫道者们是永远不必发愁自己没有敌人的。

在人际关系中，我不怕人有缺点，就怕人没特点。老话，人无痴不可交。新话，人无痴不长寿。痴，专注，专心，专业。专注以顾，专心以深，专业以乐，自此如儿童。最怕的是什么时候都一本正经的人，见到这样的人就躲开。更怕的是不做事的人，因为不做事，所以没错误，就永远有整人的资格。尤其是某些专家，先树立一个道德高地，然后就可以在这个高地上骂人、整人，这样的人总是少人性。

第七章　格局变动

——三讲

1998年，局里开始“三讲”，这是当时中央部署的一个活动，讲学习，讲政治、讲正气。“三讲”有巡视组。一个巡视组派来了，号召大家给局领导提意见，给司领导提意见。我是经历过“文化大革命”的人，当时我在司里就说，跟大家说清楚，不要认为到了翻身雪恨的时期了，这个事情希望大家掂量。我的基本态度就是这个态度，就是学刘局长当年，也不希望将来找后账，再整人。

我当时只提了三条意见。一抓大事，二办事靠大家，三兼听则明，就提了这么三条，就这么几句话，这也是我实实在在的心里话。我觉得一天到晚抓小事，尤其是机关内部的这种小事，作为国务院的直属局，好像不值得。但是促进行业的发展、促进产业的发展，这是我们的本职。

何局长当时对我有担心，觉得我可能也认为是个时机了，会提点这个那个的。后来巡视组的副组长找我谈话，上来就说，我们了解了一下，你是局里的老司长，对局里的情况很熟悉。另外，你和何局长关系有点紧张。所以我们也希望你多谈一谈。我就说，你问行业的情况，我什么都清楚，可是问机关的情况，我确实不清楚。再说了，这么一个小机关也不值得我关注。所以你要问我，我实在是什么情况都不知道。后来他给我讲了一些情况，我说你说的这些情况我都是第一次听说。他认为我在装傻，我先问一句，你多大年龄？我们俩同龄，同龄就好说话了，咱们都是“文化大革命”的过来人。我再问一句话，你们待几个月？三个月。三个月你们走了，我们还得在这儿待着。所以说得他也没脾气。这样这一番话，谈了等于白谈。但是那个时候挺激烈的，因为确实有一些具体事情的是是非非，我也不知道，也不问。比如说国旅的卢奋燕，国旅总社提了很多意见。何局长在会上就说，卢奋燕同志是从天津调过来的，是领导同志很欣赏的人。这个态度是个保的态度，所以大家也就不说什么了。最后“三讲”巡视组在旅游局没挖出什么东西来。可是当时他们还巡视了检验检疫局，出了一堆事。所以他们的工作精力就转移到那边去了，旅游局就算过关了。

当时涉及一个情况，因为那时候局里有上市指标，第一个上市指标给了泰山，第二个指标是给了局里的旅游商贸公司，后来叫泛旅集团。第三个上市指标给了哪儿，反正涉及这么三个上市指标。其中有这个那个的情况，这个事情是政策法规司主管。把当时的各种文件，领导怎么批的都翻出来了，因为这个事情，何局长对冯宗苏就有看法了，冯宗苏一看这个架势，也别干了，当时想去国旅总社，但是何局长不同意，就把他弄到中旅信了。

我一看，这么调整也是个机会吧，就提出来，我在管理司已经五年多了，能不能借这次机会，也动一动？他就问，你想去哪儿啊？我说冯宗苏要走，我回到政策法规司吧，业务也熟。就这样，当时一堆干部调整，我那个副司长张连生说你走我也走。56 岁你干吗就走啊？不是挺好的嘛。他说不行，咱们俩一块儿很愉快，换个新司长我知道是谁？不跟他干。所以张连生 56 岁就提前退休了，离开了国家旅游局。

——政企脱钩

“三讲”之后，开始政企脱钩，这是中央的要求，国务院统一规定，就是各个部委和自己直属的企业分开。当时国家旅游局的企业是国旅集团、康辉集团、国际饭店、兆龙饭店、中国免税品公司、旅游商贸公司，等等，加在一起有 20 多亿元的资产，都脱开了。国旅、免税、商贸进了国资委，相当于央企，后来也被兼并了。国际饭店、兆龙饭店、康辉集团、华龙集团都到了首旅集团，还有中国旅游信托公司也到了集团。那个时候朱镕基总理有一句话，你们这些部长，九分精力管脚下，一分精力管天下，部门工作怎么可能做好？

从我的实际感觉来说，很好。以前有相当一部分精力要花在直属企业，应该说就是父子关系，可以跟你赖账和要赖皮。有一次讨论国旅集团的项目，在局里开会，孙局长召集几个司长一块儿讨论。其中我就说到，这个项目文本质量太差了。他们就来了一句，要不然你们帮我们写。当时把几个司长气得够呛，旅游局衙门虽小，我们这些司长，地方和企业来人见个面都不容易，你们张口就让我们帮你写，怎么可能？但因为这是直属企业，你就要管，包括国际饭店的那些烂账。

所以脱钩之后，大家感觉轻松了很多，但是何局长很不高兴，原来直接管 5000 多人，他说我原来是个师长，现在变成了一个加强连连长兼指导员。传统的权力观念是管多少人，因此才“人是第一个可宝贵的”，才“人多力量大”。现代的权力观念是支配多少资源，尤其是稀缺资源。但是我们确实可以集中精力做行业方面的事。还有一个方面就是机关内部的工作调整，从国家旅游局来说，当时还想能不能借这个机会争取升部，所以何局长专门让我写了一个材料，就是关于国家旅游局的机构沿革和我们的一些要求。

其中说来说去，最后还是说到升部的事，材料写完了也没有往上报，就是把这个过程梳理了一下，说了说意思，当时旅游局升部的可能性基本上已经过去了。在 1996 年的时候，中国旅游创汇达到了 100 亿美元，符合当年领导所说的要求，就是中国旅游创汇 100 亿美元的时候可以研究升部的事。后来何局长还专门去汇报了一下，据说小平同志听到这个消息还是很高兴的，因为提前 4 年完成了小平同志的期望。但当时是从 218 个编制、10 个司，缩成了 6 个司、128 个编制，反正缩不缩，该干的活总要干，而且当时编制减了，人少了，工作量反而增加了，好多工作也基本上走上了轨道，就按照这个一步步推进。

——回到政法司

从管理司离开，接任的司长是张希钦，他是从中国青年旅行社集团董事长的位置调过来的。当时青旅有少壮派，排挤他，他心里也不高兴，就找到何局长，何局长说来吧，任管理司司长，我们俩交接工作，两个小时就交接完了。我重点谈创建中国优秀旅游城市的事。谈完之后，我就问他，老张，你想干把事吗？他说，有机会就再干一把事，关键是原来的工作基础很好。

一朝天子一朝臣是规律性的，是正常现象，司长们也在变动。黄建东原来是二外的副院长，一口英文说得极佳。有一次在泰国，PATA 开了一个大会，最后组织了一个活动叫“中国之夜”，黄建东上台主持，博得满场喝彩。后来杨柳荫又上台讲话，一口标准的牛津口音，又博得满场喝彩。大家说旅游局这些干部实在是强。要说起来，何局长也会用人，拍马屁归拍马屁，他也知道，总得有一批人干活。大领导要用三种人，一为鸟，二为狗，三为驴。鸟会得意于一时，狗会猖獗于一时，驴常常不得志，但却始终离不开。我悟出这一点，我就是个驴，干活的命，充其量是个倔驴，也就心安。

那时候我们局里的办公室主任是佟华龄，这个人贵族气质，家里是正黄旗的，从小有很好的家教，也有传统。他很早就开始搞收藏，原来在国旅总社的时候当导游，“文革”的时候他就开始搞收藏。后来变成隐名的大收藏家，他收藏的很多东西，故宫博物院、上海博物院都希望能够收购。一次去台湾，观光局局长很牛，上来就说我是台湾大学的法学博士。老佟悠悠地接话，我大儿子是日本早稻田大学的法学博士，小儿子是美国哥伦比亚大学的法学博士。该局长一下就哑了火，最后喝的找不到了。所以工作对老佟来说就是玩票，也不整人、不坏事，但是何局长对他很信服。有一次我去找老佟说个事，他就跟我说：“小安，没有必要跟光暐这么干仗。光暐局长对你评价很高。”他又说起来，因为当时干部都在调整，有人提出来让我到二外去当院长，光暐局长就急了：“什么意思？现在想干事、能干事、干成事的司长还有几个？不就这么一个了。这样的人你还想把他挤走，什么意思？是不是你觉得你想当副局长，他是你的竞争对手？”何又说：“小安这个人把官儿不当个事，官帽子始终拿在手里，什么时候就扔给你了。何必呢，这样的人你惹他干什么？让他好好干活吧。”我听完了，说何局长还是明白的，反正我就是干事的人。我的要求就是一条，能让我放开手脚做事。

这样，1998 年 7 月，我回到政策法规司任司长，原来是冯宗苏和杜一力两个人，一个司长，一个副司长，把司里的工作做得不错，风气很正，大家都在努力工作，而且也都在研究新的问题。所以回到政法司我很高兴，杜一力也挺高兴的。我就跟杜一力说，咱俩共事都挺愉快，想不想长治久安啊？她说当然想啊。我说，要想长治久安，我有一招，你时不时地就到何局长那儿去告我一个小状，比如说小安又迟到早退了、小安又发局长牢骚了。杜一力当时就急了，说你把我看成什么人了？我说把你看成好人，我才跟你说这个，否则咱们俩长治久安不了。后来有时候她去找何局长说点事，何局长批评我，她就替我说话。何局长说：“你还替小安帮腔，那不行。”这不管，咱们不就是干事吗？

——验收优秀旅游城市

即使到了政策法规司，当时主要精力也是放在优秀旅游城市上。1998 年开始验收。当时张希钦主持工作。实际上是孙钢带着大家跑。验收的第一个试点城市是大连，每天白天一个点一个点的验收，然后到晚上大家集中讨论，今天验收有什么问题？应该主要看什么东西？具体怎么要求？每天讨论一下，形成一些规范要求。所以五天验收结束之后，形成了一个优秀旅游城市验收工作手册，把这些细节的问题都弄进去了，有了这个工作手册，大家心里头有底了。又办了一次培训班，办完之后就全面推进。

我当时带一个组，到新疆、甘肃，第一个点是库尔勒。库尔勒这个城市，积极性很高，但是城市实在落后。我们验收有一个项目是关于安全方面的，验收组打一个电话说哪个地方发生了什么事故，就看他们的反应速度和质量。我在一个酒店门口打了一个电话，过了七八分钟，看见一个警察骑个自行车晃晃地就过来了，他一到酒店门口，正好出来一辆出租车，看到一个警察，有点紧张，又有一个车进去，两个车有点剐蹭。警察就过来了，“怎么回事啊？谁打的电话？”我说我打的电话。怎么回事？我说这不是嘛，你看，出事故了。后来警察过去调解了一下，然后回过头来问我，你到底怎么回事？我说是验收组的，按照我们的验收规范，这个事情必须要做。库尔勒是巴音郭楞州的首府城市，全国最大的州，面积达 48 万平方公里，马兰核试验基地就在那儿。所以那次也是借着机会把库尔勒跑了不少地方，尤其是博斯腾湖，跑得很过瘾，大家也很高兴。但是该提的批评也都要提。第二站就去了吐鲁番。吐鲁番有一个最大的问题，就是旅游厕所不行。第三站到了甘肃敦煌。敦煌我原来去过，还去过两次。这次去不同了，是验收。还是同样，反正按照标准一项一项打分，一项一项验收。首次会议、末次会议，已经形成一套规范。到莫高窟，樊锦诗先生出来见我，皱着眉头说，听说你很重要，所以我们的市委书记、市长都跟我打招呼，要求必须见你一下。我知道樊锦诗是大家，和敦煌有着不一般的感情，也做了很多工作。我也很佩服，就说，樊先生，我知道你对发展旅游是有意见的。因为敦煌来的人太多，确实对保护会有影响。但是敦煌这样一个文化遗产不能说老百姓没有欣赏的权利吧？我们现在研究的就是怎么把这两者的关系弄好。我有几个思路，就跟她谈了一下。谈完之后，她的脸色缓和下来。她说："哦，你这个官儿还是挺明白的一个官儿，你说的这几个思路还有点意思。"

这样的话，我带着一个组，三个城市跑完了，回到北京。最后的城市是深圳，深圳的工作做得漂亮。别的不用说，验收资料整整齐齐，漂漂亮亮，码在桌子上，一个长条桌子码满了。然后大家就坐在那儿，先首次会议听汇报，然后做资料验收，现场验收。在世界之窗门口，张希钦打了一个电话，就是说这儿发生个事件，没有 5 分钟，深圳市公安局的局长就来了。从车上一下来就说，一个优秀旅游城市，老子辛辛苦苦折腾两年，这次总该看到成果了吧？大家就笑了。什么意思？他说一听这个电话就是假的，一定是你们验收组打的，所以我得过来风光一把。大家汇总，之后就产生了第一批中国优秀旅游城市。总体来看，中国优秀旅游城市的事情，开局开得很好，引发了大家的热情。所以，那个时候各地的市长排着队到国家旅游局请国家旅游局的领导接见。等于旅游局的工作范围扩大了，工作对象也改变了。更重要的是，通过市长的热情和城市的力量解决了旅游发展的问题。

在这之前我就找过孙钢，提出设计个标志吧，孙钢欣然，就设计了一个标志。一直到今天，走到很多城市可以看到马踏飞燕的标志。网上议论说这是天马踩了一个球，天马玩球，这是玩笑话。现在看到这个标志，常常想起孙钢，想起他的认真负责，想起他的工作热情，想起他的创意精神，真是很感慨。这是花了相当一部分精力的大事，也是局里的中心工作。之后，中央严格限制各种评定活动，这项工作就转换为最佳旅游目的地，请世界旅游组织专家和中国专家合作，搞了三家，最后也不了了之。我感觉，办大事，开局之时一定要想好如何收局，否则就会被动。从个人来说，铁打的营盘流水的兵，走了就可以不负责，但是对一个机构的影响是长远的。

——再次开拓

然后就得研究我们政策法规司这套工作怎么开展，应该说原来的工作基础很好，顺利运转。但是我们还想琢磨点新的题目，当时政策法规司三个处，一个政研处，一个法规处，一个统计处，就这么三个处。信息处早就解散了，被并到了市场司。统计处这摊工作不太好开展，但是做统计的这几个人都是技术型人才，踏踏实实地做，工作很认真。当时张海燕还找我，他那时候在财务处，希望到统计处来。我说统计处可是个冷衙门，没有别的，就要求你能默默无闻地工作，他说我喜欢。所以海燕到了统计处。后来我们开了一次全国统计工作会议，我的思路也是想开拓一个新局面，我们统计的成果是资源，怎么把这些资源利用起来做分析，然后服务各地，包括各地统计处也都有这个任务。领导往往就关注大数据，可是如何把这套资源转化出来，甚至进一步转化，形成市场化的格局，大家都没有想，所以这样是一个推动。

而且当时还碰到一个事情，这个事情就是1998年饭店全行业亏损，亏损总额为32亿元。这个局面已经在我的预想之中，我在管理司，就关注行业这些事，1996年的时候我做了一下分析，看到饭店行业的形势在滑坡，所以我当时就提出来，大家要小心，下一步饭店行业的形势会紧张。很多五星饭店的老总大不以为然，说："魏司长，你是吓唬我们吧？"我说不是吓唬你们。什么时候五星饭店的老总要觉得日子过不下去了，行业的日子就真过不下去了。可是当时就面临着这么一个局面，我就找统计处谈了一下思路，咱们自己先做一个分析。当时分析了15个原因，形成了一个2万多字的研究报告，这就是统计处该做的事。这个事做完了我就提出，在下次局长办公会里列一个议题，要讨论这个事。之所以要讨论这个事，我的意思是什么？这个数据披露不披露，就是这个问题。如果不披露，国家有统计法，要求统计数据要披露，我肩膀软，扛不住。但是披露出来，对行业影响大。果然，这个题目一提出来，领导们这个说那个说。我说已经做了分析，这个报告也放在大家面前了，分析了15个原因，我现在就要求领导做一个决策，这是一个两难的题目。而且国家旅游局多年以来就形成了一个传统，旅游只能报喜不能报忧。报忧就变成我们的工作问题。我说那不对，任何一个行业都有喜有忧，我们很多工业部门就是这样的，用规模来绑架国务院求支持，用问题来要挟国务院要政策。旅游谈点问题怎么就不行呢？但是领导都不同意，孙钢的态度最激烈。后来问你到底什么看法？我想在发布《中国旅游统计公报》的时候，这个数据不要发布，但是我们出《旅游统计年鉴》的时候这个数据要上去。这样我们既不违法，同时又不至于造成太大的影响。因为《旅游统计年鉴》没有多少人看，可是公报大家都看。

但是我就感觉这个问题实在是很重要，因为我作为学经济出身的人，对数字很敏感，也比较善于分析和归纳数据。在1991年的时候，我就跟刘毅局长说，既然我们现在明确了旅游是经济产业。一个经济产业没有数据，我们怎么说话？他说你怎么看？我说现在入境旅游这一套数据很完善了，可是国内旅游这一套没有数。没数咱们编数，有数总比没数强。后来就说你编编试试看，那就试试看。然后就发布出来了。至少整个行业开始有完整的数字。所以 1991 年、1992 年、1993 年，这几年的数字都是我编的。后来国家旅游局和国家统计局商量一个事情，就是关于国内旅游数据，城调总队和农调总队等距抽样入户调查，这样出来的数据就很扎实了。到 1994 年的时候，这个事已经落实了，国家旅游局一年拿 80 万办这个事。所以 1993 年全国的国内旅游，我专门编了一个数，250 亿元。明眼人一看，有整无零，而且又是个 250，这不就是一个傻数吗？我的意思就是这个意思，到了 1994 年第一次正式发布国内旅游抽样调查的数据，国内旅游收入 864 亿元。后来专家们分析，1993年、1994年这两年，是国内旅游井喷式的一年，从250亿元到了864亿元，实际上就是方法改了，原来是编数，后来是抽样调查统计数，这是根本性的区别。所以我深知数据的重要性。包括我们的领导也是这样，每一任国家旅游局局长非常关注这些数据，分析形势的变化等。

——黄金周

转过来到 1999 年春节的时候，正好那年春节桂林旅游的老总陈青光约我到桂林去过春节，当时约了几个人，我们一块儿就去了。那次深深感觉到国内旅游的火爆，假日经济开始了，这个感触特别强。回来之后我就找统计处，给各地发个文，让各地归拢一下春节时候的情况。大家说这个事原来没有部署，没有部署没有关系，我们现在部署让他们归拢，归拢了一些基本情况和基本数据，我们就给国务院写了一个材料报上去了，意思就是从春节看国内旅游的发展，一个大发展的趋势已经产生了。

到 1999 年 9 月，国务院决策，每年增加两个公共假日，就形成了“黄金周”的概念。“黄金周”这个概念还是国家旅游局提出来的，是从日本借过来的。因为日本每年春天的时候有一个三连休，加在一起九天，日本人就称之为“黄金周”，我们就把这个概念借过来了。1999 年的十一是我们面临的第一个黄金周，要组织值班。我提出，第一个班我来值。后来何局长还问，为什么你值第一个班？我说情况我熟，值这个班就想形成一个值班规范，反正一边值班，一边我就把这个规范写下来了，大家按照这个规范来值。还真是这样，晚上五点开始，一直到第二天早上八点，几乎电话就没有断过，各种各样稀奇古怪的电话。比如说有一个电话打过来，我一接，他说："这个电话真有人接啊。"我说："怎么了？"他说："我在电视上看到这个电话号码，以为又是你们政府在蒙人呢。"我说"你要没事就把电话挂了，我这儿一堆电话等着呢"。比如说有一个团在西宁，要去西安，是晚上10点的火车，那时候晚上8点还没有拿到票，客人就急了，就打这个电话。我说请导游接一下电话。导游一接我就问，你哪个旅行社的？西安国旅的。西安国旅的，你们老总是张小可吧，好好处理这个事。他说我正在办，只不过在办的过程中，客人一听，就觉得好像不靠谱了，他们就着急了。再比如接到一个投诉，是投诉去九寨沟的厕所，上一个厕所要收2元钱。我就问他，这个厕所怎么样？他说很好，很干净，还有香皂。我说如果不收费，这个厕所脏得一塌糊涂，你接受哪个？他说那只能接受这个。我说是啊，厕所要弄好，一定会有成本，没有成本就不会有好厕所。只不过2元钱是高了一点，应该区分一下，比如说小便1元钱，大便2元钱，这个事我们会调查一下。反正诸如此类的，各种各样稀奇古怪的电话都有。

到了第二天早上，我记了一个大本子，写了一套规范。早晨是国家计委社会司的副司长王威来接班。到下午5点，他这个班结束了，我又跑过去，问他，这一天怎么样啊？他说头都大了，我们原来的工作不接触老百姓，只接触政府，顶多接触点企业，现在直接对老百姓，好多问题回答不出来，多亏有你这个规范。

黄金周开始，到了2000年的五一，就变成一个井喷的格局了。后来吴仪副总理说，没有想到本届政府增加了两天公共假日，产生了这么大的拉动效应。前几年，见到原国家计委的副主任、国家能源局局长张国宝，聊起来，他说黄金周怎么来的？有一次他跟朱镕基总理出差，朱镕基总理说你们得研究大事，国民经济怎么拉动？张国宝就提出来能不能增加假日，增加大家的休息时间，这也是个拉动方式。后来朱总理就说你们研究一下，所以是国家计委提出来，然后国家旅游局呼应，才形成了这么一个制度。到最后就形成了一个工作机制，国务院假日部际协调会议领导小组，办公室就放在国家旅游局，之后又有几次假日结构的调整。但是我看，这个事情还没有完，原因很简单，有钱、有闲、有条件，这是旅游需求产生的三个要素。老百姓手里的活钱多了一点，但是活时间不多，所以现在制约旅游发展最大的问题还是时间问题。应当是我的时间我做主，弹性工作，弹性休假，休假时间越来越多，方式越来越灵活。

再一个方面，杜一力提出来，研究一下旅游发展大的推动性政策。在1997年后期，工作关系也不顺，好多事我也懒得干了，尤其是在我休病假这三个月期间，就做了一些大的研究，也写了一组系列的文章。比如说《大变化与新阶段》《主导战略》《增长点战略》《大国到强国》《可持续战略》，等等，以此为基础，研究政策内涵。

——新的增长点

后来就说到国民经济新的增长点，这个题目能不能做一做？这是杜一力提出来的。我们迅速达成共识，那就开展工作。杜一力这方面能力很强，找到国务院研究室，然后找到国家发改委，大家一块儿来琢磨这件事。后来专门开了一个国民经济新的增长点的战略研讨会。这个研讨会上，国务院研究室主任魏礼群做了一个发言，国家发改委副主任郝建秀做了一个发言，然后何局长做了一个发言，等于就把这个会议的基调定下来了，大家也达成了共识。更重要的是什么？由于国务院研究室参与，所以很自然，这个概念就纳入到国家的盘子里，所以在那一年全国经济工作会议上，确定了三个国民经济新增长点：第一个是电子信息产业，第二个是房地产业，第三个就是旅游业。这对旅游的发展来说是一个根本性的提高。

从那以后，顺着这个说法，好多工作就可以顺理成章往下推行。那时候政策法规司的人也比较整齐，有几个年轻人非常努力，匡林、刘赵平、张树民，这三个小伙子，都有才学，也都很努力，甚至形成了加班的竞赛，我也不知道他们从哪儿找了这么多题目，找了题目就写文章。那个时候还是把《调研参考》这个事情坚持下来了，所以只要有大文章就缩成一篇短文章，有新观点也出，报给局领导，制度也还是这个制度，每篇文章后面都署名。所以在局领导那儿，政策法规司这批人自然就形成了印象，而且带动了一种风气。有一次我专门请他们三个人和他们的太太吃了一顿饭，我说我们的工作压力没有这么大，但是他们很努力，所以你们要支持，我们也会支持，就说了这么个意思。那时候政策法规司15个人，我后来索性量体裁衣，给每个人出了一个题目。这个题目你们可以先写文章，文章写完了，最好每个人出一本书。匡林最早写了一本书，这个样儿带出来了，反正这些事我们都支持，上班也可以干。因为政策法规司这些人不研究问题，不把笔练出来，工作怎么做啊？人都需要激励，大激励是信仰，中激励是成就，小激励是金钱。从领导来说，激励方式多种，激励对象各异，能有针对性就好。一般而言，方式是两大类，一是制度性的，一是随机性的。前者激励长期行为，后者激励短期行为。但前者常常变化，或不兑现，反而起负作用。最怕的是无激励，就会成为一潭死水，或转化为窝里斗。也有的人只好寻求自我激励或社会激励，墙内开花墙外香也常常由此而来。我是自己激励自己，有点阳光就灿烂，给朵云彩就下雨。

当时张海燕非常优秀，他写了一篇关于旅游外汇的文章。这篇文章写得挺长，给了我。我看了一遍，没大看明白，就放在办公桌上了。过了一个月，他问，“魏司长，那篇文章你看了吗？”我说看了，没大看明白，再看一遍。又过了一个月，他又问我，我说这次我得好好看看。我仔细看下来之后，发现这篇文章是篇突破性的文章，可是写法不对。我就找海燕，这篇文章不错，你把这些论证性的东西摘出来，形成一个附录，前面是干货，形成这么一个材料。他就把这篇文章从头到尾整体调整了一遍，调整完之后，我就签报给局领导，签的时候写了一段话，这篇文章解决了旅游外汇20多年没有解决的问题，请局领导认真审阅。大家就认真看吧，而且这篇文章这时候已经比较好读了，一看就明白。后来以局里的名义报到国务院，朱镕基总理有一个批示，旅游局的这篇文章写得何其好，可惜外汇局写不出这样的文章，诸如此类的，批了一番。批回来之后，何局长大喜，那时候能得到国务院总理的批示尤其是表扬，不得了，真是大喜。要是在社科院，有这么一个总理的批示，而且是这么正面的批示，那就是一个博导，10万元钱奖金，机关这点待遇不行。

但是这个事情就说明研究的重要，尤其是机关政策研究的力量，发挥出来会起大作用。所以那时候大家确实是心气很高，积极工作。我还是这种无为而治的工作作风，自己就是吊儿郎当，经常迟到早退。要不然就跑出去做调研去。反正杜一力在家，相当于她在主持工作，我们俩也很默契。

那个时候倒是有精力，做了一些半工作研究、半学术研究的事情，出了一本书《旅游：新的国民经济增长点》。又编了《旅行社行业发展报告》《旅游标准化工作手册》，还写了一本专著，就是《中国旅游饭店竞争与发展》，把我在管理司这几年工作的东西学术了一把。这样一个格局变动，也大体上完成了。

到了 1999 年，我的工作又调整了，到规划发展与财务司当司长。

第八章　规划发展

——开先例

1999 年 7 月，党组决定我到规划发展财务司当司长，果然应了我的话，和政策法规司杜一力很好的工作关系也长不了，那个时候她还帮着我说话。这好像不太符合领导要求，部下团结不见得是好事，这是一个方面。另一方面就是规划发展财务司是钟海生任副司长，主持工作，另外一个副司长跟他的关系不好，两个人经常闹矛盾。海生在当二把手的时候非常优秀，能力很强，干劲也很足。但是确实不知道一把手的难处，所以他去主持工作，很多问题也都暴露出来了，领导也就认识到了。

这样的话，孙钢副局长找我谈话，党组决定，让你到规划发展财务司当司长，问我有什么看法？我当时第一个反应就是不能管财务，很简单，我自己挣几个钱都搞不清楚，怎么能去给局里当这个家呢？不是把这个家当乱了吗？后来孙钢说，你是司长，不管财务怎么能行？我说至少具体的事我不管。后来他就说，这个事大，你去找何局长。我就去找了一下何局长，你从来都说财务一支笔，现在让我当这个司长，我也管不了财务，应该是副司长直接对你负责。何局长欣然允诺。

这样的话，我就到了职。而且当时孙钢还跟我说，党组讨论的时候知道你和海生的关系不好，怕你去了之后还是处理不好。我说不对，我和谁共事都能共得很好，如果不能和我共好事的人，一定是他的问题，这个你们放心。所以到了计财司之后，我先找了海生，他当时正在北大读兼职的博士，我就问他是想以读博士为主还是想以工作为主，他说还是想多花点精力读博士。我说那行，能不找你的事就不找你，咱们俩也用不着分工了。当时规财司是三个处，一个是规划处，主要是负责规划方面的工作，一个是计划处，主要负责投资方面的事，实际上当时也没有几个钱，投也投不了几个钱，也没有多大工作量。再一个就是财务处，也用不着分工，反正需要你的事就找你。

财务方面，主管财务的副司长是董培南，她对我挺尊重，一开始什么文件都给我送。后来我专门给她写了一个条，说我已经和何局长、孙局长说好了，财务方面的事我不管，以后财务方面的文件不要给我送，财务处的事情我都不问，包括出差、出国都用不着找我，所有事情我都不问，你自己负责就可以了。当时局里的支票还是我的章，后来我看到了，专门说把我的名章去掉，他们说这是规矩，谁在规财司当司长，支票是谁的章，我说这也可以变，因为我不管财务，为什么盖我的名章？后来把这个也调过来了。这样的话，孙局长不大满意，特意跟我说，你怎么把一个司搞成两个司了？我说本来就是两个司，因为在1998年机构改革之前一个叫计划统计司，一个叫财务外汇司。1998年以后局里10个业务司变成6个，所以就并到一起了。反正我就这一条，要让我管财务我就不干，就这么一个原则。可以说开了一个先例，有的人说我聪明，有的人说我笨蛋。

——规划先行

基本的工作格局捋清楚了，那就要研究怎么开展工作。当时第一件事情就是关于规划，我始终把规划工作当重头。第一，当时在行业里，已经形成了一个规划热，短期内规划供不应求的现象已经出现，专家的假冒伪劣的现象自然也就出现，大专家来不了，小专家来了一堆，真专家少了，假专家、伪专家多了。而且规划变成了一种想象力的竞赛，不是真正扎扎实实研究当时的情况，根据市场发展需要来策划项目。第二，在那个时候，还有一个现象叫盲目的国际化，山东、四川、云南、海南、贵州等省都请世界旅游组织的专家做规划，毕竟各省的资金有限，有限的资金要花在刀刃上。因为借助国外力量的目的不外乎就是两个：一是外国人说话管用，远来的和尚好念经。二是国际性眼光。但是我观察下来就发现，外国的专家根本不会做区域规划。因为在国际上没有我们这种政府主导，所以就没有区域旅游规划的任务，主要做项目规划、市场规划、消费研究。第三，多年以来，我和专家们交流很多，也有专家身份，了解国内专家队伍的情况，知道大家也有规范的要求。

当时想了想，凡事先定位，才能立意高，思路明。进一步，定位、定类、定向、定度、定速，可称为分析五要素。我们会遇到很多问题，也可能手里有一大堆工作，一般应该是最急的事最先办，或者领导要求最高的事最先办。但这样往往产生工作被动，所以这里就得有个选择，就是所谓轻重缓急，但又常常是重事不急，急事不重，天天办急事，结果是天天办小事，反而容易误大事。由此我悟出一个方法，碰到事情先把它定位定清楚，定位清楚了，怎么处理就好办了。有的属于战略性问题，领导要求很高，但并不急。战略性问题虽不急，但在这方面定位清楚，我们在这上面需要花很大精力，需要花时间把它研究透。如果是技术性问题，就不必考虑过重，因为是可以调整的。人的精力有限，我们的精力、时间都是自身资源，自身的资源也得有一个优化组合，如何最佳配置。手头上有十项工作同时开始，若定位清楚了，这十项工作都能办成，若没有定位好，这十项工作只能是哪样急，干哪样。如果不用花大精力的花了大精力，就是配置不当，最终事情还可能干不好。这里边涉及一个更深层次的问题，就是我们又要把握工作主动权，又要使领导满意。因为角度不同，所以在实际工作中，轻重缓急不好把握。不该花精力的地方少花，该花精力的地方一定花到位，尤其是战略性问题。另外，在工作过程中，有时意识不到；有时问题出来了，该放在什么位置意识不到；有时在发展中突然意识到了，各种情况都有。但若一开始就定位清楚，再去做，就好做了，也好摆布了。

在定位基础上要定类，明确是哪一类的事；还要定向，定好发展方向；定度，尤其在具体的操作上，把握程度。定速，就是工作安排、进程，速度。一开始不能过分渲染，一开始是定位。所以，定位、定类、定向、定度、定速是分析的主要因素，在具体工作的组织安排上也是这样。若把这些都搞清楚了，工作的主动性就增强了，余地也大了，好多事情就容易了，领导最终要求的是把事办好，如果老想求得领导眼前的满意，最终事办不好，挨批的还是你。

按照这个思路，到职以后，捋了一下工作。现有的一些工作需要调整，就是经常性的工作要调整，新的事情也需要开拓。当时已经发布了一个《旅游规划管理办法》，是总体规范，但是力度不够，所以我想以国家旅游局的正式法规出台，是部门规章的层次，再进一步争取成为综合性规章，力度更大一些。再进一步争取上升到国务院条例的难度很大，但是在《旅游法》制定的时候，第三章就是旅游规划，所以终于把这些事情说了一遍。接下来的事情就是《旅游规划通则》，这是一个国家标准，是对事的规范。三年以前，这个标准就已经立项，但是始终没有出台，所以我去了以后，就盯着把这个标准从头到尾调整了一番，修订颁发，对规划的程序、体例、文本内容有相应的规范。第三件事就是《旅游规划设计单位的资质评定办法》，这是对制定规划主体的规范，对人的规范，也是以部门规章的形式出台。

这三个规范的颁布实施，让旅游规划工作一是有了综合性规范，二是有对事物本身的规范，对规划内容的规范、三是对规划单位的规范，这样就比较全面了，这三个方面环环相扣，旅游规划的市场管理方面就有一套规则。因为我是把旅游规划当作市场来看，有需求，有供给。既然有供求关系，有这么一个市场，作为政府行政部门，这个市场的管理基本就是市场管理方式。在具体操作中，组织管理过程中，就会比较顺。当时还想一个事，就是能不能搞一个旅游规划师乃至旅游规划大师的评定办法，这就一直涉及人。后来想一想，这个事太复杂，尤其是涉及人太复杂，这个事就停一停。总体来说，这三个管理办法的出台，应该说起到了比较大的作用，这就使我们日常工作有了规范，包括规划处、计划处，也都有了这种工作规范。

那时候，精力更多是花在各地的规划上，所以世界旅游组织的专家在各地做的规划，我基本上介入了。首先是山东规划，评审的时候，山东几个市都急眼了，为什么没有我们一个字？我一看这个会有点开不下去了，就问：合同是怎么定的，我看这是入境旅游发展规划。合同就是这么定的，那就没话说，这是国际专家的看法。我又建议，再组织山东的旅游专家，增加国内旅游的内容，就全面了。但是第二天的媒体报道：四十万美元打水漂。比如说海南，当时看完了，做滨海旅游，世界旅游组织的专家还是有经验，这个规划就做得不错。关于黑龙江的规划，他们就提了一个中国的“酷省黑龙江”，这个“酷”有两层意思，一个是严寒，另外一个是时尚。诸如此类的东西，应该说都在推动发展。那时候也和如国务院的西部开发办——国家计委的一个副部级机构，诸如此类的接触也比较紧密，所以也在行业里提出了一些新的理念，包括就一些具体的项目也都在提一些新的理念。

——投资拉动

从计划工作角度来说，就是要谋求创新，有本事的人注重创造增量，没本事的人只好争夺存量。这就像有的人做饭吃，而有的人抢饭吃。这个问题我们感触太深。因为旅游局是一个新部门，在政府传统的行政机构序列中没有位置，但是产业的发展要求加大工作力度。怎么办？没别的，就是创造增量。如果争夺存量，就是打不完的官司。那个时候我们和国家计委一块儿在成都办了一个培训班，倡导的就是充分认识创新在旅游发展中的作用，争取一步到位，有限的旅游资金一定要用到点上，少花钱、多办事、办好事、好办事。但是中国有中国的特殊国情，所以在这个方面就需要研究具体的措施。

当时国家计委社会事业司通过努力，争取了两期13亿元的国债资金，这个事本身就是一个政策创新。所以组建了一个旅游国债领导小组，国家计委社会事业司的司长当组长，我当副组长，还有财政部的一个副司长当副组长，当时建设部也想进入，后来被国家计委给顶回去了，说这个事跟你们没有多大的关系，他们实际上是想在这个事里争取话语权。旅游国债资金最大的作用就是杠杆作用，就是四两拨千斤。国债资金下去了，地方一定要配套好资金，同时要拉动社会投资，所以当时提的要求就是西部地区一比五，东部发达地区一比十。各地对这个事都很积极，也确实产生了相应的效果，有些项目我印象很深，最有意思的是嘉兴九龙山，因为浙江的海域是长江出海口，所以海域就没有清的水面，完全不是海的概念，基本上到那个地方，要坐船出去大概要三个小时才能看到蓝色的海面，所以九龙山就说要在湖中造海或者在海中造湖，就是划出5平方公里的水面，建一个坝，因为静下来，水就变成蓝色了，这就是海中造湖。我们都觉得很新鲜，他们工作很积极，这个项目就是这一笔国债资金下去，拿了两千万元，然后他们配套投资1个亿。这个项目后来做成了，我到现场去看，觉得做得确实不错，超出了我们的预想，只不过后来涉及投资方方面面的关系，挺好的一个项目往前发展不了了。当时投资投了117个项目，70%是解决断头路的问题。这些年我到河北的白石山，还看到他们专门立了一块碑，有12公里的路，就是用国债资金修。这样的话，通过杠杆的作用，形成了市场导向的作用，体现了政府和部门对旅游的重视，这是一个很强的市场导向。政府把不赚钱的事做了，把赚钱的事留给企业，企业当然趋之若鹜。现在各级旅游部门都形成这么一个意识，研究如何开拓，创造增量，靠这个途径形成旅游行政管理权威，进一步形成相应权力。工作权威要靠工作力度保持，行政权力要靠行政法规保障。权力不是铁打的江山。

——项目导向

在成都那次会上，国家计委饶权处长宣读了《中国旅游发展优先项目》，这个文件本身就是导向文件，这是当时的创新。在这个过程之中还要研究新的事情，后来就组织了中国旅游投资洽谈会。这个洽谈会最早的起源是外经贸部在福建厦门每年9月8日搞一个九八经贸洽谈会，我去的时候正好赶上这个事，就去参加了一次。当时国家旅游局拿了100万元，专门有一个旅游展区。看来看去觉得这个事有点别扭，为什么呢？因为旅游这一块，在各个省来说都是招商引资的重头，所以地方旅游局就两难，要满足国家旅游局的旅游展区，省里的事情就会忽略，但是满足省里的事情觉得又有点对不住国家旅游局。而且当时福建省旅游局局长叫明敏，本位观念很重，有一天，各个省轮流上台宣讲，本来排的是福建省副省长第一位，结果到点了没来。第二位是湖南省，湖南省的领导上去讲。她就跟我急了，说我们领导没来，等一下不行吗？我说不行。再说了，你是主人，主人这点气度还没有吗？所以湖南省的领导讲了半截，福建省的副省长来了，只好等一下，她很不高兴，我也很不高兴。最后洽谈会结束，国家旅游展区还评了一等奖，给了1万元奖金。但是我看了一下，在他们的总结里，旅游一句话没提。所以回来之后，我就找孙局长，这个事不怎么样，我们可以抛开他们，自己单独干。我反正看明白了，旅游招商引资在全国都是热点，何必混在他们这里呢？孙局长说，毕竟是国家级的活动，我们该支持的还是要支持。我说可以，以后我们就参加一下，用不着花这100万元，做到什么程度就是什么程度，跟着混一混就行了。但是我们集中精力，搞一个中国旅游投资洽谈会。所以第二年，就在宁波组织了第一届中国旅游投资洽谈会，应该说一炮打响。之后这个事情就陆陆续续搞下来了，又增加了旅游规划馆、旅游智慧馆，最后演变成在天津举办的中国旅游产业发展大会，每年搞一次。

这样的话，经贸部对我们有意见，觉得旅游局不太重视他们，那很自然，你不重视我，我为什么要重视你？所以，任何一个事情都有来龙去脉，机会带来机会，条件创造条件。

——财政协调

在财务方面，当时碰到一个大的问题，就是财政部的相关司长轮换很快，我到规财司的第一年，司长就换了三任。我虽然不管具体财务工作，但是大事要管，因为要从财政部要钱。我先去拜访司长，然后陪着司长一块儿出差，工作刚刚做通了，三个月就换了。跟着做第二任司长工作，也是工作刚刚做通又换了。后来我想这个事情这么做不行，光靠做具体人的工作这显然不行，所以第三任司长的时候我就找他，说国家已经明确战略，培育新的经济增长点，旅游是其中之一，同样就涉及新的财源增长点，我们能不能一块儿开一个会，旅游与财政：新的财源增长点？他说很好。这个会我们来组织，我们来操办，但是由财政部主办。所以我们就开了这么一个座谈会，有 30 多位专家，一部分是财政专家，一部分是旅游专家，大家在一起谈意见，效果不错，谈完以后专门出了一本书。因为我的想法就是，类似这些工作，我们做在前面，你要面子，我要里子。所以这次会开完了之后，财政对旅游的看法变了。因为多年以来财政对旅游就是觉得旅游说了半天，这个好，那个好，但是从中央财政的角度来看，这个盘子里没有收到旅游的钱，只是在给旅游往外拨钱。而如今，就是从大的格局把这个事定下来了，很多具体工作就好操办了。

那时候我们的副司长，还有财务处的处长，到财政部去谈事，有时候回来跟我说一下，财政部什么意见。我说不要说财政部什么意见，具体见的谁，他怎么谈的，把这个说清楚。因为很简单，财政部这种宏观综合性部门，大司长关注的是怎么能够影响中央决策，副司长关注的这盘棋怎么码，到了处长和一般干部就是关注的是具体事怎么办？关注点不同，所以不能笼统说财政部什么意见，这种笼统说下来也没有多大意义。

而且我也听明白了，财政部几个司，当时主管我们的是行政政法二司，这一个司管 64 个部门，涉及旅游的处管 16 个部门，处长都问不过来，怎么可能说出那么具体的意见？无非就是今天他高兴了，明天他不高兴了。但是这样的话，和财政部大的关系捋顺了，我去的时候财政一年给七千万元，我离开的时候已经形成 2 个亿。因为我深深感到，刘毅局长就是一句话，手里没钱，什么事都做不了，确实如此。但是这些钱怎么花，我绝不过问。老财务司长都是这样，上了班办公室里一坐，外面排长队，批多少钱，批个什么事，都是这样。我一天到晚要把精力花费在这上面，也没有办法做其他的了。第一年给地方五千万元的补贴，后来到八千万元的补贴，再后来到一个多亿的补贴，都是找副司长，不要找我，找我也不听，也不和你们谈。到年底的时候，她们给我一张单子，今年这个钱怎么花的，我看一眼就完了，我就干这样的事。

但是当时我在关注另外一个事，因为我始终有一个感觉，说了半天旅游是经济产业，但是这个经济产业实在是缺乏数据，尤其是经济运行方面的数据。比如，固定资产总额有多少，流动资产有多少，收入有多少？利润有多少？成本有多少？费用有多少？诸如此类的，就是这套财务数据，是重点。当时我们财务处有一个小伙子郑秀全，也是福建人，他对这个事挺感兴趣，我说你来干这个事。我跟他们的处长说了一下，然后就汇集了地方三千多个企业的资料，出了一本《中国旅游财务信息年鉴》，这个事我一直在盯着，专门写了一个序。从那以后我就说，这个书不管有人没人看，我们都要坚持出下来。后来就坚持下来了，至少补足了旅游的一个方面，就是说我们有经济指标了。尤其是形成历年的数据体系，纵向可比，横向也可比。

当时还涉及很多项目的事情，也花了很大的精力，听项目、跑项目，这是到了规划发展财务司第一年，开展了一系列的工作。我还是这样，上轨道了，我就不管了，开新路，我劲头十足。当时很大一部分精力花在投资项目和地方规划各个方面，所以只要在办公室，每天就不断有人谈规划、谈投资、谈项目，有一点时间就要出去调研，也涉及各种各样的事情。

第一个重点，就是假日旅游发展，1999 年“十一”是第一个黄金周，但是当时大家还没有反应过来，到了2000年“五一”就形成了井喷现象。之后，假日旅游就成为大家共同关注的事情，也成为社会的一个舆论热点，所以当时参与了一系列这样的研讨和相应的政策调整工作。那时，大家已经尝到了黄金周的甜头，可同时也尝到了黄金周的苦头，苦头就是假日过于集中，井喷现象从表面上看很激动人心，实际上却造成了一些资源的浪费。所以大家也感觉政策需要调整，从那之后，可以说假日制度调整了几次，形成了大假期、小长假和日常假日这样的组合关系，一直维持到现在。

在此过程中，有一些国际上新的做法就进入了，第一是分时度假，那时候全国已经有 12 个公司开展。但是我的看法，分时度假的前提是信用，中国恰恰处在信用最差的时期，所以分时度假这种制度并不适合中国。这12个公司我也都分别接触过，也都谈过，我说这个事你们做早了，大体上这个事情30年之后才能有效。可是大家都不服气，其中有一个天伦度假公司，是首旅集团、首创集团、中国房地产集团等五个大集团一块合股投资的公司，这样的公司照样不行，但是这个公司也还维持下来了，其他的公司都没有做好。道理就是这个道理，从1998年分时度假开始进入中国，操作的这些人层次很高，但是确实不懂。所以不管他们怎么说，甚至想国务院能不能形成关于分时度假的条例，我说绝无可能，因为从来法规的制定都是先发展后规范。

第二是产权酒店，产权酒店是把房地产市场和旅游市场结合到一起的方式，这种方式有一段时间也很火爆。但是产权酒店我也不看好，现在全国的产权酒店大概有1500家了。里面涉及一堆技术问题，公共区域的经营利益归谁？大产权能不能化成小产权？如果不能化成小产权，这个产权就不可以流动，不能流动在市场上就没有生命力。产权酒店涉及的回报承诺太高，实际上就酒店经营本身达不到，所以就引发了一系列问题。类似这样的问题我在政策法规司时就遇到了，到了这边更多。但是这都是在假日经济发展过程中产生的一些必然的现象和问题。那时候没有别的，不明白的事就下去调研，在调研的过程中就会产生新的想法。

第三是提出了“大京九，大旅游”，因为京九刚刚开通，那时候就感觉交通方式决定旅游方式，所以京九沿线的旅游是不是可以做一些文章？同时关于中部地区崛起和西部地区的发展，都是在日常工作中遇到了，所以不得不深化。

人们常常忘记常识，但常识中往往有真理。有时看一些比较深奥的文章，看得想睡觉，术语轰炸，让人忘记了常识，甚至违背了常识。一些老人，文化并不高，但拥有很丰富的常识，令人肃然起敬。马克思说，理论只要彻底，就能说服人。真理往往是朴素的，不必搞什么新八股。但为什么会如此？一是想扮出高深面孔唬人，二是没想明白。实际上不怕说不明白，就怕想不明白。只要能想明白，一定能说明白，至多是简洁一点和啰唆一点的区别，漂亮一点和呆板一点的区别。从工作角度说，如果一个决策违背了常识常理，不管有多大的行政力量，也不可能最终贯彻下去。

——西部大开发

1999年，中央提出西部大开发战略，这就涉及一系列西部的问题研究，在这过程中，我到西部跑得也很多，基本上跑遍了。举一个例子，四川的凉山州，去了以后看泸沽湖。第一天去路很不好走，走了8小时，下午4点才到，到了之后就开始看。路过一个寨子，就看老百姓聚在那里正在开会，寨子里的书记就在说，贫下中农同志们，我们泸沽湖一多半在四川，一少半在云南，现在云南起来了，我们起不来这怎么能行？慷慨激昂地说了一番，老百姓也很积极。到晚上碰到了4个摩梭女人，聊走婚制，第一个40多岁的妇女说，我们这个制度是全世界最优秀的制度，所以一定会坚持下来。然后一个30多岁的女人就说，现在大家都想出去，谁也不想在这待着，这个制度怎么能保持下来？20多岁的一个姑娘说，我将来一定要走，不可能在这待着。最后是一个17岁的小姑娘，说这套东西太落后了，总之他们各有各的看法。第二天县长陪着我上山，从山上看泸沽湖，他就说了一句话，我们要修一条全世界最美丽的环湖路。这时候我实在忍不住，县长你打住，环湖路是城市公园的概念，这个地方怎么能修环湖路？要按你这么发展就把泸沽湖毁了。后来回到州里，我就谈了看法，第一就是关于摩梭文化，因为当时看到了一个规划，就是要搞一个摩梭文化保护区，我很不同意，这叫区域歧视，也叫民族歧视。摩梭人就没有提高自己生活质量的权利吗？按照这个规划，相当于搞一个野生动物园，他们的生活方式不能变，大家进来参观，显然是一种歧视。我们应该激发摩梭人对自己文化的自尊、自重、自爱，这才可能传承下来。第二说到修路，我有一个感觉，凉山州可能是最有钱的州。当时州长就急了，说我们是国定贫困地区，你有什么意见你就提，不要讽刺我们。我说沿湖的土地按我看，至少价值20个亿，你们放着20个亿不挣，花2个亿修一条路，我不知道你们是有钱还是没钱，我得的结论就是你们钱太多了。他说你怎么看？我说到了湖滨，这条路要调整，遇村绕村，遇山上山，把湖滨的土地都腾出来。说完我就走了，过了三天州长给我打电话，说我们重新开了一次州委常委会，决定接受你的意见。结果四川省交通厅很有意见，说我们支持贫困地区发展，国家旅游局来了个司长一句话就给否了。又过了很多年，我见到了当年那个县长，他就说你走了以后，每过一年我们就体会到你说的话准确，因为随着市场的变化，形势的发展，他们充分感受到了泸沽湖湖滨土地的升值，而且也确实从中受益。

——旅游扶贫

那时候在西部跑，都涉及扶贫的问题，积累了一些想法，我专门到国务院扶贫办讲过一次，就是旅游扶贫。首先提出全方位认识扶贫，这不是简单的输血机制，在这之前我专门研读了世界银行关于扶贫的发展报告，他们提出了三个方面的总体战略，第一是创造机遇。第二是要促进赋权，就是赋予贫困地区和穷人的权利，并促进这些权利的增长。第三是增强安全保障。这三个方面的战略形成了各种各样的具体措施。1988 年，孙钢主编的《旅游促进发展七十例》，就提出一个洞富了一个乡，一个山富了一个县。到 1994 年国务院办公厅下发 75 号文件，里面也专门提到了旅游扶贫工作。1996 年国家旅游局和国务院扶贫办开了一次旅游扶贫工作会议，是在张家界开的。那个时候通过旅游扶贫人口全国大概就 600 万，涉及 12000 个乡村。之后就是国务院 1998 年开始发行长期建设国债，其中旅游国债基本上落的点都是贫困地区。所以我们那时候的感觉就是旅游扶贫是可以下一些大工夫的，也可以得到大效果。我们也提出，扶贫扶优，扶贫扶产，然后形成全方位的扶贫，包括资金扶贫、市场扶贫、规划扶贫、管理扶贫、人才扶贫，等等。贫穷在心态上，落后在观念上，复杂在人际上，精力在争斗上，流失在人才上，短缺在精神上，差距在环境上，失败在制度上，这都是从实践中总结出来的经验。这一些实际的推动，实际上对我们下一步的工作很自然而然就奠定了一个比较好的基础。进一步，一是扶贫扶志，要扶志气。二是扶贫扶智，所以要研究旅游规划扶贫，就是把我们的规划专家组织到贫困地区去帮他们做规划，基本费用国家来保障，但是要想盈利没有可能。就保你一条，参与了国家旅游规划扶贫，给你荣誉。三是扶贫扶制，就是要有好的乡村治理制度才可能有这个扶贫。四是扶贫扶质，不是说贫困地区发展旅游品质就可以凑合。所以当时说了这么一番话，扶贫办都觉得说得不错。实际上我当时说这些，是我们为下一步工作打基础，还专门开过一次全国性的度假区会议，也是把中国的度假旅游从头到尾捋了一遍，也是想打好这样的基础。

那时候还提了一个构想，挺好玩。西部地区跑的多了，火花自然就出来了。有一天在办公室，那天下午什么事也没有，电话也少，也没有访客，就觉得静下来了，正好写篇文章。于是就打开地图册，按图索骥，纸上谈兵，写了一篇《创造世界顶级的旅游产品——关于茶马古道的构想》。从云南到四川到西藏，一路说了一遍，还规划了一条18天的旅游线路，我构想的茶马古道产品不修路，就是直升机加上越野车，但是沿途修18个高端小型的精品酒店，三五十间客房，就是这样的规模。把这个做到位，白天野玩，晚上高端享受，算了一下账，只需要投资1亿美元，但是每年可以收入1亿美元，我自己也感觉很好，因为这是在实践中积累出来的。后来这篇文章传出去了，有一次开茶马古道会议，在西藏的昌都开的，我还没有参加那次会议，但是这篇文章大家都在传着看，都觉得按这个思路很好。我当时感觉中国的旅游产品要分等，要有顶级产品，要有中端产品，也要有大众产品。但是大众化的旅游时代来临，真正高端的产品反而很难起来，我就希望倡导这个方向。至今为止，应该说这个事情也不理想。我们有很多世界顶级的旅游资源，但是没有做成顶级的旅游产品，这样的产品我真是希望在中国能够看到，目前来看，已经开始产生，但仍然不足。

大众旅游压倒一切，实际上对西部发展来说，最大的问题就是交通制约，但是交通投资量最大，所以在这些方面要想开个新局，确实不容易。所以那时候，有一点时间就到地方去跑，去了不少地方，积累在一起就形成了一个概念，最早讲旅游点，后来讲旅游区、旅游线，实际上发展到现在，应该是旅游目的地的概念。所以在2000年元旦的时候，有几天时间，我就整理了一下，形成了《旅游目的地发展研究》的专著，把当时的工作也都归纳总结了一下。应该说这是我多年以来的好习惯，就是所有的工作成果最后都会转化成研究性成果，甚至转化成学术成果，所以这样的思路一般来说都会走在前面。

——黄山推进

2001年，江泽民总书记去黄山，他特地说，小平同志当年上黄山就没有封山，所以我也不能封山。一路走得不错，见到了8个国家的外国旅游者，15个省市的国内旅游者，大家都很客气，总书记好。总书记亲民，也很高兴，坐索道上山，在山上走来走去，到一个地方休息的时候，发感慨，说了一句话，如果中国人每人每年都能出去旅游一次，中国的很多事情就好办多了。这句话还是比较给力的一句话。后来又看到黄山西海，问这个地方开发没开发？没开发。那让国家旅游局研究一下这个问题，当时财政部部长项怀诚也在陪同考察，他说财政部也要拿点钱。然后曾庆红同志就给何局长打了个电话，说总书记到黄山，感觉不错，有一些指示你们要研究落实。总书记视察结束以后，国家旅游局组织了一个班子到黄山去，我听到了这句话就问，这句话能不能公开发表？如果说总书记这句话能够公开发表，我们可以以此为题，开一个中国旅游发展大会。后来说不行，这是总书记随口说的话，在合肥开正式会议的时候都讲了。回来之后，我写了一个报告，送上去，也没有回音。

——南海旅游

当时还有一个比较大的事情就是研究南海旅游的开放和开发，这是在2000年。在这之前，钱其琛副总理就说，要研究西沙旅游的开放和开发的问题。后来钱副总理还专门谈了一次，就是西沙旅游的开放先不要讲经济效益，突出主权，显示存在。他专门说，南海如果没有中国人的活动，就不是中国人的南海。国务院办公厅、军委办公厅组织了6个部门一块儿去考察。4月1日晚上，在国家旅游局招待所集中，当时大家都已经睡下了，准备第二天坐海军的专机过去。晚上12点通知，西沙不能去了，出事情了，就是南海撞机的事情，所以一直等到8月我们才去。大家先到三亚，然后到陵水机场，问了一下当时的情况，才知道中国真是没有办法，国力不如人，人家撞了你的飞机，还落到你的机场上。当时我们也缺乏经验，不知道这些事情怎么处理。所以那时候有一句话，世界的陵水，亚洲的博鳌，中国的三亚，海南的海口。我们到了陵水机场，还要等天气，看着很好，但是西沙那边不行。等到10点多说可以飞了，然后乘坐运七飞机一路过去，40多分钟，热得一塌糊涂。我拿着一条毛巾，下飞机这条毛巾已经被汗水浸湿了。到了永兴岛，看了一番，看潟湖，看将军林。我很吃惊，岛上居然有当年日本人修的碉堡。之后坐着猎潜艇出海，到了七连屿，到了鲣岛。那次给我最根本的感触，是知道了什么叫大洋。海洋海洋，原来只知道海不知道洋。大洋是黑色的，猎潜艇一走，划出蔚蓝色的波浪，飞鱼就在船两边来回飞。考察路上，问军委办公厅的人，还有海军作战部的人，这是一批少壮派，南海旅游开放和开发，军委首长同意吗？他们说同意。回来之后是我写考察报告。当时我和孙钢副局长还有意见分歧，他认为要大做，我说不能大做，现在要大做就涉及一个问题，投资回报，但是谈不上投资回报问题，是国家的政治任务。这样的话，我们换一个思路，就是南海旅游从上船开始，形成一个船和岛的模式，岛不能住，因为永兴岛只有 2.4 平方公里，上面有 4 个军事单位，一个地方单位，当时海南在西沙有一个工委，已经占得满满的了，如果要做旅游，旅游者怎么可能在岛上住呢？但是用远洋邮轮的方式，大家在邮轮上走，然后到了岛上，去看一下，形成一个这样的方式。后来报告报给国务院和中央军委，这事就停了，军委首长的看法又变了，大概就是因为南海撞机这个事，条件还是不成熟。到今天，因为我们种了三个大岛，都是五点多平方公里，所以今天完全可以形成飞机、邮轮和岛的组合模式，应该说南海旅游的开展就有条件了。

——新科技

当时关注的另一个事就是新科技时代来临对旅游的影响。1995 年，见到一个美国人，他问互联网进中国了吗？我说进了。他吃惊地张大了嘴，互联网的开放是根本的开放，没有想到，从这里看到中国的进步。此事给我印象很深，自然很关注。有一次到长安大厦去吃饭，看到了一个公司叫作现代运通，觉得有点意思，后来专门约他们聊了一下。当时现代运通的老总是王胜利，还问魏小安是谁，他的副总就说你不知道他？那你的旅游别干了。他们当时就是网络预订酒店和机票，开了一个先河。后来现代运通被携程收购，实际上也是携程模式的根本性转化，因为携程一开始想做门户网站，做来做去做不下去。第二轮融资的时候就要有新的题目，这时候他们发现了现代运通，通过这个题材，第二轮融资融成了，携程的根本模式也调整了。后来我到携程上海总部，那时候规模还不是很大，有 300 多个电话员，房间里有水牌，写着本周重点推荐饭店。当时给我的感触就很深，我就说你们和饭店的关系，现在想让谁火谁就火，到一定规模的时候，你们想让谁死谁就死。他们就笑，有那天吗？我说一定会有。所以对新科技的应用，虽然我不懂，但是总体来说我对新事物比较敏感，喜欢关注。在此过程中，也涉及一系列这样的新科技的发展，新事物的推动。2000 年的时候，有一次管理司在大连开会，请我去讲了一次，我就谈这个影响。那个会很有意思，300 多人的会场，我一边讲，一边觉得眼睛底下很乱，讲完了我才发现，所有的空地都站满了人听我讲。其中我就谈到一个观点，从科技的角度来说，旅游是一个比较落后的行业，如果我们不跟上新科技时代的发展，依旧使用传统的旅行社运作模式，15 年以后必败，传统的酒店行业 20 年之后必败，所以大家都感觉有压力，紧张了。因为在这方面我始终比较关注，也是感觉没有科技赋能，没有新的动能进入，是旅游发展的一个大问题，所以也常常谈到这些问题。

——国务院会议

2000 年，逢新旧世纪相交，我在国家旅游局工作，前后 16 年，这是强度最大的一年。

第一件大事就是筹备召开全国旅游发展工作会议，这个会议由国务院组织召开，由国家计委社会事业司和我们司具体负责，紧张筹备，前后参与起草了 5 个文件和报告，形成了十几个其他材料，组织召开了 4 个座谈会，进行了大量的协调工作。在此过程中，常常是连续加班加点。这个会议，是国家计委社会事业司提出来的，他们一开始构想开一个全国旅游发展大会，后来和国务院秘书局协调之后，确定为全国旅游发展工作会议。这次会议朱镕基总理要讲话，钱其琛副总理要讲话，国家计委主任曾培炎要有一个主旨报告，国家旅游局局长要讲话，最后确定是郝建秀副主任来主持。所以在会议的筹备过程中，一系列的会议材料都要组织。先是组织地方材料，十一个地方的材料要上来。不清楚的事情就要开座谈会，而且有些事情需要协调，也需要开座谈会。应该说王威司长很有权威，尤其是在部门协调的过程中，经常是他一言定夺。

我们的主要任务就是起草朱镕基总理的讲话，钱其琛副总理的讲话，何光時局长的讲话。国家计委的主要任务是起草曾培炎主任的讲话，当时一位副秘书长带了 3 司长，4 个处长来参加工作。旅游这边就是我带着一个处长张吉林，还有一个研究生厉新建来参加。相比较而言，我们的力度就差很多了。但毕竟是在说旅游，所以在讨论的时候并不弱。工作班子当时集中在国宏宾馆，每天吃完早饭就讨论，一直到晚上。有一次他们在讨论曾培炎主任的讲话，我问还有朱镕基总理的讲话到底谁写？他们说，你先写一个初稿吧。然后他们在会议室里面讨论曾培炎主任的讲话，我在外面找了一个打字员，坐在我旁边，写朱镕基总理的讲话，写了一个下午，6小时写了8000字，打字员打字速度赶不上我写的速度。到了晚上，我说咱们吃饭去，吃饭时接着讨论。这个时候朱镕基总理的讲话也打出来了，我说朱镕基总理的讲话起草完了，咱们讨论一下。他们看了看，之后说不用讨论，报吧。这个讲话就报到了国务院研究室，国务院研究室综合司司长看了一遍，这个稿子不错，就是太长了，压缩到3000字，最难的一个材料反而顺利过关了。因为钱其琛副总理是以外交为主，他就说，涉及经济方面的事不好多说话。原来开会，我们给他起草讲话，经常希望钱其琛副总理把我们的稿子念一遍就完了，但是他经常不念，先谈谈国家大的形势，然后谈谈外交，最后是旅游的一些具体问题，提一些要求。我们觉得很是干货的东西，他经常不念。所以这次不能按这个路数起草，起草了半天他不念，怎么弄。后来我们就把一些工作构想写进去了，都是大的构想，但是不涉及具体的经济政策。写完了以后，孙钢副局长改了一稿，报到钱其琛副总理的办公室，钱其琛副总理改了几个字，因为他改了几个字，这个稿就算定稿了，也算过关了。

曾培炎主任的这个讲话，国家计委很重视，也下了很大工夫，然后去给曾培炎主任汇报。这几个人上楼，过10分钟还没下来，当时我们一个人就说，这个稿子没过吧。我说不对，这个稿子过了10分钟还没下来，有戏。最后45分钟才下来，我一看他们喜气洋洋，我问怎么样，过了？他们说过了。当时争议比较大的一件事，是计委的副秘书长提出，政府主导型发展旅游，这样说不对，要取消。讨论了一番，我们一人写一个情况说明，报领导。最后确定，地方这样提，我们不管，在国家层面不宜这样提。

这一系列的会议文件和材料都准备完了，然后开会，这个会开得也挺热闹。开会第一天，钱其琛副总理作报告，曾培炎主任作报告，何光暐局长讲话等，大家都感觉不错。当天晚上，何光暐局长指示要搞一个简报，简报要在第二天一早报到朱镕基总理那里，因为第二天是朱镕基总理讲话。这个简报折腾到深夜两点，其中的要点是什么？就是提出国家旅游局升部。国家旅游局升部在韩克华局长的时候就已经提出过，被否定了。刘毅局长本身就是大部长出身，也是正部级干部，所以他从来不说这个事。到了何光暐局长时代，很积极，也做了一些工作。这次有九个地方的省级领导，他们都提到了这个问题，要求简报中把他们的职务写清楚，姓名写清楚，意见写清楚。可是简报要求不能超过1000字，数下来，光职务姓名就200字，那这个简报到底要说什么东西？一直到深夜两点，简报才定了稿，花的精力实在太大了。第二天上午在人民大会堂开会，朱镕基总理到会，拿着讲话稿，念了开头，跟着就不念稿了，就开始说了。第一个事，旅游不是产业吗？那为什么广告的钱要国家来花？先提出这么一个问题。后来钱其琛副总理在旁边解释了一下，按照国际惯例，国家形象宣传都是国家花钱，国家进行形象宣传，企业跟进产品促销，产品促销是企业花钱。然后说到旅游升部的事，朱镕基总理说旅游发展到现在挺好，没有什么问题，就是说你现在的体制和发展格局是相适应的，为什么要升部。然后他就举例，偷税漏税严重所以税务总局升部了，走私贩私严重所以海关总署升部了，民航摔飞机所以民航升部了，旅游什么问题没有，干嘛要升部？散会之后，国务院秘书局给了我两盘录音带，按照录音带整理出来。我问整理有什么要求？一字不落，一字不差。我说那行，那就整理。本来想着能够往里塞点旅游私货，按照这个要求塞不进去。后来我见到国务院研究室综合司司长，就问朱镕基总理这么讲话，咱们起草的讲话怎么办？她说，按照咱们的3000多字下发，开会这个发言存档就完了。我说这还可以，至少觉得朱总理说的话是鼓劲的。那番话说下来，大家都有点泄气，尤其是有九个省的副省级干部来参加。但是总体来说，这个会很顺利很圆满，国家计委曾主任很满意，郝建秀副主任主持会议也很满意，国家旅游局当然更满意了。

——旅游十五规划

在这之前，规财司已经做了一些基础工作，先后在西北和西南已经召开了两个片区座谈会，我们又在南京和哈尔滨组织了东南片区和北方片区的座谈会，四个片区座谈会集思广益，初步形成了规划思路和目标，之后各地分别上报了本地区的规划目标。按照我当时的构想，旅游规划要抢在前面。因为旅游的综合性强，覆盖面广，抢在前面就可以对各个部门起一个参考作用，这样，他们在做规划的时候，涉及旅游的部分，自然而然就会引用，抢在前面就把握主动权。

但是按照原来的方式，这个事没法办，因为当时还委托了六项十五规划的重点研究课题，我要求他们做在总体规划编制之前，可是他们都说完不成。我发了一通火，后来我说提要求，让他们在 7 月份以前必须完成。

那就涉及我们的工作怎么做，本来想找几个人分工写一写，想来想去，到最后还是要统稿，很麻烦，而且效率低，不如索性我自己来干。我就跟孙局长说了一下，这个十五总规划的稿子我自己来写，给我半个月时间，这半个月什么事都不要找我。他就说这样行吗？我说行，就是这半个月别干扰我。回到家里，布置了一张大桌子，桌子上摆满了各种材料，录音机，那时候还没有录音笔，就拿录音机，一点一点往下说，然后一点一点往下记。因为我只是拉了一个大提纲，剩下的小点得随说随记，每天秘书过来拿两盘录音带走，前面的录音已经打出来了，可以看前面的文字。这么折腾了半个月。期间有两次孙局长找我参加其他部门的会议，我说让副司长去，我绝对不去，别干扰我。到 10 天左右，突然一下就昏昏沉沉，躺着床上，这是我的身体在警告我，因为没日没夜，凡是干这种活都是没日没夜，累了就在床上躺一会儿，饿了就吃点东西。到最后，15 天把这个活干完了，这是一个大活，也是一个难活，也是我第一次完成这种层面上的总体规划。最后形成了十几万字，叫《中国旅游业发展十五计划（2015—2020 年规划纲要）》，完成了一个讨论稿。后来这个稿子给了孙钢副局长，他亲自操刀，提炼关键词，修改文字，这个稿子就成熟了。很好玩的一件事是什么？孙局长改稿子从来都是从短改到长，只有这个稿子，十几万字的稿子他最后改成了 8 万字。我后来看下来，老孙真的是大手笔。越是这种大文章，大手笔的优势就越显现出来。这个稿子又到各个省区市旅游局征求意见，按照领导要求多次修改，到了 9 月底，国家旅游局局长办公会议审议并原则批准了这个纲要，然后报到了国家计委。

最后汇总下来，形成了一个包括总体篇、地方篇和专题篇，三位一体、结构完整的十五旅游规划纲要。这个规划纲要抢在前面，确实起到了我预想的作用。我当时就和国家计委说，这个稿子报给你们了，我希望你们作为一个参考稿，发给各个部门。因为这不是正式文件，只是参考，转给各个部门，希望各个部门在他们编制规划的时候，凡是涉及旅游的，汲取一部分。后来我看到有些部门规划，几乎一段一段搬过去，这就是我要的效果。到十五规划基本结束之后，国家计委专门开了一次会，当时 127 个部门和地方的规划汇总，选了七个样板在会上发言，国家旅游局的十五规划就是样板之一，在会上发言。

这个事虽然辛苦，但是干得很过瘾，大事也算是完成了。之后就涉及规划的下一步，我不希望规划就是纸上画画，墙上挂挂，所以势必涉及规划的落实。一个总的成果，在应用的时候需要创新性的研究成果的运用。至少各个地方规划必须以总体规划为依据，国家的总体规划出来了，各省按照国家的规划调整自己的规划，然后各个项目的规划以各个省的规划作为一种指导。同时也需要宣传，而且因为这种指导不光是指导旅游行业自身，也应该指导各地的市长甚至县长的工作，所以编制规划本身就是深化认识凝聚力量的过程。文本编制完之后，也应该是进一步深入发动全面推进的过程。这个事情上面，也算是完成得比较圆满。

——开拓财路

一方面，国家旅游局工作的全面开拓需要资金保障，这也是我们规划发展与财务司在财务工作上的重中之重。这一年又是国家强化预算体制改革各种新措施不断出台的一年，财政部的机构和人员又进行了比较大的调整，所以我们没有别的，就是通过一个“旅游与财政：新的财源增长点”的会议，大家达成了共识，具体工作具体做。应该说，经费增加比较多，这主要不是我做的事，大家积极努力，创造了一个好的发展环境，很多努力就有效了。

另一方面，开拓财源。比如说旅游基本建设投资计划，每年都没有多少钱，也做不了几个项目，所以光靠这点钱是干不了事的。我们和国家计委一块儿开拓了旅游国债基金，之后又开拓了旅游资源开发和自然生态环境保护专项投资，还弄了一个管理办法，这就安排了6000多万元资金，涉及11个中西部省区。国债资金两批下达了13亿元，安排了117个项目。

第三个方面就是引导社会投资，社会投资应该是大头，引导社会投资的重大举措就是推出了中国旅游业发展优先项目，这是各级旅游行业管理部门和计划部门，根据我们的发展趋势和十五规划的安排研究确定，主要就是通过政府的导向性工作拉动社会投资。2000年优先项目一共77个，国家安排财政性资金8.6亿元，有了财政性资金铺底，社会投资就自然而然会跟上来，所以这都起到了比较大的作用。而且那个时候西部大开发，国务院已经作为一个战略开始实施了，我们的目标就是旅游业成为西部大开发的先导产业，所以研究提出了实施西部大开发旅游先行工作十项政策规定等，这一系列的工作也都在开展。

——景区评定

在此过程中，我们花精力最大的一项工作，就是旅游区点质量等级的划分与评定，这是国家标准，在2000年全面贯彻实施。当时何局长提出旅游行业五大战役，这是战役之重，产生了广泛的社会影响，拓展了旅游行业的管理范围，有效地树立起旅游公共服务形象。关于景区，原来旅游局够不着，既没有手段又没有资金，凭什么管景区？那个时候叫九龙治水水更大，也涉及各个部门各个方面。所以我到了规财司之后，觉得这项工作是一个开拓性的、全局性的工作。

首先是标准制定，那个时候和国家标准委的关系已经很好了，标准已经立项。标准怎么制定，原来有一个草稿，很不成熟，而且这个草稿基本定位就错了，就是分等论级，当时是分成一级、二级、三级、四级、地方级，我说旅游局怎么能出这样的东西，太土了。所以我坚持叫A级，从1A、2A、3A到4A，没有提5A，当时我也不敢提出5A，又怕像长江游船那样，因为有了五星就跟上来了，所以一开始如果有5A，这个标准很可能就乱了，所以我们坚持就到4A。为什么用A级表示呢？因为A级标识是信用标识，银行的信用都是讲A，形成了社会印象，所以大家看这个标志着信用。此外，这个标志挺洋派的，企业好接受，哪怕是1A，也可以说国家A级景区，这就有了将来推广的基础。因为不管怎么说，说来说去就是推荐性的国家标准，不是强制性标准。所以我主持，把这个标准细细抠下来，其中涉及很多专业性的东西，标准制定出来，也开了专家会议，专家说你们的词用得还都挺准确的，我们说我们不懂，只不过觉得这个词可用就用了。这是第一步，标准制定完成。做标准就是抠细节，景区和酒店不同，景区标准涉及面更大，包括景观质量评定，服务设施的要求等，一点一点抠。比如游客中心，我就提出来，游客中心要倡导，而且要加大权重，最后游客中心给了60分。当时有人说在国外没有看到所有景区都有游客中心，这里面有个什么道理呢？市场经济发达的国家，基础设施都完善，所以我们现在提出的很多要求他们根本不需要提。但是我们不同，我们是在短缺经济条件下研究这个事，那就要考虑旅游公共服务补足城市公共服务。再比如要求必须配备公用电话，时代不同了，现在来看，游客中心的要求过分了，电话要求现在等于是空要求，完全没有意义。但是那个时候，我对标准已经很有经验了，一个国家标准大体五年要修订一次，所以我们这次出台先推行，能推行下来就不错。经过反复的修改酝酿，最后由国家标准化技术委员会发布实施，我们当时组建了旅游区点质量评定委员会办公室，并作为实施主体，具体工作就是在规划财务司，规划处承担具体组织协调和落实的工作。

标准发布之后，第一个阶段，完善细则，形成规范，部门协调，强化培训。所以，开始时确定北京、海南、云南、湖北四省市作为试点地区，先后派出四批人员在试点地区专题调研、实评实测，然后把地方的反映通过调研报告向局领导汇报。在这个过程中，多次集中研究讨论，对三项评定细则反复修改和完善，又对评定办法进行全面修改，而且制定了评定工作程序。所以在基础保障制度建设上，形成了一套标准，两项规章，三个细则，四个等级的支持体系。

那个时候，建设部、林业局、环保局、文物局四个部门都通知各地，不许采用这个标准，不许参加这个工作，这对我们造成了极大的阻力。但是我研究了一下，第一，他们并不是以部门文件的方式下发，有的是以函的方式有的是以司发文这样的名义下发的，以函和司发文的名义下发，就意味着这样的文件没有行政效力。第二，要分化瓦解，所以我们首先要争取国家技术监督局的全力支持，后来主动登门和几个部局进行协调，到林业局、环保局，这和你们没有多大关系，干吗要参与这个事呢，他们也说不清楚，说建设部找我们，觉得可以说说话。这么协调下来之后，减少了阻力，尤其是在地方产生了影响，通过一系列工作缓解了矛盾。之后，我们就在成都召开第一期检查员培训班，形成了工作队伍，以国家旅游局文件的名义正式发通知，明确了评定工作的目标、重点、组织机构和首批安排。各地都有要求，所以我们司里先派人，派出十六批，分赴 20 多个省市进行标准讲解，培训了 1200 多个地方检查员。那个时候我要求全司都要讲课，他们说我们能讲课吗？怎么不能讲课，这个过程你们都参与了，你们也都熟悉，是骡子是马拉出来遛遛。规划处小潘，回来我就问她，是不是一晚上没睡着觉？她说对。是不是第一句话说出口，心就踏实了？也对。是不是讲超时了？她说更对。你怎么都知道？因为我经历过这个过程。

这样的话，到了 11 月初，局党组决定集中一个月的时间，把首批 4A 级景区评定搞下来。所以，局里又举办了检查员培训班，局领导亲自做动员报告，全国各地和局机关一共 140 多人参加了培训。那次培训，我特意和大家说，这是旅游局搞的事情，所以程序一定要规范，该走到的走到，该做的事情做完。也是到哪里，先有首次会议，然后现场检查、资料检查，之后有末次会议谈意见。但是，原则上这次只要报的，我们都应该通过。后来大家说，这不是走过场吗？我说这不是走过场，这是认认真真走程序。这是我们打天下的时候，还刁难人家，这个事情怎么弄？后来一共分了 14 个评定小组，分赴各地进行首批现场评定。到 12 月下旬，31 个省市区首批 4A 级报了 215 家，通过了 199 家。

那个时候，我自己带了一个组在河北走，之所以在河北走，就是因为离北京近，我居中指挥，有什么情况可以随时回来。我那次评了 6 家，自己也想摸一遍，积累实践经验。这个过程中发现了很多问题，但是对这个事更有信心了，也是天天起早拉晚，常常是深夜两三点睡觉。当时我们还有一个组是西藏，已经到了成都，西藏旅游局局长给打电话，说我们有 3 家申报参加，可是西藏文物局出来，说国家文物局有文件，不能参加，不知道这个事情怎么办。我说这样，你们直接向自治区主席汇报，反正我有三条意见。第一条，这个事情不是国家旅游局争权，是对地方，对企业发展的服务方式，一种创新的服务方式。第二条，明年 1 月 11 日在国际饭店开会，钱其琛副总理亲自出来发牌，我不希望西藏是空白。第三条，评定组现在就在成都，等你们的回话，同意明天进藏，不同意明天回北京。一直等到晚上 9 点，电话打过来了，说我们和主席请示了，主席说魏司长有三条意见，我也有三条意见。第一感谢国家旅游局支持西藏发展。第二我们报 3 家不够，要报 6 家。第三欢迎评定组明天进藏。当时评定组组长是个处长，到了西藏以后，西藏派了一个副主席全程陪同。处长压力很大，又给我打电话，我说请副主席接电话，您是省级领导，您这么陪我们受不了，您先回拉萨，我们评定完了到拉萨给您汇报，这样工作才开展。我当时之所以有信心，就是从星级标准出发，我知道这个事对地方有好处，对企业有好处，所以自然有生命力。

这样，工作结束我们提出了首批 4A 级景区名单，局党组审批后，对各地进行批复，而且经过旅游报向社会公布。转过年来就是2001年1月11日，1月9日开全国旅游发展工作会议，这个会议结束，跟着就是A级景区发牌大会，钱其琛副总理和国务院秘书长都出席了。在会上给100多家景区发了牌，我也从来没见过旅游的会议这么热闹，有一堆大和尚穿着黄袍子，还有几个老道士穿着灰袍子，各色人等纷纷登台，大家看着都挺热闹，也觉得很新鲜。我们特意把西藏还有少林寺都安排到钱其琛副总理面前，这一炮打得很响，而且给这个工作奠定了一个好的基础。

当天会议结束了，大家都很高兴，晚上在一块儿喝酒。有人问，说为什么没有5A？因为在此过程中，何局长也问了三次为什么没有5A？我当时就一句话，景区的情况很复杂，现在技术上达不到，用这个理由搪塞过去了。实际上就是一个问题，我就怕首批有5A，领导又出来按照自己的意志说了算，这样一个挺好的标准，要是领导一搅合又可能变成一个死标准。景区和长江游船还不一样，因为游船领域毕竟小，规模也小，这个标准如果死了，真会形成社会影响。直到2003年，工作基础已经打好了，大家也都在轨道上运行了，我们又重新做了一次修订，提出了5A标准，5A标准从2003年开始，到现在已经有17年了，已经变成了一个金字招牌，也变成了国家旅游局后来的主要工作手段，说起来就是夺5A上5A，甚至有的地方说上5A比申报世界文化遗产还难，这倒不至于。但是我觉得后续工作很好，因为后续大家严格执行标准，而且通过各个方面的力量来制约，规范很严格，所以保持了5A级景区的含金量，到现在为止全国已经有280个5A级景区了，这项工作我花了极大的心血和精力，后续也参与了一些工作。

那个时候，一个是全国十五旅游规划，一个是全国旅游发展工作会议，加上A级景区的评定，三个事挤在一块儿，也是我工作强度最大的一个时期，基本上天天要熬夜，睡不好觉。突然有一天我觉得后背不舒服，一看，背上起了皮，吓我一跳，想起曾国藩的皮肤病，被称为龙鳞，实际上就是工作强度过大造成内分泌失调。这几件事完成之后，我踏踏实实睡了几天好觉，睡着了背上起的皮就脱落了，基本上恢复正常了。但是干工作就得有点这样的精神，总是想着可以顺顺当当地做事情，恐怕不那么容易，尤其是挑战性的事、开拓性的事，要求就是这个要求，就是要有这种不畏难的精神，反正一件一件也都过来了，所以工作强度虽然大，但是这些事干得挺过瘾，也挺好。

什么事情有了目标，也就有了动力。目标越明确，越具体，越直接，动力越强。人都有惰性，就要把大事化小，步步接近。

一件一件事干下来，总体感觉，第一，事缓则圆，事急则滞。有些事情，你以为很重要，但越是重要的事，越应该把它放一下，稍微放一下，这事的毛病反而看出来了。往往碰到重要的事，碰到急事，急慌慌地去干，这时候，一定是要出毛病的。有时领导布置工作，说得很大，说得很重，要雷厉风行，哪怕腾出十分钟时间，把事放在这里，想一想如何操作，感觉就不同了。如果想都不想，很快就去干，毛病肯定少不了，如果把事干出毛病来了，最终领导也不会满意。但有些工作，大的思路已经清楚了，只差操作，就得抓紧操作，否则会贻误时机，什么事都有一个度的把握问题，我们经常碰到的是过急，有些是过缓，但多数是过急，容易出毛病。

第二，大事化小，小事做大。这里边学问挺深，有好多具体情况。我感觉有些事在定位时，可以把它定成大事，可在说的时候，没必要把它说成大事。有时候事说大了，有什么战略意义，有战略意义就意味有很多责任性的东西，有些人就会想不干了，把人吓回去了，很难支持你。所以，先要大事化小，甚至只说第一步，不把事情说那么大，这样大家好接受，也好支持；跟着第二步就出来了，第三步也出来了，最终汇成一个大事。但在说小的时候，要想着大，尤其是在做的过程中，要把小事做大，这也是一个过程的两个阶段。另外，也有些事一开始是实事虚说，然后转过来就是虚事实做，都需要在工作上具体把握。

第三，大事大气，小事和气；大气成大事，和气化小事。办大事就要有大的气度、大的胸怀；办小事就要和气一点，无须争。所以大气成大事，和气化小事。有什么小矛盾，只要和气点，都过得去。如果在小事上总要论个清楚，小事就过不去，这样大事也办不成。这句话是我的一个朋友讲的，听起来很虚，实际上很实。

第四，事以进，专以退，事功无功利，事专得终享。这话有点拗口，是对所谓官员学者化的一种理解。目前，一种情况是学者市场化，所以就有了官员学者化，这是变相的市场化。此外，现在对官员的学历要求逐渐提高，这是要求官员专家化。另一种情况是学者直接做官。而我的理解是工作本身要靠办事、靠成事来促进，但是也不忘专家的思路和任务，这一方面可以共同促进，另一方面也是一个退路。最大的好处是事前没有功利心，反而能做事，能成事，最终的退路还是专家。所以能做事就多做一点，做不成事就做点学问。这样做学问，因为能和事连在一起，所以学问也能做得比较实。说起来，这是市场经济下真正的出路，是国外司空见惯的社会现象。

第五，境由心生，事在人为。这是生活中的体验和感受。1998年机构分流的时候，当时有一批人分流下去了，心情有波动，我就想起这两句话。实际上环境和情境，首先在于我们自己怎么看，其次在于自己怎么处理。人适应环境，环境也会适应人。我们的传统文化不容忍人的个性化发展，但有时却能接受个性。这就是境由心生，我们若能想得透一点儿，还能创出新环境；如果想不透，也是境由心生。最终还是事在人为，不管有什么矛盾，有什么困难，如果能把这点想明白，实际上就能营造出一个好环境。我们生活的中心是在单位，主要的精力、时间，主要用心都花在这上边。某种程度上说，有一个好环境，比你有一个好老婆还重要。如果环境好，回到家里高高兴兴，家庭也愉快。如果环境不好，回到家里就运气，老婆也得跟你运气，家庭环境反而恶劣了。遇到事情时换一个思路，可能一下子就打开了，就不会再钻什么牛角尖。想不开有什么意义？往往想不开都是过于相信冠冕堂皇的说教，想不开也得面对现实。所以，营造一个好的环境靠大家的努力，但在很大程度上是你自己怎么看，怎么对待。比如碰到一个事，泰然自若，也就过去了。但如果换个思路，你怎么欺负我？就得干仗，越这样，环境越恶劣。在任何一个环境里，肯定会有不公平的事发生，这种不公平也很可能就落在你身上，不公平就不公平，过去就过去了。至少从概率上说，公平与不公平也是相等的。但说到底，要靠自身的实力，与其运气，与其干仗，不如培育实力。

——三区联动

这个会议开完之后，我们就趁热打铁，和国家计委一块儿起草了2000年国务院九号文件，关于促进旅游发展的意见，把我们想做的事情，可能争取的政策都写进去，走程序，顺利出台。顺利程度超乎想象，是众人拾柴火焰高。

之后局里领导也有调整，顾朝曦来当副局长，主管我们司。他是朱镕基总理的秘书，来当副局长，国务院出来，思路很广，而且这个人是学计算机出身的，技术性也很强，又喜欢运动，看着一身块儿，感觉很棒。比我年龄小，对我很尊重很客气。后来我说，顾局长你是我的分管领导，没有必要这样，他说不行，老同志我就是得尊重。我突然意识到，我已经变成老同志了。他分管期间，我们的事情他没二话，绝对支持。

2000年的时候，我就在想，进入新世纪，旅游要有点大题目，所以提出了国家旅游度假区、国家生态旅游示范区和国家旅游扶贫实验区这样的思路，简称为三区联动。这个事情我很慎重也很认真，在局里先做工作，一步一步把三区的事先让领导们接受了，大家都很认同。之后就造舆论，那时候也写了一些关于三区建设的文章。钱其琛副总理在全国旅游发展工作会议上的讲话中，一个区一个自然段，都写进去了，钱其琛副总理都念了。国务院九号文件把这些事也都写进去了。我一看，国务院文件都发了，剩下的事是落实，心里就有底数了。就以国务院文件为依据，找五个部门，国家计委不用说了，这是我们一块儿商量的事。然后就是财政部、环保局、扶贫办、林业局，一块儿谈这个事，都觉得这个事很好。环保局说国家生态旅游示范区就是我们的工作内容，就该干这个事，你们提了一个好题目，如果这个事起来，我们一年可以拿200亿元的资金支持。国务院扶贫办也是这句话，国家旅游扶贫实验区这个题目太好了，如果能够落实，我们一年拿200亿元资金。这么协调下来，大体上一年用于旅游的资金可以有800亿元，这个事很让人兴奋，确实很大。所以这个时候。我觉得工作基础和条件已经有了，基本成熟了，旅游局牵头，起草了一个文件，专门在北戴河开了一次部门协调会。部门协调会也好玩，我跟顾局长说，咱们这次会换个方式，在北戴河海滩上，着装要求就是大裤衩大背心，去了以后，一人一扎啤酒，就开会了。第二天开会，大家看到都笑了，说太好玩了。在一个轻松的环境之下，讨论这么大的题目，这么严肃的问题，最后大家都说这个很好，那咱们就办。

国家旅游局牵头起文，之后，五个部门分别会签，报到国务院秘书局，再往上报。这个过程之中，我一直在跟踪这个文件。有一天，秘书二局副局长找我，说这个文件有信了，我说通过了？他摇头。一看，真是一瓢凉水泼下来。朱总理批了两段话，第一段话是请建设部和旅游局认真看一下北大谢凝高教授的这封信，旅游发展不能破坏环境，不能破坏文化。第二段话是我们现在这个区那个区太多了，为什么还要搞三区？把这个事给否了。前前后后折腾了两年，工作做的这么细这么扎实，一步一步这么做下来，没想到被这么一封信给拦住了。他就是给总理写了一封信，意思就是批评旅游破坏环境，破坏文化，还举了点例子。这没办法了，干点好事怎么这么难，告状怎么这么容易。后来谢教授听说了这个事，还专门让人给我传话，说这不是我的本意。我心想你的本意到底是什么。这么一封告状信，一年旅游投资 800 亿元没了。

在这个之前，工作的基础真是很扎实。一是关于国家旅游度假区，从 1991 年国务院旅游事业委员会批准已经搞了，现在只不过是要扩大范围。二是国家旅游扶贫实验区，当时已经确定了宁夏六盘山试点，我还专门到六盘山去了一次，前前后后看了一遍，提了不少意见，其中有不少批评意见。我那次讲完了，宁夏旅游局局长跟我说，魏司长，你的讲话最好不要公开。你说得太狠了。我说这叫恨铁不成钢，他说这我没意见。最后国务院办公厅正式发文，批复了第一家全国旅游扶贫实验区。三是生态旅游示范区，我们和环保部、林业局都已经协调好了，准备搞一批了。应该说这个工作基础，反正我做了这么多年，没有这么扎实。但最后还是不行，我也有点心灰意懒，杜一力还问我，这个事就这么拉倒了？我说不拉倒怎么办，她说三区不能联动，可以分动。我实在是心灰意懒，也不管这个事了。后来的格局就是分动，三个区现在名义都有，也都在操作之中，只不过原来构想的大格局实现不了。

但是，多年积累，总结各地旅游局局长的工作经验，包括国家旅游局自身的经验，再结合我自己的一些体验，总体来说，形成四句话。

出好题目，抓大市场，因时借势，全面拉动。

第一是出好题目。其中一是要把题目出好，二是把握好出题目的时机。这些年旅游业年年都有新题目，年年都有舆论的热点。国家旅游局出的题目最多的是主题年的活动，年年搞，形成了常规。大家都说旅游局年年都有新花样，对各部门也是一个推动，但也是众说纷纭，有人说劳民伤财，只是关起门来自己热闹，自己请自己的客。对此，不能只看表面现象，每个主题年，省市长都得在电视上讲话，体现了对旅游的重视，社会效益很大。同时提高了老百姓的生活质量，提供了一定的新产品，意义非常大。现在各地旅游局的工作也是这样，看能不能出一个好的题目。这些年来，国家旅游局最成功的题目是“创建中国优秀旅游城市”。其他情况不说，仅从题目而言，一是开始定的名称叫“评选全国最佳旅游环境城市”，后来看不行，当时中央正在限制各部门的评选活动，所以不能叫评选，叫创建，另外，“评选”评的是现状，“创建”是一个过程，我们真正注重的也是创建的发展过程；二是“全国”不行，那是我们关起门来自己比，所以要改成“中国”，意味着这是我们对外的品牌；三是“最佳”是少数，难以调动积极性，所以改成“优秀”；四是“旅游环境”，觉得面太窄，所以将“环境”两字去掉。最后改成“创建中国优秀旅游城市”活动。别小看这几个词的改动，在实际工作过程中的效果、作用截然不同，号召力也截然不同，所以题目出好真是很有讲究。在实施过程中，各地非常支持，也很看重这个事，通过这个活动的开展，旅游部门的行业权力和范围大幅度地提高和扩展，扩大到各个市长。而且在工作过程中，不断完善，题目出好，还要出细，最出乎意料的就是老百姓的反应。一开始，以为老百姓会不理解，甚至骂一骂，但实际上老百姓非常欢迎。到广州去验收的小组，刚到第二天，就有老百姓送花，说旅游局办了一个好事。后来归纳这个活动的宗旨，是“四个环境”，即给广大的海内外旅游者创造一个好的旅游环境，给广大旅游企业创造一个好的经营环境，给广大市民创造一个好的生活休闲环境，给城市创造一个好的发展环境。

第二是抓大市场，这是旅游工作的根本。我们没有实际的行政权力，靠的就是抓市场。一是需求市场，入境、出境和国内旅游市场；二是供给市场，行游住食购娱六要素的市场。我们的工作是把这两个市场怎样结合在一起，抓大市场，做到这一步就算抓到位了。

第三是因时借势。好多事情，必须研究时势，顺时而行，乘势而上，就能达到事半功倍的效果。国家旅游局有意识地从这方面入手。如 1997 年的主题，考虑呼应两件大事，十五大和香港回归，因为这两件事呼应上了，所以江泽民主席元旦讲话时，对旅游讲了一大段话。把时势赶上了，可能花三分力达到十分的效果；赶不上，可能花十分力，却只达到三分效果，有时是因时借势，有时就要造势。假日旅游变成国内瞩目的热点，国务院发出一个《关于进一步发展假日旅游的意见》，随后又召开会议，听取假日旅游的汇报，到年底新闻界评为 2000 年十大新闻。这就涉及如何借这个势来进一步造势，2001 年 1 月 8 日国务院召开旅游发展工作会议，国务院又下发了《国务院关于进一步加快旅游业发展的通知》的文件，这就是借势造势，不失时机。

第四是全面拉动。旅游的发展是靠社会各个方面支持的，它产生的效果也应该是一个全面拉动的效果，很多领导对旅游的关注，不是因为旅游自身，而是它产生的全面拉动的作用。所以在这方面，我们不必争功，但要争作用，作用大，地位自然高。这就是经常说的“有为有位，有位有威，有威有为”，出发点是有为，落脚点还是有为。

从个人来说，做事不做官，累事不累心。这是我多年的一个原则，我的目标就是做事，为了做事可以不顾其他。或者说，不把官当事，但要把事当事。这里面有一个好处，做事情很累，工作节奏应该是紧张的，事情也很多，但是从来心不累。实际上它更大的好处，是使你能放开手脚干事。因为在做事的过程中总有个人的患得患失，不可能没有患得患失。但是要看你患的是什么得失，也就是看追求什么目标。如果只是眼前利益的小得小失，就势必关心小是小非，某人是否对我有什么看法，某领导今天怎么咳嗽两声，然后就是张家长、李家短，心就太累了。如果要患，就患大得大失，这样反而心态轻松，事也能干好。到后来大家都明白，用做官的一般规则来对待我没多大意义，这样也创造了一个相对宽松的环境。

另外，宁可使复杂问题简单化，不要使简单问题复杂化。这也是同种道理。我们一般所指的复杂，并不在事，总是复杂在人上，人的复杂再加上你自己往里掺杂的复杂因素，不乱也乱了。其实说到底，有什么复杂的？同事之间，今天你对我有点意见，明天我对你有点意见，后天他对他又有意见，几年过来了，最终发现这些意见都是没有意义的。所以人际关系的复杂，更多的是自己的复杂，要把它处理简单了，周围的环境，你也觉得简单了。反正这么多年，我从来不想这些事，反而干了不少事。但我们常常把简单的问题复杂化，来不来就是这事得慎重，那事得慎重。办事一定要慎重。但它不应慎重在这一点上，应在其他方面。所有问题都是连在一起的，如果想明白了，就简单得多。我在工作中始终就是这么一种比较简单化的处理方式，工作30多年，也吃过大亏，栽过大跟头，但也过来了，没什么了不起。“文革”时我出言不慎，挨过批斗；后来又写东西不慎，写关于企业改革的东西，被人家上报，组织上来人追查，正要追查时，“四人帮”倒台了，我也算逃过了一劫。但这么长时间过来了，什么磨难都经历过，什么人也都见过，不外乎如此。简单一点，可以提高效率，调整心态，最重要的是提高了自己的生活质量。一天到晚防着小人，议论小人，自己也就变成小人了，不把它当个事，这些事也就没有了。还是古人说得好：见怪不怪，其怪必败。

——部门协调

部门协调主要是难度问题，行业推广主要是力度问题。旅游部门工作首先是协调，主要的工作也是协调，最大的难度还是协调。部门协调表面上是意见不一致，实质上是利益有冲突，可每个不同意见都冠冕堂皇地站在国家利益上，所以好多意见你都没法驳。所以我就感觉，政府部门不改革实在是不行，官僚机构都存在这个问题。最后出台的东西都是利益均衡的结果，都是折中意见，自然不矛盾。2001 年出台的国务院 9 号文件也是如此。在起草过程中，有一稿大家都非常满意，起草了 49 条，以为应该过关了。召开了专家、企业、地方和部门四个座谈会征求意见，前三个座谈会都很顺利，部门座谈会就不同。反复协调之后，最终出来的是 22 条，一些实质性的东西不得不删除。从另一方面看，这也是件好事，没有这些部门之间的制约，政府的运行恐怕犯的错误更多。行业工作上下大体一致，有不同意见也主要是内部问题。因此，要点就是加大力度的问题，政策出台，协调问题已经解决了，就需要加大力度推广，这就是现在要做的主要事情。先争理，后争事，再争格，这是部门打天下的三部曲。所谓“有为有位，有位有威，有威有为”即在此中。

在协调工作中，想人就是想己，帮人就是帮己，日久自明。在协调过程中，多想想对方，尤其多想想对方的难处，把话说到前面，把事办在前面，难题反而好解决一点，至少是容易建立解决的基础。如果你总是讲你那点道理，人家就会想，跟我有什么关系呀？很自然，事也办不下来。深一步说，机关工作的动机很多，有的是事业型，有的是政绩型，有的是权力型，当然更多的是复合型。不管是什么型，表现出来的一定是堂堂正正，一口一个国家利益。而且，处于不同层次的关注点是不同的。所以，在这些方面也需要具体问题具体分析，不能一概而论。在实际中，事业型的最好协调，政绩型的必须抓在兴奋点上，权力型的不易协调。制度决定行为，多数行为都是体制性行为，如部门之间打架；也有个人行为掺杂其中；但不宜混为一谈。

后来我也感觉实在是心灰意懒，当时和建设部的关系也搞不顺，好多事建设部老捣乱。开始是在景区股票上市的事情上，竭力阻挠。1998年桂林旅游上市前，先在桂林开专家论证会，不成功；又在北京开论证会，一批建设部门专家，一批旅游专家，一批金融专家与会。建设专家上来就扣帽子，凡上市就有腐败，你们这么积极，是不是想搞腐败？一位金融专家站起来就走，我拦他，他说没有想到今天还能听到"文革语言"。我说这才需要我们说话，后来会议效果不错。还有一次，建设部通知开会，送来一本厚厚的研究报告《风景名胜资源上市之国家利益权衡》，第二天就要开会，我说这样安排，拒绝参加。半个月之后，我写了一个研究报告，也是一大本，到会辩论。他们请来一位经济学家，希望帮他们发声，结果经济学家说，旅游局的观点好，客观公正。最好玩的也是有一次到建设部开会，名义是讨论落实国务院领导的批示，起因是建设部给国务院呈了一个报告。一看，领导都是画圈，钱副总理批了一句，此事务请旅游局参加。但是看到第三页，有一句话，抢救为主，保护第一，下面画了一道线。我就问，这道线是谁画的？说是领导画的。我说这道线已经画出了纸边，按常规应当有批示，有没有？他们只好说有，其实是复印的时候盖住了，不希望我们看到。但是我已经提出来了，只好再复印出来。领导批示是，也不能只强调这句话，要研究资源整合，积极利用。接着我申请发言，既然讨论领导批示，只看到两处，我就发挥了一番。这个会是建设部一位副部长主持，国务院7个部门的司长参加，我发言之后，就有点开不下去了，只好再研究。出来的时候，一位司长和我说，你够厉害的。我是办文件出身，这种小家子气实在没意思。

在国家旅游局工作，我先后和39个部门打过交道，有的就是打官司，部门协调是一篇大文章，也是大功夫。在这个层面需要讲道理，有观点。到地方的协调，需要看领导，讲关系。但是都需要日常工作的储备，一是理论的储备，二是资料的储备，三是文字的储备。这就需要跳出旅游，在更宏观的层面来分析。

我的实际感受，工作前半期，尤其是在管理司期间，涉及部门协调，都是旅游部门求其他部门，到中期，可以平等协商了。到后期，旅游产业规模形成，作用发挥，旅游就主动多了。关系也在演变，建设部的态度也变了。有一次他们给国务院写一个请示，需要国家旅游局会签，就是风景名胜区管理条例这个事情，原来是暂行条例，现在想把暂行两个字取消，因为是国务院条例，国务院法制办对各个部门的工作也都做了一些。光玮局长不同意会签，后来我就说，这个事不同意没有道理，如果说里面的哪些条款不合适，我们可以提意见，可以改。当时建设部汪光焘部长，专门到国家旅游局拜访了一次。从部门之间来说，谁到谁那里拜访，就意味着谁求着谁，汪光焘部长是大部长，又是中央委员，结果到国家旅游局，何光玮局长借故不见，叫顾局长见。我陪着顾局长见了汪部长，城建司的一个副司长来了，汪部长说，这样，中午你们把这个文件再改一遍。在机关食堂吃了点饭，中午我和王司长两个人把这个文件改了一遍。改完了以后，报到何局长那里，何局长还不同意。后来这个事弄得建设部很有意见，我也觉得不占理。有一次，我和有些部门的同志说，咱们不要老打架好不好？政府各个部门之间老打架，既伤精力、伤时间，又伤了和气，大家一起做点增量的事情多好。当然，类似这样的问题，不是简单的一句话就能解决的。有时不光是行政部门，一些老专家也局限于这些传统，而且更严重。这些老专家，除了专业的知识，其他一概不理，思想封闭，所以形成了一个观念：搞旅游开发就是破坏，甚至是卖国。只有他们爱国，天下哪有这个道理。但这些老专家对行政部门影响特别大，在许多事情上产生不协调，这是一个原因。社会生活很复杂，一个结果不一定就只有一个原因，往往有许多原因。我们许多改革措施进行不下去，就是因为错综复杂的因果关系。不揽权，靠开拓去创造权力；不争功，让功才易做事。权力是把“双刃剑”，权力后面就是责任。从做事的角度看，权力似乎是必需的，但只看重权力，甚至去揽权、争权，就势必背离做事的目标，同时也是自己给自己制造障碍。反之，不揽权，靠开拓去创造权力，会容易把事做成。同理，后一句话也是如此。在实际生活中，做人都应遵守这一点。说到底，做事如做人，做事先做人，人要做好了，做事就自然有人帮，什么困难都能过去。

诸如此类的事，弄得挺烦，所以那个时候动了一个心思，旅游局的事可以不干了。因为很简单，弄点事不让干，这个事到底怎么弄。那时候的规财司工作，基本上已经上了轨道，上了轨道就用不着我操这么多心了。

那时候陪着郝建秀出了一次国，郝建秀是国家计委副主任，她带着投资司姜司长，国际司司长，再加上旅游局顾局长带着我，还有文物局的董局长，这么一批人。第一站到了希腊，驻希腊的甄大使，是国家旅游局驻法办事处杨文珍的先生，所以我们感觉这是串亲戚，到了希腊很愉快。从希腊要经过意大利去法国，我就和郝主任说，意大利大使是原来国家旅游局副局长，大使馆办公室主任是原来苏州旅游局局长，咱们从意大利过，不跟他们打招呼不合适吧？她说任务安排没有这个。我说这也不算是正式，就是打个招呼而已。因为原来在意大利一天，是旅行社安排。后来郝主任想了半天，说好吧。我赶快打电话，程大使在机场迎接，还开了贵宾室，我们在那儿休息了一下，姚主任问你们出来几天了？我说这是第6天，怎么了？他说晚上大使宴请，我知道怎么安排了。真是有经验，刚出来三天安排西餐可以，出来6天了，晚上必须是中餐，而且必须有饺子有面条，大家哈哈大笑。所以白天简单看了看，晚上到大使馆吃饭，吃得很香，也都很满意。郝主任也说，到底是旅游口的人，会接待。我说对呀，这都是走亲戚，没有那么太正式的东西。从意大利坐飞机，第一站到法国尼斯，下了飞机有时间，大家就上街走，我说法国有一个奇观。什么奇观？你们等着看。过了一会儿我摸出一支烟抽烟，果然，一个美女过来了，看着我，我赶快摸了一根烟给她，仍然看着我，又拿打火机点上，然后微微点头一笑，非常有风度。大家在旁边照相。你说的奇观就是这个吧？我说是，法国我来过几次，这个事最好玩。给我的感觉这是少奶奶在蹭烟。所以那次走也很愉快，姜司长喜欢照相，而且很专业，一路就用各种姿势在照相，有时候一天下来，说今天能出一张好片子。我不懂，就是胡乱照。这一圈走下来，走得很愉快，考察报告还是我写的，这是惯例。顾局长也挺高兴，觉得魏司长还真是很得力。

当时工作不好办，就琢磨点新题目，在这个过程中也确实感觉到旅游发展里面不断有新做法，也不断产生新说法。所以那时候我们创造了几个新说法，一个叫环城市旅游度假带，第二个就是关于西部发展旅游扶贫这么一套新的说法，第三个就是在一些项目方面，要研究如何创新，所以那时候我在《人民日报》海外版开了一个专栏，连续发表了20多篇文章，都不长，一段一段，都是涉及大家关注的问题，写一篇专栏发表出来。按理来说，那时候工作那么忙，可是我总感觉还是有余力可以写一写东西。包括假日旅游怎么看？怎么办？区域旅游发展等，涉及谈了一堆这样的事情。而且那时候各地很多项目在找我，那也就跟着在跑。所以除了西部地区，也跑了中部和东部的很多地方。东部出经验，中部出潜力，西部出政策。跑得多了，自然有很强的实感。

那时候顾局长这点好，只要想跑，题目说出来你就走。他有一次随中央代表团去西藏，去之前专门找我要了关于茶马古道的文章，活动结束之后居然走了一趟，西藏旅游局劝了一番，没有人走过，很艰难。回来和我说起，我哪里知道他要走一程，我只是纸上谈兵。

那时候局里下了两个文件：第一个文件就是关于请假的制度，司长出去必须找一把手请假，副司长出去必须找主管副局长请假。第二个文件就是不许随便参加会议，包括在北京地区的会议。我就不接受这些要求，我也不管，该走就走，我最认同毛主席这句话，没有调查研究就没有发言权。一天到晚憋在机关里，听着地方来汇报，听着企业来汇报，怎么可能形成真东西？

而且，几番累受下来，身体也确实不好，我动了一个心思，想走了。什么方式呢？提前退休这个方式不错。有一次我和徐汎吃饭，徐汎前两年已经走了，我问这个事怎么办下来的，她说简单，按照公务员条例，30 年工龄，身体不好，就可以申请提前退休。我已经 35 年工龄了，身体也不好，所以当时心里打了这么个小算盘。转过来，正想弄这个事，就发生了“非典”，别动了。

——“非典”影响

“非典”发生，北京空城，旅游寒冬。在“非典”期间，我们要天天上班，因为旅游是受“非典”影响最大的行业。何局长指示，组织一个“非典”影响旅游的研究组，每天整理各地的材料，每天要有简报，隔几天要给国务院报一次。弄来弄去，组长让我当，一个司抽一个人，大家天天来上班，天天汇总材料。当时北京的气氛很紧张，上下班大家都觉得有危险。之后是争取政策，先是到财政部，财政部企业司很主动，说旅游这么大影响，我们专门拿一笔经费补助旅游企业，有一个前提必须是国有企业。所以那个时候弄一笔钱，补助了几个国有企业，也算是一个姿态。有一次杜一力提出来，要到国家发改委争取政策，希望我这里出一个人，这个人硬着头皮只好去了，因为那个时候真是说不准将来会如何。每天上班出一个简报，隔几天就形成比较系列的报告报给国务院，那时候能够坚持在工作岗位上天天干这些事不容易。但是有更不容易的，北京旅游局的于德斌，前一天任命北京市旅游局副局长，第二天带着 600 人进了小汤山医院。这叫火线任命，同样是这个道理，德斌这个事干得很漂亮，但是也冒着很大的风险，大家充分肯定。那时候局里有一个很得力的人是付磊，当时是政研处的干部，张广瑞的博士，也是中国培养的第一个旅游学博士。这个小伙子真棒，写点什么东西哗哗就写出来。事情过去了，我说付磊咱们别白干，弄本书，《“非典”影响与旅游振兴》，把这四个月期间的资料归并整理，加上研究报告，这个书就出来了。这本书肯定卖不出去，我跟出版社社长也说了，所以不必多印，但是给中国历史留了一个真实记录。

“非典”过去了，杜一力和我商量，一块儿搞个论坛，组织了旅游振兴高层论坛，在北京国际饭店召开。这个会开得不错，因为那个时候“非典”刚刚结束，大家都憋着一股劲，旅游受了这么大影响，需要努把力重新振兴。

论坛开完了，当时我想开一个全国性会议，贯彻四个国家标准。在“非典”之前，这个会议通知已经下发了，有的人都报到了，何局长说，因为“非典”你们这个会不能开了，我说可以，马上紧急通知，大家都回去，在路上的也回去。“非典”结束了，我想这个会可以开了，又找何局长说，我们这个会议要继续开，何局长说现在什么会都不能开，现在只开一个会就是市场方面的会。后来我就火了，和他吵起来，吵来吵去，扭头就走了。回到家里很不高兴，太太问我，今天怎么啦？想了半天，不干了。反过来问太太，她说，你想好了就行。还是我的原则，做官做把事，现在连个会都不让我开，还能干什么事，不干了。

——脱离官场

选择就意味着放弃，任何选择都有代价，也都是比较的结果，这就是经济学的机会成本问题，前提是追求什么。当天晚上，写了一个提前退休的申请，第二天上午到何局长办公室，他的秘书问我什么事，我给他一亮，他就愣了，现在正是用人之际。我说你不懂官场，等着看吧，我十分钟就出来。果然，何局长问什么事，我给他一亮，看了看，说身体真是不好？我说确实不好，这些年累过头了，所以现在恢复不过来，这么盯工作盯不下来了，别耽误工作。说了一番，然后他来了一句，恋恋不舍。我听明白了，这是同意，就说了一堆拜年的话，何局长我来就是你调来的，我的每一步你都很支持，对你有感恩之心。这倒是心里话，现在回想起来我还是有感恩之心。如果当初没有这么一个平台，我怎么可能做到这一步呢？我自己都不知道我到底有多少能力。有机会做了这么一把事，也形成了行业的影响，也确实觉得对得起国家旅游局。到最后何局长说，你这个事大，党组的人都得谈一谈。我说好吧，先去找孙局长，孙局长一听就愣了，他说你现在和何局长关系不错，何必呢？我说正因为关系不错，现在才可以提这个事，否则就变成闹意气了。他说不管怎么样，反正党组投票，我最后一个投票。我说你不管怎么投，你得投赞成票。之后去找我的主管副局长顾朝曦，顾局长觉得很可惜，身体不好直接养病就行。我说，直接养病影响工作。后来说，要不然给你安排巡视员？我说不行，影响党组威信。在行业里大家都知道，我很能干，现在不让我当司长，让我当巡视员，这是什么道理。我说没别的，踏踏实实让我退休就完了。之后我去找张希钦，老张跟我笑，你闹什么闹。我说没别的，组织需要你的时候你觉得很重要，可是你需要组织的时候找不到组织。我现在也代表一级组织，如我的司里面有人生病，我看他一次叫义务，看两次叫情分，没有第三次了，因为很简单，组织是因为工作而存在的。我现在身体不好，踏踏实实让我养病不好吗？他说你这个话是个道理，这个道理我接受。一圈谈完了，收拾收拾，这时候人教司司长给我打电话，到你那去一趟，我说不用，我到你那去。何局长已经批下来了，请党组各同志阅（考虑到小安同志的身体）。这事就算是定局了，跟着我就出差，出差期间我不断问司里的秘书，正式文件下了吗？出差回来，和财政部开会，我上来就说，对不起各位，这可能是我在旅游局最后一次和你们开会了。大家都愣了，因为那个时候大家也很熟了。问为什么？我说没别的，我不干了，但是旅游局的工作还是希望大家继续支持，然后一二三四五说了一番。

离开机关，完成两个心态转换，一从局内人到局外人，局外人无利益纷争，自然看得更明白，也更洒脱。二从官员到百姓，多一点从容，少一点是非。

——十点心得

机关工作 16 年，加上在北京市旅游局机关，感悟了一些心得，尤其是方法性的心得。

第一，胆识，见识，学识。从根本上说，“见识”二字是连在一起的，但某种程度上也上可以分开的。既存在有见无识的现象，也存在有见有识的现象，最好的则是有识之见。更深一层，见识与学识是相辅相成的。学养深厚，可以举一反三，直达本质。不学无术，所见所闻无非成为茶余酒后的谈资。再进一层，还需要胆识。于学者而言，除了看到、想到之外，还要说到、写到；于业界和官员而言，还要做到、做好。此间不知有多少利害冲突，说到、写到已属不易，做到、做好难上加难。这就需要胆识。保持好心态需要“三不主义”：不操闲心，不争短长，不求完美。不操闲心则心宽，不争短长则心静，不求完美则心远。

第二，靠事业凝聚人，靠环境吸引人，靠工作培养人，靠才学和品德带动人，而不能靠小恩小惠笼络人。这不是做研究、做学问的方法问题，这是一个领导方法的问题。在市场经济的条件下，常常认为没有小恩小惠，人就不会积极做事。我不这么看，也从来不搞这种东西，我就一条，压着大家干活，天天加班加点，压得嗷嗷叫，有时甚至到不近人情的程度。我说得很清楚，你们现在就是干活的时候，几年过去，就会知道，压担子对你们有多大好处。当然，现在也可以放松，你们爱怎么着就怎么着，不给你们提要求，但几年过去，可能就荒废了。尤其是新进机关的，新走上社会的，第一步至关重要，培养什么作风，获得什么教益，终身受影响。所以这里的要害，就是靠什么来导向。从机关工作自身而言，优势在于形成宏观视野，培养严谨的作风，得到事业的成就感。小恩小惠只能出小市民。另一方面，则需要领导能做到公正服人、表率带人，关键是以事业为重。

第三，靠成绩创造条件，不能靠条件干工作，路就会越走越宽。有的人经常有一个错误思路，就是领导在布置什么工作时，要和他叫板，好像叫板能叫来什么东西。实际上不然，你叫板，叫来叫去，把自己给叫没了，叫板就说明你干不了，干不了就挪窝。这样，路越走越窄，甚至越走越死。所以，碰到事情先干，碰到困难克服，在这个过程中争取条件，创造条件。我在和各个部门协调时经常说这句话，这事已经有九分了，你们再支持一分，十分效果就出来了，如果差这么一分，这九分就白干了。人家一听，就觉得值得支持了，好多事情是这样，值得支持才支持。我也碰到过一些人，或者是只知道伸手，或者是只知道叫困难，我也烦。干事看到困难是对的，但不能叫板。你要觉得干不了，你就别干。这很简单，铁打的营盘，流水的兵，离开谁都可以。往往人有错觉，以为离开我就不行，天底永远没有这样的事。利弊权衡，底线看弊，高线看利。凡事没有损失必有利益，即使还看不到利，往往潜藏其中，逐步体现。但人们常常是不见兔子不撒鹰，因此也常常错失机遇。

第四，遇事多看好，遇人多看长。什么事情都有有利因素，也都有不利因素。多看好的一面，多往好的一面努力，困难就克服了，事情就容易办好。对人也是如此，人都有长处，也都有短处，多看长处，多用长处，长处就发挥出来了。如果只抠短处，就会使人无所措手足，纵有积极性也无从发挥。世上没有不可用之人，就在于怎么用。人才学上还有一句名言，放错了位置的人才就是垃圾，也是讲用人之道。同时，人也有长进的过程，也要充分看到这个“长”，就是要看到潜力，并想办法把潜力挖掘出来。

第五，人保人，保一时；事保人，保一世。这是一位老同志多年的经验。他的原话是，要跟道理不要跟人，因为人是会变的。跟道理，有时会不得意，很受冷落，但不会有大是大非的问题，为追求眼前的东西去跟人，可能一度会很得意，但很难讲将来会怎么样。但只要踏踏实实干工作，心安理得，一定会有好结果。善开局者先虑终局，所以曾国藩言“办大事以寻替手为第一”，盖因大事非一代人能够完成。但现实中的事情常常是开局殚精竭虑，之后却不知所终。

第六，做事先论道，再讲术，否则就是无本之木，更易成邪术。对此我有很深的感触，遇事先定位，就是先论道。先看你在道理上站不站得住，一方面是学理，一方面是在实际把握上，是不是站得住。这个讲完了，再研究具体方案，怎样去做。如果只讲术，就会演变成为欲达目的，不择手段。我不相信恶劣的手段会产生好的结果，更不相信邪术能成正果。

第七，做事应有历史观，自然就有责任感。这是政府宏观部门必需的，对机关工作来说，最吸引人的就是这种成就感，宏观的成就感只有建立在历史观的基础上，才有可能形成，我们既要为领导负责，也要为事业负责，这应该是一致的。

第八，文章的深入，需要六个条件，理论基础、政策水平、情况把握、运行实感、研究方法、文字技巧。我们一般认为写文章就是看你的文字技巧如何，实际这不对。理论基础、运行实感和研究方法这三点是最主要的。如机关进人，博士生刚进来的时候，看不出优势，甚至有些时候你觉得博士生都不如大学生好用，但是时间长了，就可以体会到博士生有后劲，学历越高，后劲越强。这就是理论基础的作用。运行实感主要靠阅历，不光是一个情况把握的问题，阅历就是各种生活的阅历，尤其是工作阅历，这种阅历培养起来，尤其是懂得国情，对事情心里就有数了。研究方法靠积累，也要有悟性。其余主要靠工作中的勤奋，勤于学习，勤于调查，勤于写作。

第九，大师常常做减法，新手则拼命做加法。好的文字是符合常规的，符合常识的，这就一定是简洁的。不好的文字无穷的啰唆，越看越复杂，越看越不知道说什么。有的文字自己都反应不过来说的是什么，觉得凑够篇幅就行了。这还不光是写文章，在艺术创作上也是这样。有一次路过民族饭店旁边的工商银行，我对那个建筑作品很欣赏。那是贝聿铭大师的弟子设计的，我突然就感悟到这一点。一次在讨论国务院文件的时候，计委副秘书长也说，他在改文件的时候有一个原则，做减法，没有减不下来的文字。不是高手不会说出这句话来。而对于我们来说，尤其是对于新手来说，第一个难点，觉得字憋不出来，没有足够多的字，第二个难点就是有些字憋不出来。一开始都是这么一个过程，但是到一定程度的时候就会感觉到道家或禅宗的意境，大音希声，大有若无。如果能体会到，那就进入化境，写东西也是享受。还有一条，重要的东西一定要"捂一捂"，就是东西搞完了，不要急于出手，因为那个时候脑子还在转，但是心态不同了，从容之下常常出好想法。"捂一捂"，甚至会上一个台阶。据说林彪当年就是这样，重要的东西压 24 小时，再急的事也要压一小时，按说军情如火，为什么还要这样？这就是"捂一捂"的功效。

第十，实事求是。实事求是说起来最容易，做起来最难。因为实事求是是我们党始终提倡的作风。在党的历史上，什么时候能比较好地体现这一作风的时候，什么时候就顺利，党风就好。现在，党要治党，也是说起来容易，做起来难。在日常工作中，坚持这一原则需要一定的勇气，也有一定的风险。总体来说，对工作负责，才是真正对领导负责。但有时这样去做，领导未必买账，可能认为你是不听话，甚至是对着干。无所求就无所惧，只要对事业负责，日久自明。当然，也不是什么事，不管大事小事都来谈实事求是，这没有意义。也必须有灵活性，否则也难以成事。但是在大是大非的把握上，重要问题的判断上，包括工作的大思路的形成上，都要坚持。只不过有些问题，你认为在坚持实事求是，但你的看法不一定是对的，就是实事你是不是搞清楚了，求的这个是你是不是搞清楚了，有时你认为你是坚持正义，甚至正气凛然，实际你这些东西可能是错误的。所以，实事求是，说易行难，还不仅是环境的接受问题，也有我们认识深度的问题。这样，就又回到基本问题，是什么，为什么，怎么办。

后来局里的正式文件下来，我提前退休，51 岁，就是三句话，留点自由给自己，留点时间给自己，留点幸福给家庭。否则的话，没日没夜这么干工作，这个事也不对。收拾了一下资料，打了几个箱子，回家了。

第三部

散力

第九章　塑造新局

散力，就是力量的发散。离开国家旅游局，我当时的想法是可以轻松很多，原来找我的人这么多，一多半是看中我的这个司长，小部分看中专家。我不当司长了，闲下来了，干点专家性的事就可以很轻松。而且我当时的定位不是院校的专家，用不着抠概念和理论，大体上叫行业专家、江湖学者，是这样的自我定位。就是在行业里有专家形象，而且按照多年的积累和下一步的状况，专家形象应该会越来越强，所谓江湖学者，不是院校的那种学者形象，也不是那种学者工作，基本上就是接触行业、接触企业、接触项目，做一些力所能及的工作，就是这样的定位。

——过渡阶段

退休了，有人感慨，就此退出历史舞台了。我大笑：我们老百姓，何时进入过历史舞台？我们只有生活舞台，把日子过好才是真的。之所以发此感慨，还是传统教育的结果。退休之后，我给自己定了八个字：闲云野鹤，散仙游侠。前者是心态，后者是状态，实际上最后净是疲态。自由，一在心态，往往是自己的束缚；二在状态，是外在的束缚；三在生态，是环境的束缚。

想轻松地一边玩儿一边工作，结果发现不是这样，找我的人仍然不少，真正如果讲这种半玩儿半工作，只有 3 个月，基本上到 2003 年年底。可是这个时候大家都知道我现在没事儿了，所以各种人和事纷纷登门，也有一些单位找到我，能不能给我们兼个职务？我实在不想兼这种职务，还有一些人说能不能做点生意或者规划性的事，我也做不了。很简单，我有自己的底线，毕竟我在国家旅游局工作了 16 年，在三个司当过司长，行业影响在这里，简单地说就是不能借助这种影响给个人谋点什么东西。说句老实话，我对钱也一直不看重，只要不追求虚荣，不嘚瑟，不就是将来养个老？过日子花几个钱，完全没有必要追求。没有钱，人是钱的奴隶；一门心思追求钱，也是钱的奴隶。

倒是有一个好处，脱离了机关体制，涉及的范围大了，哪个方面的话都可以说，不是在机关的时候，管什么工作只能说这方面的话。所以，那个时候关于旅游汽车发展与创新、饭店的创新与集团化、旅行社的变化与发展，这些原来没必要说的话现在都可以说。至于到各个地方，自然就可以说得更多了，比如山西的旅游发展、丝绸之路的发展，那个时候到新疆去了一趟，也专门谈了新疆的发展问题，还有浙江建设一流的旅游目的地，包括五台山、西藏雪域高原灿烂文化、天津旅游资源的深度开发，从旅游景点涨价竞争，徽州文化、山水盛宴贵州荔波，四川旅游发展，等等。最后汇总专门谈了一个大题目，叫旅游发展向深度进军。那个时候又不用操心机关的具体事，至少在精神上超脱了很多，所以对于行业的研究面扩展了，深度也增加了，那个时候还谈了中国旅游的现状与发展、新时代的旅游市场、饭店投资回报与经营管理、博物馆的市场化、科技旅游的新发展等诸如此类的问题，这是新题目，是在中国科技馆说的这个题目。关于规划，又做了比较深的研究，提出情景规划与体验设计。

2003年8月退休，到了12月，不断地出差，说了一大堆话，有一个感觉，眼界开阔了，而且也体会到了当专家的愉快，说话也可以随便一点。那个时候，不直接进入规划，也参加了一些规划，就是规划形成思路的时候还是参与了一些意见，对我来说也是一种实操。一直到2004年也是这样，跑了一堆地方，也谈了很多新话。

——推进休闲

那个时候，一个比较大的思路变化就是关于休闲。虽然离开旅游局机关，但旅游的事情是主业，并没有退出行业，还要研究，要说话。但是尽量少和机关的关注点重复，那么能不能开创关于休闲的新局面？ 1999年，浙江省旅游局的何思源带着宋城集团的黄巧灵到我办公室来，谈到他们想抓住机遇，组织世界休闲大会，基本上已经和世界休闲组织说好了，我也是第一次听说这个组织。就和他们聊了聊，他们回去就争取。当时国内对国际组织，还是感觉神秘的，国际组织都高大上得不得了，所以省市两级都非常支持，这也是我第一次接触休闲的概念。后来有一个人在中国艺术研究院，叫马惠悌，她在艺术研究院组织了休闲研究中心，先是组织了五本休闲学术著作的翻译，比如说《21世纪的休闲》等，都是理论性的。这五本书我都看了一遍，觉得这是未来的发展方向，也可以做这个事。

这样的话，就把很大的精力转向了休闲，研究休闲的概念、休闲的发展、中国休闲怎么开展等。到了2004年，第九届世界休闲大会已经明确在中国召开，所以在积极筹备之中。中国主办方又增加一个内容，世界休闲博览会。我专门带了几个人到杭州，关于休闲博览会的策划和总体方案等，做了一个系列研究，基本上被博览会采用了。对我来说，也形成了关于休闲的比较系统的概念。那次，还召开了中国休闲高层论坛，于光远先生说，人之初，性本玩。朱厚泽先生说，在玩物中壮志，在休闲中新生。那个时候也开始接触世界休闲组织，原来就是一个教授们的组织，隔几年开一次会，大家自己造一个平台，找个机会，谈谈论文，讨论一点问题。但是中国把世界休闲大会接过来，整个操作模式变了，不是以学术为主，而是以运营为主，所以叫第九届世界休闲大会再加上首届世界休闲博览会，世界休闲组织专门设了一个CEO的职务，就是负责操作这些事情，格局就变了。这个事情宋城集团是投入全力来做，可是省市两级政府不太积极，杭州市专门有休闲办，我接触他们，问他们怎么了？他们说我们折腾半天，才发现整个就是给黄巧灵打工。但是事情已经到了这一步，也不能不推进。后来又请国务院吴仪副总理出席，就问国家旅游局，这个会是怎么回事儿，休闲是什么概念？然后何思源专门到北京，一块儿给国务院写了一个说明。2006年，大会在杭州召开，吴仪副总理讲话，这是中国的国家领导人第一次正式肯定休闲和提出休闲。当时习近平同志在浙江当省委书记，他也出席了这次会议。应该说，通过这样一个会，树立了休闲概念，这一年也可以称为中国休闲元年。

宋城集团原来大概有40亿元资产，通过这个会，膨胀到100亿元。浙江人确实是肯干也敢干，当时大片的现场都是工地，只是建好了一个酒店，第一世界大酒店，就在那里开会。所以一路开车过去都是在画板中间穿过去，最后到酒店，当然现在已经变成了完整的格局。总体来说，这就是中国休闲的开端，这个方面我参与得很深，自然而然精力就转过来了。

——马不停蹄

而且当时以在各地跑为主，有的时候是参加会议、参加论坛，有的时候是开个讲座，有的时候就是给各地做比较系统的咨询。到焦作和云台山，云台山给我印象很深，韩总是一个踏踏实实干活的人，我去了他也很重视，提出一堆问题我们进行讨论，事情具体化了。四川阆中，之后到扬州，包括到江西赣州、瑞金又到黑龙江，还有广东的韶关，研究了西柏坡的红色旅游拓展等一系列事情，在这个过程中对休闲度假这方面倾注的精力就多了一些，说也多了一些，反正就马不停蹄地跑。一路跑一路说，后来发现，怎么又忙起来了？而且越弄越忙。一些社会性的事情也来了，博鳌论坛的秘书长龙永图想开一个旅游论坛，在北京开了一个预备会。我到会场就乐了，基本上都是国家旅游局出去的干部，在各个国家的驻华旅游代表处工作，我来主持这个会，我说这不是咱们国家旅游局内部会吗？大家就说了一番，也很高兴，有这么一个基础，这个会就很好开了。

当时比较系统的工作方式有三种。第一种是做规划，规划我轻易不接，原因很简单，规划司长退休了，然后来接规划，大家就会说我以权谋私，所以轻易不接。当时做的一个规划就是山西平遥的规划，这是山西省旅游局和平遥县政府一起找到我，说阮仪三先生给他们做了平遥古城的保护规划，他们看了半天，只看到怎么花钱，没看到怎么挣钱。我就笑了，那咱们就做一个研究——怎么挣钱的旅游规划。然后我就组织了一个挺大的班子，有 20 多人，要求至少要在平遥工作 14 天，就要细细地跑。做规划和其他事情不同，必须要刨根问底，必须要把地方性的知识充实，因为自己直接主持一个规划，对我来说也是新鲜的体验。那次在平遥很冷，来来回回折腾，最后给平遥 300 多个干部讲了一次课。当时是付磊操盘，西安有一个王磊，跟着后续，把这个事情就算是做下来了，最后当地人也比较满意。也确实，看完了这个规划，心里有数了，知道平遥下一步怎么发展，而不是只知道怎么保护。做了这样的事，后来其他的规划我不接。第二种，也是我比较多的方式，就是到一个地方进行系统的考察，考察之后系统地分析，这是做得比较多的。比如，去了一趟许昌，考察了 5 天，最后讲大许昌、大旅游、大发展，许昌的旅游局局长当时很努力，这也等于又创了一个模式，后来他们把我的讲话专门印了一个小册子。继续就是大境界的赤峰旅游。再后来拉着高舜礼和匡林，一块又去德宏州一趟，提出了“深入体验德宏州，立体消费绿宝石”这么一套工作模式，形成了一套完整的策划方案加一套说明。然后又到遵义去做了一次考察，这一类的事有点相当于做策划项目，好处就是可以系统地对地方进行调研，可以把地方挖掘得更透，也可以以点带面，形成新的思路。由此形成了一种工作模式，比如福建的宁德、三明等，都是这样的路数，反正只要有精力就跑。那个时候身体尚可，而且是刚刚闲下来，但是不能静下来。第三种方式是项目研究，山西的云丘山，是煤老板转型开发，到北京找了我几次，我就说去一趟，所以趁着国庆的时候去了一趟。资源状态一般，老板的积极性很高，后来我就跟他强调，这个事不能急，道路很差，在修高速公路，高速公路开通之日就是云丘山开山之时，从那个时候到现在15年了，这个老板一直到现在还有联系，他也说真的感谢你，如果那个时候大把投资，一把就死在那里。2005年年底，山西的绵山转型，也是老板到北京来过多次，我说只要你觉得资源好，就这么干着。他说不行，你必须要去看，这样就去了一次。当时他已经投资投了5个亿。我说这么发展不行，因为只看见你花钱，没有看见你挣钱，这么大的绵山总要有吃和住的地方，产业链要完整，他接受了。过了没有半年就跟我说，已经建起了两个宾馆、五个餐馆。这个老板还有一个特点，只要说建设的事就高兴，但是我说绵山堆得太满了，要做减法，他就不高兴。后来他反复找我，我五次上绵山，现在绵山也是5A级景区了，在山西做到第一位，只不过后来这个老板过世，家里人就在争他的财产，争来争去，现在的绵山也说不上了。

但是总体来说，实际上每天都在做调研，每天都在接触地方和企业，这样的话，积累了一段时间，自然就会产生一些新的观点和思路。

——与年轻人合作

2004年的时候，我的一些大学同学说，你这个司长退休了也不能闲着，我不想闲着也不可能闲着，他们说能不能搞一个旅游规划院？我说你们搞可以，但是我不能有名义，也不能有实质性的东西。这还是刘国华当时跟我说，同学也都是贸经班的同学。规划院叫同和时代旅游规划设计院，2004年组建，我当时提了意见，国华不能当院长，因为他对事情不负责任，就请王和当院长。搞了一年发现不行，这一代人的知识结构已经落后了，没有新的思想，也缺乏技术手段。另外对行业也不熟悉，行业发展状况基本上不了解，做了一些项目，只是凑合，如果这么做的话没有路数，也没有前景。到了2005年，付磊给我打了一个电话，他离开中信了。这个人很有意思，2002 年的时候，他到国家旅游局，2003 年因为研究“非典”影响旅游，我们那一段接触得比较多，尤其我提出“非典”影响旅游的成果汇总，4 天就做完了，再有半个月书就出来了，效率太高了，给我的印象极好。我离开机关之后，有一次付磊跟我说，他不想在国家旅游局干了，正好前两天和中信证券的人一块儿见面，他们说能不能推荐人？他们想进入旅游，需要人做旅游板块的事情，我说正好，所以就推荐付磊到了中信证券。结果到了 2005 年，又不想在那里干了，我说不想干了就别干，正好有一个规划院你来接手，所以付磊就接手了同和时代旅游规划院，把原来的股份都退回去，重新开始一个格局。

开始以后，就参与平遥的事情，也是练练兵，而且我的基本态度还是这个态度，这个规划院不能说与我无干，但不是我的，也没有任何经济利益在里面。只不过看重付磊，真是个人才，性格宽厚、才华横溢，当时做事有很高的积极性，而且他也是国家旅游局出来的，很多人都熟悉。在这个基础之上，对我来说，就不是一个孤零零的专家，有一个团队可以用了，所以除了项目的事之外，也开展了一些研究。等于塑造了一个新局，这个新局塑造起来还是可以做点事的。因为有了一个团队，就可以做点实实在在的事。到了 2005 年就提出了一个国家标准，民族民俗文化旅游区服务等级标准，当时也没有人下这个任务，就是感觉行业里需要，那次组织了几个人专门到湖南工作了 5 天，形成了这个标准。最后给了国家旅游局，但是没有人操作。类似这样的事情让人感慨。机关有机关的一套体制，但是那个时候机关的人严格的说干事心气已经不高了，大家都在混事。

后来，在同和时代旅游规划设计院中，又孕育出一个同和山致设计院，是一批“80 后”，以设计为主。姜波、莫克力、王超，各有特色不愿在体制内混，这些人活力更强，又进来一批“90 后”，他们这个事是自己的事，项目规划、酒店设计，什么都摸索，什么都追求出新。这些年，把营地做成乐园，自己又创新了智力乐园，居然还设计了近海游轮，称小黄和小白，最后获得工业设计红星奖。在烟台下水，我去助兴，先看造船厂，厂方说，从来没有做过这样的产品，所以制造这两条船，申报了好几个专利。这些年轻人，个性鲜明，学习能力极强，平时嘻嘻哈哈，干起活来拼命。

——社科院旅游研究中心

另一方面就是社科院，社科院毕竟是我的老单位，离开之后也始终在联系，组建了一个旅游研究中心。这个事是体制创新，因为社科院原来都是各个所，后来可以搞一些研究中心，研究中心没有编制、没有经费，只给一个名义。那时候是张广瑞老师负责财贸所的旅游研究室，他就组建了社科院旅游研究中心。研究中心组建的时候我参与了一下。当时的组建方式是和新疆的德隆集团合作，还设立理事会。当时德隆集团给我的印象就不好，参与事情的人叫邓旭春，我们见了两次面，他就说，魏司长你全心全意给我们干不好吗？我就说不接受，我之所以当专家，就是想能够自由自在，离开官场，再绑到一个企业，我不喜欢。张老师和他们合作也很不高兴，不长时间，合作就散了，研究中心自己运作。

那个时候，形成的主体作品叫中国旅游发展绿皮书，已经开始，从2001年开始，每年出一本。开始我花了点力量，既然是主编之一，其中有一期总报告是我来写。旅游中心也算有了日常性的工作，而且当时也涉及一些课题，也分解了一些课题，大家来做研究、现在是18期了，也变成了中国社科文献出版社皮书系列里面做得比较好的品种。这样的话，研究中心有一些事情找我，我都会参与。

——重点研究

后来又做了昆明世博园的发展研究，当时世博园准备上市，可是业绩三年以来年年下滑，这样上市是上不去的。所以他们在全国找了一圈，最后找到我。那次是我、付磊、厉新建三个人去了，工作5天。当时世博园就两千多亩地，靠业绩想上市肯定是不太容易的，只有靠新思路。我们就形成了世博新区的概念，就是把现在的世博园包括周围还能扩展的一些地方，构造一个世博新区。世博新区分五个区，原来传统的世博园白天就是观光区，晚上的世博园就是休闲区，包括商务区和教育区等，形成了一套新的概念。在这中间，世博园的董事长专门约我们谈了一次，我就把基本思路跟他们说了一下，他说找你们真的是找准了，这个思路太棒了。最后一天开会，我特意说今天这个会时间会长一点，我从8点半开始讲，一直讲到下午1点。付磊又专门做了一个世博园资本运营的方案，新建把我的演讲稿整理完了，之后形成了发展报告，给了世博园。整个世博集团马上开始宣传贯彻，又过了四五个月我到昆明开会，一看，他们宣传材料的语言都是我们的这套语言。

后来我就想，酒店领域怎么办？因为当时的感觉就是一个星级标准打天下，这条路已经走不下来了，所以就需要一些新的思路来推进。当时就想做度假酒店标准、商务酒店标准，主题酒店标准，后来又增加了会议酒店标准，就是一个大标准带四个子标准，形成这样的方式。那个时候有工作团队，所以做这样的事情比较容易，三五天就做一个标准，最后把这些标准都做完了，给了国家旅游局管理司司长，他们也是没有动力。后来我火了，我说这几个标准文本都是我们自己筹集经费，自己组织起草，现成的标准给你们，开个会贯彻一下，不就推开了吗？你们以为星级标准就能永恒？有一次开会，我专门说，一个星级标准打天下的时代已经过去了，下一步就是垂直细化。我们的目标是推动行业发展、引领行业发展，但是他们不理解。那时候整个的工作作风就是，领导交办的事我办，领导不交办的事，干吗要积极主动？为消除大锅饭体制和观念，人们提出解决“干和不干一个样，干多干少一个样，干好干坏一个样”的现象。其实，这只是从表面现象或名义收入着眼，虽然有进步的意义，却缺乏进步的实质，因为缺乏客观评价标准和相应的制度环境。实际情况往往是，干和不干不一样，干多干少不一样，干好干坏不一样，只不过是反其道而行之。干不如不干，干必失误，不干则永远有批评别人的资格。多干不如少干，一是多干多失误，而我们的传统文化中总是要求人成为完人；二是谨防功高震主。干好不如干不好，干得太好，何以体现领导高明；三是“干活不由东，累死也无功”，所以才“不打勤的，不打懒的，专打不长眼的”。大锅饭，慢慢吃吧。

2005 年，我带着一拨人，做了宁波的旅游研究，包括雅戈尔、江南玉佛寺，最后形成了宁波文化带的策划总方案，包括休闲度假的组成部分，形成比较系列的成果。当时工作的主力就是厉新建和吕宁，他们当时都在读书，有精力也有热情来参与这些事情。这个策划完了之后，就形成了古镇旅游的主题化发展与特色化竞争的比较系统的思路。后来又到了山西，比较系统地调研了一下，先到了雁北十三县，然后到了朔州，又到了晋中，系列地考察和说了一番，之后又到了浙江的湖州和温州。

涉及这些内容，就会涉及新的产业。正好有一次开一个邮轮会议，我在那个会议上发了个言，当时世界四大邮轮公司之一，丽晶邮轮公司的老总，听了半天会，说这个人讲得最好，但是他没有坐过邮轮。后来他们就找我，说我们老总希望你去体验一次邮轮，然后就到了新加坡，从新加坡上船，到马来西亚和泰国，走了一圈，那次对邮轮有了切身的体验，反过来对中国邮轮产业的发展有了一些实感。进一步到海南，和宝龙集团接触，要做21世纪的新型度假产业，所以把这个公司和这些做法也都考察了一下。

这样积累就比较多了，应该出点成果了，就弄了一本专著《中国休闲经济》，40万字，是社科文献出版社出的。当时社长还跟我说，就叫《休闲经济学》，我说不行，因为我现在只能归纳行业里的新现象，看一下国际上的潮流，称学还称不上，这也是我第一本关于休闲经济的专著。

工作一项项的推进，同和旅游规划院的一些规划我不具体参与，只是给他们出点主意，但是有些涉及行业性的事情我会参与。那时候桐乡和石门镇的开发去了一下，辽宁的朝阳和铁岭分别去了一下，还有山东徂徕山的规划，这是以付磊为主做的。还有江西的抚州，石建国牵头负责这个规划，武功山跑得很辛苦。那个时候还专门做了北海深度旅游，那个时候北部湾旅游区的概念已经形成了，也涉及青藏铁路规划，做了一些实地调研。所以这些事情一路走下来，一路不停。浙江大学成立了亚洲休闲研究中心，也希望我参与一下，所以专门谈了休闲文化与文化休闲等。

整个的感觉，就是工作局面已经打开了，事情一步步推进，每一件事都挺忙，所以我感觉这不是退休的状态，而是整个进入了专家状态，而且是全身心进入了专家工作状态。

——未来文化遗产

我这个人就是好事之徒，有事情做就很高兴，不管这个事情大还是小。那个时候还有一件事情，就是2005年到无锡灵山，见到吴国平，原来就认识，他希望我对灵山的发展提一些建议，我就说咱们琢磨一个新题目，创造未来文化遗产，今天的精品，就是明天的文物，后天的遗产。现在自然遗产是老天爷给的，文化遗产是老祖宗给的，那我们给后人留什么东西，就留建筑垃圾？吴总一听就非常兴奋，这是一个好题目。这样的话，这个事就要研究一下，而且灵山就是一个精品，正是因为我看到灵山精品，尤其是梵宫，让人震撼，就觉得我们有条件来说这些话了。回到北京，我就找张凌云几人在一起聊了这个题目，大家都感觉不错，就分工一人一章，过了一个礼拜，书稿写出来了，在中国人民大学出版社出版，书名就叫《创造未来文化遗产》。有了这本书的基础，就在灵山开了一个会，创造未来文化遗产论坛，把这个概念算是正式推出来了，灵山也高兴，大家也觉得这个概念很好。又过了10年，吴总又找我，这个事要有下文，我说可以，但是这个下文就不能只是再开个论坛了。后来就组织了一帮专家，大家一起讨论这件事，在全国推荐了十几个项目，定了一个题目，创造未来文化遗产示范单位，然后就直接通知12个项目示范单位来开会。当时大家还问收不收钱，我说这是公益性的活动，你们来开会就可以。来了之后，大家发现这个题目很重要，其中最积极的是长春世界雕塑博览园，我先是去了一次，觉得做得不错。又一次去跟他们细谈了一下，以后就通知他们来开会，整个东三省只有这么一家，所以长春市副市长带着规划局长、旅游局长一行人浩浩荡荡来开会。我提了一个要求，这三句话，今天的精品、明天的文物、后天的遗产，希望标在你们的门口，这是我们的理念。前后开了两次会，也形成了相应的影响。我之所以产生这个想法，另一方面的原因是旅游专家见到历史专家、文化专家、环境专家，常常是被告，他们一口一个保护，总是说你们搞旅游就是搞破坏。这个观点我不能接受，因为这个观点违背常识。所以我就说旅游能不能谋求主动？就是提出新的理念，站在高处。因为我多次碰到这样的情况，有时候打架都打烦了。最早的一个案例就是华侨城，锦绣中华、民族文化村、世界之窗，三个主题公园都做得很成功，一直到今天还有很旺盛的生命力。所以，他们就想扩充，我当时提炼了一句话，从锦绣中华到中华锦绣，简单来说就是景区管理模式输出。山东的孔府、孔林、孔庙，简称“三孔”，就提出来希望华侨城介入管理，进入之后第一件事就是重新定了一个保护规范，而且很严格。第二件事就是搞卫生，原来有些地方太脏了。但是一搞卫生就给很多人一个口实，马上就开始告状了，叫水洗三孔，破坏文物。这个事情闹大了，一直到了国务院层面，华侨城领导到北京来参加会议，先是到国家旅游局汇报，见到他们，我说你们这是出师未捷身先死。后来国务院开会，我代表国家旅游局发言，我就说这个事且不论其他，在程序上是错误的，文物部门自己举报，自己当侦查员、检察官和法官，最后得出了结论，这种结论公平吗？法律首先讲程序正义然后再讲实质正义，一个帽子扣在这里，跟实际情况严重不符。主持会议的领导说，你不要说了，这个事已经定了。后来我还问，这样退出，华侨城经济上有损失吗？当然有损失，但是最大的损失还是声誉。后来我又一次到曲阜，碰到了曲阜市的领导，他们就说，市文物局局长，原来一年有四千万元的门票钱，怎么花由他说了算，华侨城一进来，就把他的这条路断了，所以他从头到尾这么折腾。事情过去之后，这个文物局局长就被撤了，果然查出了一大堆问题。旅游发展的很多理念一定要占高端和前沿，这样才能谋求发展的主动权。休闲就是下一个领域，我们抓住休闲这个事，这也是未来的制高点，所以精力就往这个方面转移。

——博士生导师

2005 年，中央民族大学聘请我当博士生导师，这是我没有想到的。在这之前，北大的政府管理学院杨院长找我，能不能在北大当个博导？他觉得够条件，学院的学术委员会也通过了，结果到了北京大学的学术委员会，说一个本科生怎么能在北大当博导？杨院长还直跟我道歉。我说这有什么可道歉的，这件事让我把北大看低了，当年的梁漱溟，本科没有考上，被请去当教授，那是当年的北大，兼容并包，现在的北大怎么成这样了？无所谓。后来中央民族大学请我去当博导，实际上是当时德宏州的副州长李荣，他在中央民族大学经济学院读博士，这个人的活动能力极强，他就游说民大经济学院院长和副院长，这样就请我当这个博导。这是看得起我，也不在乎学历这些东西，因为也有人质疑，这个人连个博士都不是，就来当博导？第一次见面，他们都很好奇，我也很好奇，因为原来没有接触过这些事。然后就开始招博士，那个时候报的人不多，判考卷，开始面试，两个人都上。一是朱姝，苗族人，民族大学本科和硕士毕业，在财务处工作，后来我做一些事情都带着他们。二是朴宁，朝鲜族，在银行工作，本身的工作也挺忙。朴宁是中央电视台播音员邢质斌的儿子，为这个事邢质斌特意请我吃了一顿饭，我说你的儿子很好，但是太乖了，他说在家里听妈妈的，到单位听领导的，到学校听老师的，这不行。你要能放手，跟我四年，我保证把孩子带出来，邢大姐不置可否。

以此为开端，到 2010 年一共带了五届，14 位博士，这些人都已经成才了。第一届是朱姝和朴宁两个，完全不懂旅游，进来就跟着听课，做项目，朱姝现在是中央民族大学的审计处长，朴宁在银行玩大资金。第二届博士就比较强了，厉新建、吕宁、李劲松。有些我很熟悉，也都跟着我干了不少活，其中厉新建在筹备全国旅游发展工作会议的时候一直在跟着，现在是北二外的教授，吕宁是参加平遥规划时认识的，现在是副教授，劲松是民大的副教授，都在行业里形成影响。他们有了机会都想读一把博士，实际上我说，你们的博士不用读，基本上都已经达到这个水平了。第三届是曾博伟、薛寒冰、黄爱莲、郝赪。博伟现在成为名人，寒冰是民大研究生院副院长，黄爱莲自己也成为博导。第四届是陈霁、王润球、杨玲玲。陈霁是旅游教育出版社社长，润球是民大经济学院副院长。第五届是邓光奇、史学楠两个人，光奇是民大藏学院的书记。实际上，这些人的基础都好，成才是必然。读一把博士于他们，是镀金；于我而言，是多了一些好朋友。

在这个过程中，博导的裁量空间不断收缩，第一届的时候基本上我不想要谁就可以做到，到第二届的时候想要谁也做不到，不想要谁也做不到。到最后，基本上院里面定了谁就是谁，所以到最后一届的时候，到邓光奇，当时我就说，这个人我不认识，我也不认同是我的学生。后来学院就跟我说，你有招生指标，这个人是继续教育学院的书记，见个面也好，见面之后给我的印象不错，考进来就带。

而且我带博士和别人不一样，一是原则上不讲课，带着他们做项目，基本上一个项目跟着做下来，一门课就行了，因为都是实操性的。二是讲方法，所以大体上我带一届博士讲六次方法，从读书方法、研究方法到写作方法、演讲方法等。这都是在职的博士，日常都各有各的工作，然后定题目，最后写博士论文。这十四个博士最后论文都不错，人品也都不错，反正各有各的优势，自己发挥自己的优势就可以了。其中曾博伟考我的博士，第一次面试的时候我就愣了，你怎么来了？怎么不跟我说一声？因为我和曾博伟在局里的时候不熟，他那时候在统计处，到我临走之前组织旅游振兴高峰论坛，才知道这个人。当时我发了一个言，是关于旅游统计的，有一些方式需要调整，需要调整思路，后来他给我发了一个邮件，说你这个方案我也不同意，给我的印象很深，是很棒的小伙子。结果他第一次没有考上，第二年再考才考上。

所以后来只要我做课题，能参加就尽量参加，因为我觉得带学生最大的收获就是做课题，一个课题下来，从课题设计到观点提炼到形成文本，就下来了，参加几个课题，基本上这个博士就拿下来了。当然也有的人始终不行，不行就不行，本来人家读博士可能就是混一道。也到了这个年龄，也该成气候了。我一再说，希望你们能够做到行业成名，学术成家，不要局限在单位的小圈子里。行业成名，机会就多，学术成家，思想领先。现在这些博士们都成才了，新建、博伟已经在行业领先，吕宁、劲松也形成影响。黄爱莲已经是博导，其他人各负其责，都是个官，都干得不错。集天下英才而育之，是老师的大乐。弟子胜师，更是一乐。现在常常是在各种论坛上，师生同时登台，各抒己见，也很愉快。直到现在，每年还要聚会几次，看到都亲切。

到2010年，事情越来越多，博导的空间越来越小，我就写了一封信，提出辞去博士生导师的职务。这才发现，院校的官僚化比机关还厉害，在机关，有个东西上去，哪怕画个圈，也会有反馈。这次我辞职，没有任何答复，最后是在网上看到民大的博导名单没有我了，才知道结果。回想起来，感恩中央民族大学给了一个平台，带了一些学生，民大的陈理校长也和我聊过，说起聘博导时也有争议，特意征求了杜一力的意见。经济学院院长刘永佶潜心治学，颇有个性。因为我不需要上班，也不领工资，所以没有利害冲突，也是一脚门里一脚门外，长了一番见识。后来还有人说，你辞去司长，我们可以理解，辞去博导，不好理解。我说，玩了一把，就知足了。以前把工作当玩，前提是超越利害关系；现在把玩当工作，更可以随心所欲，自由自在。

——系列研究

有了工作团队，就可以做点整齐的事情，开始系列研究。

第一，连续做云南玉溪旅游发展纲要、千岛湖区域休闲规划，都挺好玩儿的。

第二，因为我们做世博园的策划，这个报告后来被昆明市委书记看见了，觉得很好，要我们接着干活，后来昆明市就委托我们做昆明市旅游发展纲要。我带了一个团队在昆明市区和各个县系统调研了一番，一直跑到轿子雪山，跑得很辛苦。跑完了之后形成文本，要评审，一开始说书记可能来也可能不来，那天下午有一个和民航局会谈的事很重要。开会前半个小时说，书记要来，原来定的是让付磊汇报，我说那我来汇报。汇报完了书记就发言，上次看了世博园的发展规划，就两个字——震撼，今天听完了纲要，是两个字——振奋。这个话说完，就定了调子了，其他的专家评审都不好说什么了，只能说哪个知识点和实际情况不符，哪个词不准确，只能说一点技术性的问题了。后来昆明市把发展纲要印了200份，各个委办局都发一份，让他们学习。

第三，当时国家旅游局还给了我们一个题目，叫旅游与休闲产业管理研究，这个课题是以付磊为主，形成了一个文本，然后报上去了。

第四，还有一个课题，这是国家课题，算是比较大的课题，就是现代服务业支撑技术与示范工程，首先涉及申报，在这里面也搅和了一把。事情就按部就班就开展起来了，而且做得越来越多。

第五，到了2007年，开年就碰到了一个事，北京旅游发展战略研究。在这之前，有一次开会碰见北京旅游局副局长顾晓园，她就说现在这个事有点头疼，当时的主管领导是丁向阳副市长，丁市长要求挺高，所以他们在研究这个事怎么做，事情还挺急。我主动请缨，这个事情我可以做。她问说多长时间？我说半个月。他们很兴奋，谈了之后回去汇报，当时北京市旅游局局长是杜江，我和杜江也熟得很。我们组织班子弄一把，大家都熟悉北京，不用考察，就集中起来开始做，也是花了5天时间，基本上就是白天讨论，晚上出文字。在顺义的一个度假村，正好有雪，有时候讨论不下去了，出去看看雪，出去转一圈，思路就回来了。当天晚上指定一个人，熬夜形成文字，第二天早上在这个基础上再讨论，研究报告5天就出炉了。还要形成一个文件，我和付磊都是写文件出身，真的拿出了写文件的劲头，一个字一个字地抠。最后形成了北京旅游发展战略研究和北京市下一步旅游发展的意见，一个5万多字的研究报告再加上一个2800字的文件，之后给了北京市旅游局，杜江很高兴。他后来跟我说，有一次他们去给丁市长汇报，汇报的时候丁市长听着不兴奋，杜江就说我们还有一个过程稿，拿给丁市长看，丁市长越看越兴奋。后来北京开旅游发展工作会议，我上午听报告，很高兴，基本观点都纳入了。中午吃饭的时候丁市长还说谢谢你们，你们这套观点很给力，特意说了一下。我当时跟他开玩笑，北京最大的问题北京自己也解决不了，是基础设施公共设施包括机关、部队造成北京的问题，就是口口声声以人为本、时时处处与人为敌，我说想写一本书叫“北京与人为敌一百例”，拍照片，配文字，把与人为敌集中在一起。后来他说你要这么做我也没有办法，那能不能弄一个北京以人为本一百例？我说不行，在北京找不出几个以人为本的例子，当然这都是玩笑话。

第六，国家旅游局委托做一个旅行社的开放研究，当时杜一力已经当了副局长，提出来要做这么一个题目。我就拉着吕宁几个人一起做，因为旅行社始终是很保守的行业，在加入世界贸易组织谈判过程中，李岚清副总理有一个批示：我就不理解，旅行社这么一个小行业怎么如此保守？批了很长的一段，因为在加入世界贸易组织的时候一个基本态度，就是能牺牲的我们牺牲，要争国家的核心利益。可是一个旅行社都不能开放，这怎么能行？这个基调我是赞成的，需要发展壮大，在管理司的时候就归纳了一个词叫“旅行社行业小散弱差”，后来有人提出来，小不是问题，我想也是，一个民生性的行业，要进入社区和乡村，小怎么是问题？但是散弱差的关键就是行业不开放。大家都在说“狼来了”，我们何必把这个事扯得这么紧张？还“与狼共舞”？一堆瘦羊，狼都不愿意吃你。一定要回到市场，比如高端的商务旅游，就是外资干，可是大众旅游一定是我们为主，所以就不必把这些事扯得这么严重。这个研究做了一下，形成了文本，交账就完了。

第七，从旅行社开放研究，进一步拓展到中国旅游业市场开放研究，也是国家旅游局正式委托的课题，系统阐述一番。

第八，无锡市旅游局局长王洁平提出来，能不能研究城市休闲？也是组了一个团队到无锡，做了一个礼拜的城市休闲建设、管理与服务标准，是按照国家标准立项，这个标准做完了，大家都感觉很好，在休闲方面我们在开拓新的领域，在引领新的发展，所以从这个标准出发，就觉得又有些事可以做了。

第九，组织了一个课题，叫旅游保险目标体系与战略措施，那个时候是国家旅游局政策法规司司长刘小军找到我，能不能做这么个题目？我说能做。南开大学有一个做保险研究的教授，他是权威，所以他组织几个人，我组织几个人，一块儿对接，到上海做了一次调研，去天津做了一次调研。最后课题也做完了，评审的时候大家评价还很高。但是一直到这个课题做完了，我都没有什么感觉，因为这个内容对我来说是比较生的一个内容，但是刘小军司长非常感兴趣。

第十，做了山西五台山的旅游规划，这是同和时代旅游规划院接的项目，我去参与了一下。当时带着几个博士生，一路跟他们聊，从头到尾带着他们看，跟着我看景区，怎么看一个景区？你们看我好像是随随便便在这里走，实际上是看完一个景区，要出一个版本，把你所看的东西在你脑子里全部复述一遍，在这个过程中，这个景区哪里好，哪里不好，有什么毛病，都出来了，就是这样的一个要求。

第十一，当时北京搞了一个文化创意产业推进中心，推进中心主任叫杨赣，通过张仁平认识了我们。仁平是个奇人，毕业于四川音乐学院，北漂，后来到诗刊杂志社，又到中央电视台。留着一把大胡子，激情四射，创意百出，滔滔不绝。那个时候也研究了一些北京的文化创意产业，超出旅游，研究新产业，包括北京文化农业的研究，等等。

第十二，做了一个河南云台山转型课题，我带了几个人，时间也不太长，提出休闲转型，模式转型，市场转型，把转型研究做了一遍。

第十三，辽宁省政府找国家旅游局，提出能不能请专家给辽宁做一个咨询？当时退休的副局长程文栋带队，我们跟着跑了一圈，路上我说大连我就不去了，因为大连我很熟。然后我腾两天时间把这个研究报告写完了，他们也很高兴，觉得跟我一块儿干活很轻松，没有什么压力，就是代表国家旅游局的专家。

第十四，主持了一个国家课题，制定全国生态旅游发展纲要，还制定一个标准，就是国家生态旅游示范区建设标准。这个题目是我和付磊分工，他写生态旅游发展纲要，我写生态旅游示范区的建设标准。这是环保部和国家旅游局共同研究的课题，有这么长时间的工作积累，所以也不觉得这个事难度很大，而且原来就有一些想法，现在只不过把它系统化了。所以这个课题，中间讨论和最后评审的时候都很顺利，中间讨论的时候国家环保部的司长专门问我，这个生态发展纲要是谁写的，是不是机关出身？我说是机关出身。他说这个纲要写得好，一看就是机关的文字。可是当时北大的一个副教授来参加这个会，就来了一句话“希望你们尊重生态这两个字”，因为他是留美回来的。我说这个事情不是和发达国家直接比较的，很简单，美国 3 亿人，中国 13 亿人，按照美国的理念，我们就多了 10 亿人，能行吗？生态旅游必须要研究人口和流量问题。在国际上，生态旅游是小众旅游，在中国我们一定要研究多数，所以才有国家生态旅游示范区，才有一个标准。这个事做得不错，后来在大连开了全国会议，部署纲要和标准，作为起草人我们也都参加了，但是部署下去，就没有下文了，后来又演变成东一榔头西一棒槌的做法，变成领导的一种礼物，这种操作方式不对。

第十五，蒋齐康提出来，能不能搞一个行业标准？就是会议酒店的建设与运营。所以我们在九华山庄讨论了几天，把这个标准弄完了。因为搞会议酒店的人有丰富的经验，标准最后落下来就是抠细节，细节到位了这个事就可以了，细节不到位就不行。其中说到会议的讲台，这个讲台应该多长、多宽，以前讲台上摆一盆花和一个麦克风就行了，领导讲话的时候大家欢迎。现在不同了，必须要有一个电脑，还要有一杯水，那就要有要求，这就是技术性要求。包括讲台下面的垫板，因为每个人的身高不同，身高比较矮的就应该有一个高一点的垫板，否则经常看见领导个子矮一点，就是在鲜花中露出了声音，这有损领导高大上的形象。

第十六，又做了一个国家课题，全国旅游扶贫发展纲要和国家旅游扶贫实验区的建设与运营标准，这些事情倒是不需要花更大的精力，就是把原来的工作成果积累，重新再调整，就行了。

第十七，国务院的国民旅游休闲纲要已经出台，要做一个研究。我组织了一些人，大家讨论了三天，一点一点讨论，开始讨论比较细，后来石培华参与进事，把这事又弄得没头没尾的。

第十八，又有一个比较大的事情，就是东部华侨城，东部华侨城找到我们，希望研究下一步怎么办？这样我带了几个人做了一个东部华侨城发展研究。

第十九，这个成果后来被华侨城集团的领导看见，集团领导就说，让他们再进一步做一下整个华侨城的研究，那时候正好是华侨城 25 年，他们也想总结总结。找到我之后，我见了一下任董事长，听他有什么要求，他就说希望我们认真总结一下。我说，我这个人不会拍马屁，他说想拍我的马屁的人很多，正是因为看中你不拍马屁，所以才希望你来做。我就带领一个团队到华侨城去调研了两次，开了多次座谈会，所有的现场都考察了一遍。在此过程之中，我跟任总比较详细地交流了一次，课题组参加，说了一上午，我谈我们的一些观点，他谈他的一些想法。沟通得差不多了，我说行了，这事有数了，大家分工开写。最后就形成了一个成果——《优质生活创想家，华侨城发展模式研究》，这个成果出来之后，任总很满意，大家看完了也都觉得不错。

第二十，做了一个新时期中国旅游发展战略的研究，这等于是给十二五规划打一个基础。那时候杜一力副局长负责这些事情，搞十一五规划的时候她就跟我说，小安，你的十五规划的套路我们弄不了，还是按部就班吧。我说随你们，我都离开局里了，还管这些事情干什么。但是这些就相当于给下一步的发展做一个支撑性的研究，不复杂。

之后，形成了《中国古城古镇古村旅游发展研究》《旅游业态创新与商机》两本专著。还和曾博伟一块儿合作，搞了一本《旅游政策与法规》，北京师范大学出版社出版的。客观来说，一个新的格局已经形成了，这个新局就是，我作为一个行业专家，又有相应的行业影响，很多人想借助我这个资源来做点事。反正我就是一个态度，不管谁做事，只要是好事，我都支持。但是想谋私利，那对不起。所以滚动起来，事情越来越多，而且各种新的挑战性事情越来越多，这恰恰对应着我喜欢新的事情和挑战性的事情。

第十章　创造新意

进入 2008 年，新事甚多，一件接一件，有点应接不暇的感觉。

——中国旅游研究院

国家旅游局组建中国旅游研究院，这是杜江从北京市旅游局到国家旅游局当副局长，非常重视的一件事。研究院组建之后，请我当首任专家委员会主任。我当时感觉这样一个研究院很难做，因为不成衙门必成衙门，不是商业必追商业。所以我当时说，专家委员会主任只要没有那么多事情，做也可以。第一，研究院要搞好，首在得人，能不能找到合适的人。第二，关于中国旅游研究 30 年，应该有一个说法。第三，就是希望在这个基础上，能不能组建中国旅游学会。当时就是这么几个看法。当专家委员会主任，实际上没有很多的事情，开会说几句话，每年工作量大一点就是。他们设计了各地和科研单位都可以申报的科研项目，每个项目补贴一点经费，重要的不在于经费，在于国家旅游局这块牌子，所以申报量很大。每次十几个专家，两个人一组，分出类型来，大家先找两个人共同看好的放在这儿，有不同意见再讨论讨论，每年这个事形成了一点工作量。但是总体来说，研究院的开局还是不错的，而且戴斌当院长，也很兢兢业业地在做。这个过程之中，人员有进有出，也有人起得作用不好，也就如此，反正不合适的，自然也就淘汰出去了，做得好的就往下做。后来，主任不当了，张广瑞老师和我成为顾问，每年聊一次，听戴斌谈事情，我们说看法。

——创意产业联盟

之后碰到了一个很荒唐的事。有一天在家里，正准备吃晚饭，突然付磊和张仁平两个人就过来了，说有一个饭局等着我。去了之后我就愣了，一大屋子人，有 20 多个人，往那儿一坐，发现有一盒名片，世界创意产业联盟董事长，印着我的名字，各种装饰语在这个饭桌上都已经摆出来了。这叫什么路数？付磊就说他们当天凌晨，张仁平、付磊，还有一个人叫安琪，三个人在一起聊，聊到四点钟，觉得这个事很好，也很兴奋。当天上午就在香港注册，晚上这个饭局实际上就是一个成立会。

我当时真是反应不过来，一个事怎么能这么稀里糊涂地就干了，而且是这么大一个题目，叫世界创意产业投资联盟。但是已经把我绑架在这儿了，也不好搅局，那我就听着吧。大家都热热闹闹地在说这样那样的事，我想了一下有前因，就是北京文化创意产业发展基金，杨赣，因为他扯着我们参与了一些事，这个可能是个前因。仁平这个人又是热情极其高涨的人，所以碰到什么事情都激情迸发，都跃跃欲试。安琪是一个光头，贼光锃亮，仁平还跟我说，安琪家里专门有个佛堂，一个人信佛，这个人不会坏。我说这是要做事情，判断好坏有什么重要的。之后这事还风风火火地干起来了，在东三环一栋楼租了一层楼，600 多平方米，挂上牌子，就这么做了。搞了一个开业仪式，仁平把家里的三角钢琴都搬过来了，还有很多他的创意产品，餐具就是他的一套创意，各色人等也都来了，国家旅游局的司长吴文学，也来参加这个开业仪式。问题是开了业之后做什么？不知道，所以我就说，你们把我绑架在这儿，我实在不知道这个事情怎么办，那就看你们怎么干。实际上说来说去，这个工作思路和做一个规划设计院的思路差不多，就是咨询性的业务，说是投资联盟，哪有投资能力？后来仁平就说我们应该改个字，叫投智联盟，投智也好，投资也好，问题是我们有多大的能力做这个事。再说了，项目从哪儿来？我们一块儿去了趟四川遂宁，他说像遂宁那边可以，我说是可以，问题是谁来谈这个项目？我说，我去一次，出出主意，这都没有问题，但是谁来谈项目？谁来落实这些项目？公司化的运作就是一整套体系，这跟我们当时弄五环公司差不多。做了几个项目，但是每天人来人往，大家谈这个，谈那个，给我的感觉和五环公司那时候还真是有点相像，这是不是又一轮泡沫经济来了？但是社会毕竟变了，更加开放，也没有那么多街面上的捣乱。这个联盟后来维持了大概有半年，也就不了了之了。我问了一下，好像赔了 200 多万元钱，也就算了，谁也不说了，也就过去了。这个事兴起的荒唐，结束得也荒唐，还打了这么大一个牌子。好多事情，尤其是在当代社会，绝不是拍拍脑袋出点创意就能做的事，好在这个事没有花我太大的精力。

——一分钱规划

有一天付磊找我，河南省兰考县的县委书记到北京，晚上想吃个饭，在中央党校，我们俩都过去了。去了一看，也是坐了一大桌子人，实际上兰考黄书记当时的目的是希望中央党校能把兰考确定为体验式教学基地。但是中央党校的官僚拿了个劲，也不说行，也不说不行，气氛就有点尴尬。我当时在旁边有点火，不就这么个事吗，有什么了不起。我就很冒失，黄书记，我问一句话，你是贪官吗？所有人都愣了，因为大家都不太熟，又是黄书记这么一个局，怎么上来冒出这么一句话来？黄书记当时就回答，我怎么可能是贪官，我是在焦裕禄同志工作过的地方，只能把事情干好。实际上我的感觉，就这么问能问出来。因为这么多年的官场经验，我就感觉贪官有时候能看出来，尤其在酒桌上，贪官，或者就是贪权力，或者就是美色，真的能看出来，但是黄书记给我感觉很好。后来我跟着就说一句，不管党校应不应你，别白来一趟，我们有个团队，给你们做一个免费的文化旅游规划，他说好啊。那时也没征求付磊的意见，这时候看到付磊点点头。后来我又想了一想，现在市场经济了，免费不行，我们来个一分钱的文化旅游规划，大家就笑了，觉得很好玩。饭局快散了，我跟付磊说，去埋一下单，然后付磊去埋的单。之后黄书记还跟我说，那天在党校吃饭，我不知道要花多少钱，还有点含糊，结果一问是你们埋的单。之后我就组织，没有想到，大家都很有积极性，最后组织了9位博士去兰考，我还说这次考察所有的费用我们自己花，既然做好事，就要把事情做到位。当时国家旅游局的吴文学司长提出来说我也要去，我说你一个司长和我们博士一起，什么待遇？他说我至少也是个博士，只好答应。所以10位博士一块儿到了兰考，在兰考考察了3天，考察的过程中，还真是很有感受。焦裕禄同志在兰考一共工作了14个月，但是，留下的影响一直传了这么多年，兰考人现在一说起来，仍然念念不忘。有一棵他手植的泡桐树，命名焦桐。而且这时候看兰考，和那个时候完全不同了，是平原上的森林，森林掩映下的村庄。后来他们说，当时拍焦裕禄电影的时候，在兰考就找不到一块盐碱地，找不到一片沙漠，所以跑到榆林去拍外景地。这就是为官一年，造福多少年。在此期间，看了一下焦裕禄电影，这个电影不公平，也没办法，因为焦裕禄的继任，就是他当书记的时候，那个县长很优秀，一直撑着他的这套理念，一直撑着发展，县长过世的时候，兰考十万老百姓上街送行。可是电影得塑造对立面，就把这个县长塑造成对立面，这个事不公平。

白天看下来，晚上讨论，我们就感觉需要重新调整格局，不能用一般传统的旅游思路来看兰考。而且从传统的旅游角度来说，兰考确实是没有什么旅游资源，兰考黄河段有 25 公里，连个小庙也没有，因为历史上是黄泛区，有什么东西都在地下了。可是培育了两个产业，一个产业是全国 70% 的民乐乐器，都是兰考生产的，再一个就是向日本出口的棺材，70% 也是兰考出的，就是因为有泡桐资源，所以就做起来了。这样转换一下，叫文化旅游发展规划，以文化为主，所以我们构想了九个产业，比如说学习产业，就是围绕着焦裕禄同志的精神，要变成一个学习基地。最后，花了一个下午的时间在兰考讲一讲，就形成了文化旅游发展规划。黄书记马上组织 8 个小组来对接，一个小组落实一个产业。他们还挺会做事，最后跟我们商量，说费用都是你们自己出，我们心里实在过不去，怎么也得让我们请你们吃一餐饭，然后每个人发了一个牌，他们专门找银行，找到一些老的一分钱的纸币，镶在牌子上，每个人的名字都有，一分钱规划，一分钱精神。那次还有一个新华社的记者跟着我们，他也觉得这事挺有意思，专门写了一个报道。

——继续系列研究

第一，正值中国旅游 30 年，国家旅游局当时是杜一力作为副局长主管，刘晓军是政法司司长，当时我就提出来，能不能搞一个中国旅游 30 年的研究报告，大家赞成。那时候我们干事的模式已经形成了，先是组织老同志座谈，然后一帮人讨论，讨论了 3 天，之后我花了 5 个小时，把 30 年从头到尾说了一遍，在此基础上，把这个研究报告形成了，又正式出了一本书。在报告的基础上，浓缩成了一个 2 万多字的发展报告，就变成了国家旅游局给大家发的一个材料。这么大的一个课题，但是我们做起来不费事，很简单一个道理，过来人，很多事情我们知道来龙去脉，也知道应该怎么评价。

第二，河北省政府找我们，做一个环京津休闲旅游产业带发展规划。我到了石家庄一看，他们已经委托中科院河北地理所写了一个材料，就觉得难办了。这个东西用不用啊，要用，让我们做什么？如果不用，又觉得人家的成果需要尊重。再看这个东西实在是不行，所以是两难。我就说先凑合一下，围绕这个思路，开会大家都批评。后来我有点火了，这个事是你们请我们做的，不是我们求着做的，而且你们原来有那么一个东西，让我们怎么处理？后来领导就说，你推倒重来，我没指望你把那个稿子改一改，我说我也不想这么干。这样的话，推倒重来，重新组织课题组，付磊带着大家把环京津跑了一圈，圈定了七个重点，形成了一个新的课题成果。出来以后，再评审，谁也不说话了。后来我对河北旅游局局长王新勇就说，这个事干的叫没头没尾，不上不下，弄得我们也很尴尬，反正我们现在做完了，就算过去了，领导满意就行。这种事情就是我不太想做的事情。

第三，又到四川的凉山，做了凉山旅游发展模式的研究。因为凉山我原来去过，现在去发现有不少变化，而且凉山的资源确实好，这么好的资源，旅游不发展起来，也确实可惜。而且当时换一个新的思路，不要再从观光旅游的传统思路来看待凉山旅游发展，换休闲度假的思路，形成了一个凉山旅游发展模式研究。当时凉山州旅游局非常积极，也在说做实际工作如何难做，花了多大的工夫。其中有一个副局长就跟我谈，几个大事做完了，他一屁股坐在地上，就昏过去了，这种工作精神实在是让我感动。这个课题成果他们后来专门编了一本书，也算是形成了一些影响。

第四，就是四川地震。还是到处跑，但是天天关注四川地震灾害的报道，也觉得很揪心。后来想，能不能做一个事情，当时我就约了一批专家，张凌云、徐汎、魏诗华等，做了一个四川地震灾害影响旅游发展，震后重振的研究，前后半个月就完成了，大家积极性都很高，也没有什么二话，就是能为地震灾区做点贡献，我们心里能好受一点。这个课题做完之后，给了国家旅游局。后来我觉得这个事还没过去，就把整个四川研究一下，把原来跑四川形成的研究成果汇集起来，形成了一本书，研究报告放在最前面，叫《天下旅游看四川》。我找到周小丁，出版的事你来负责，我捐 2 万元钱，地震的时候，那时候每个人交了 3000 元钱特殊党费，这次捐 2 万元钱来出这本书，也算表示个心意。小丁就问我，为什么不捐给什么红十字会之类的？我说不行，我对这些机构信不过，捐个钱咱们自己办个事，觉得心里舒服一点。后来，这个书也是很快就出来了。

第五，地震之后，反而跑得更多了。当时是安徽有全省旅游规划的事情，是付磊他们在做，那次我全程参加了。特意说不去皖南，因为皖南大家都熟悉，我们从淮北开始跑，所以跑完淮北跑了皖中，最后在皖南结题，就到了绩溪的龙川，胡锦涛同志的老家，在那儿结的题。比较顺利地就把这项工作做起来，反正一路跑，一路说。

第六，又到临汾，到株洲、到葫芦岛，然后到阿拉善，到聊城，到岳阳，到怀化，到云南的红河州，后来又到山东的枣庄，到河南的林州，之所以把这些名字列出来，大体上到这些地方，都是跑 5 天左右，比较系统地跑下来，最后做一个演讲。这些事，没有课题的名分，也没有什么课题费，就是跑完了讲。对我来说，这就是一种调研，也知道这个地方究竟是什么情况，关注什么样的问题。

第七，那时候称为课题的，是内蒙古生态旅游标准，这个生态旅游标准是德宝林发起的，他是管理处的老处长，有这么个题目，跑一跑，最后形成一个标准。跑起来都很辛苦，但是，这个过程还是比较愉快的，去阿拉善，当时我请我的一个发小诺木汗，清华附中的老同学，13 岁就在一起，后来在台湾东吴大学当教授，有点时间就拉着他参与一下我们的事，一路看得过瘾，一路聊得也很过瘾，一路喝酒喝得也很过瘾。

第八，是国家旅游局委托的，北部湾旅游发展规划。为了这个规划，我到北部湾跑了半个月，南宁、北海、钦州、防城港、玉林、崇左，都跑了一圈，15 天我做了 8 次讲话，最后的题目为风生水起北部湾。当时我的一个博士生黄爱莲，是广西大学的，正好借着这次机会一路跟我走，一路听，她跟我说，魏老师，你讲的这 8 次，可以成一本书了。北部湾是个新题目，国家旅游局看重，这个事后来接手是石培华，以研究院的名义接的手，最后把北部湾旅游发展规划做了。

第九，北京市旅游局又委托了一个课题，叫北京旅游新型业态发展研究。这就需要一些调研了，新型业态，都是都市化的休闲业态，我们也不太熟，虽然在北京，但是这些地方一般都不去，所以那次就是把北京的这些胡同宾馆，一些新的休闲场所都看了一遍，看完了之后，形成了这么一个成果，最后也是搞了一本书——《新业态，新发展》。

第十，去湖南的怀化，我在怀化提出，怀抱天下化育万物。这个事说起来很好玩，有一次我出差回北京，晚上 10 点了，怀化旅游局的局长刘低炉，他就揪着我，说我们市长在国际饭店等着你，我一去果然，我就问市长吃饭没有？他说没吃饭，等着你呢，这个精神我很感动。怀化市市长易鹏飞，很豪爽的一个人，原来是省发改委的副主任，我们就聊了一晚上，怀化我得去看看。当时刘低炉在谋划古城古镇古村联盟，也想开个会，因为他那儿有一个洪江古商城，是刘低炉一手操作起来的，他也希望借着这个把古商城推一把。我那天和易市长说，还有一个题目就是湘商，中国有十大商帮，从来没听说过湘商，我们自己可以造出来。易市长很兴奋，说这次我没白来，这两个题目都是好题目。所以那次又开了第一届世界湘商大会，现在已经开了十几届了。这样的话，把事情做完了，也交了几个朋友，尤其是易鹏飞，他后来到娄底，也绑着我去，后来到郴州，我就去得更多了，他到郴州去当市委书记，前后我 5 次去郴州，当朋友，不客气，到郴州去了没有 3 个月，就给我打电话，你必须来，我到这儿来你不帮我一下行吗？

之后又有多次研究性的系统考察，我自己也长了很多知识，尤其是地方性的知识，如红河州干热河谷，我原来就没有这个概念，看完了之后感触很深。比如，到枣庄，看台儿庄，当时还是工地，这就涉及下一步怎么发展，没想到台儿庄后来做得很优秀。河南林州也是这样，除了红旗渠之外，太行山大峡谷资源甚好，这么好的资源始终没做起来。

我起的作用就是专家作用，也不指望能起到多大作用，也不指望我说的这些话人家都听，比如我说半天、3 个小时，可以说 3 万多字，能有一两个观点被接受了，就可以了，专家无非也就起这种作用。完全不必把自己看得太重，否则只会自己闹心。

——组建机构

积累几年，我就想做一个机构，重点在休闲领域。同和规划院有一个团队，也可以组织团队，可以给大家发点课题费，不要让大家白干活。后来付磊也提出来，想搞一个组织，我说你要有心干，我不反对，但是把我绑上来，变成以我为主不行。出个名义，利用关系，具体的你们自己考虑。那个时候找我的人很多，也有各种各样的事情希望我来牵个头，我实在不愿意牵头，因为我的态度很明确，我想当专家，不想当社会活动家；想帮助年轻人，但不是年轻人为我干。我就跟他们说，你们要是跟着我干，我可以接受，你们要是为了我干，这些事我都可以不做。

第一个机构，就是在2008年4月，我们经过一年的筹备，组建了中国旅游协会休闲度假分会。在此之前，付磊和吕宁都找我，说想干这么一个事。那时候世界休闲组织也可以搞一个名头，叫世界休闲组织中国分会，但是手续怎么搞？一开始是想借助中国旅游文化资源开发促进会这个机构，机构的负责人姓黄，我就叫他老黄。这个机构拉开的架势特别大，当年是孙尚清先生发起成立的，可是我也没听老孙跟我说过这个事。之后是老孙有一任秘书叫张文魁，现在也是知名经济学家，他约着老黄跟我见了个面，说起这个事，说能不能支持他们一下。我说怎么支持？让我当个副会长，老黄还跟我说，这个社团组织每年都是民政部表扬的，从来不出事，后来我就查了查，了解一下，我发现从来不出事的原因是从来不干事。所以，想借助这个机构，那时候搞主题酒店研究会，研究会要师出有名，就想挂在中国旅游文化资源开发促进会，结果老黄事事的，什么事也不干，什么事也办不成。这次也是，找老黄，应得蛮好，什么都不干，我说算了。后来有一次到深圳，我说老黄到你办公室看看，他就三推四推地不让看，后来发现他根本没有办公室，也没有工作人员，就他带着一两个人瞎混，把这么一块牌子给糟蹋了，实在是可惜。所以，我对老黄很不认同。

协会组建之前，需要开个预备会，只能以我个人的名义，我就给一百人发了一个短信。发之前，我专门问付磊和吕宁，开弓没有回头箭，你们有决心吗？他们信誓旦旦。本来我以为，100个短信发出去，有三四十人回应，不错了，最后来了140人。大家都说是好事，那就干吧。

换个思路，找国家旅游局，专门找邵琪伟局长谈了一下，我说休闲领域综合性更强，涉及的部门更多，所以很有可能将来涉及部门协调的事。这样的话，我们想先办一个协会，协会开路，如果觉得哪些事情将来条件成熟，可以转到国家旅游局，自然而然就转过来了。邵局长很支持。2005年何局长退休，邵局长接任。我1998年就认识邵局长，那时我陪同全国政协考察团，先到云南再到广东，当时国家旅游局派的陪同是我和高舜礼，我当时是政策法规司司长，团长是全国政协副主席张克辉。这个考察团很牛，都是名人，不愧是全国政协委员，所以一路上小心翼翼陪他们。到了昆明之后，我说你们去大理，我留在这儿写考察报告，他们回来的时候把考察报告写完了，给了张主席。张主席就说，报告写得太专业了，我不好读。我说不用读原文，拿着报告讲一下就行，最后报告发下去就可以了。到最后结束的时候，当时是邵琪伟副省长过来问我，报告是你写的吧？我说是我写的。他说那就对了，我看着是内行人写的。因为邵副省长那时候做世博园的事，那是他一手干起来的，在大理当过州委书记，当过副省长，给我的印象很好。所以，他到国家旅游局来当局长，时间不长，就约我谈了一次。我那次很认真，专门准备了三页纸的一个提纲，谈我的看法。其中谈到一个问题，旅游局小马拉大车，我们的权力不够，手段也缺乏，可是又要发展，怎么办？借助各个部门的力量。所以我当时提出旅游创新工程这么一个概念，怎么创新？就是我们和各个部门联合，比如说和交通部门联合，开一个交通旅游会议，和林业部门联合，开一个林业旅游会议，和科技部门联合，开一个科技旅游会议，反正都能够牵扯到，每一个会议形成一个会议报告，最后形成一个文件，最好是国务院能发，如果不能发，两个部门联合发。通过系列的创新工程，我们可以发动二三十个部门，一起来和旅游合作，这就是大的推动。邵局长说想法很好，一步一步推动。所以，和邵局长聊了有4个小时，也比较透彻。这样的话，我跟邵局长说这个事，局长支持。但是，局里支持是空的，只是同意组建而已，具体的事我就去找首旅集团的段强董事长，段老板一听，就说是好事，我说不但是组建这个协会，还请你当会长，我当秘书长，他说也可以。后来就组建起来了，成立会是在青岛开的，青岛的副市长也来了。大家都说，下一步我们就得按这个路数发展，按这个模式走，段老板戏言，我们是秘书长领导下的会长负责制，大家哈哈大笑。

第二个机构，又组建了全国休闲标准化技术委员会。因为那时候我们有一些标准已经做出来了，但是发布不了，缺乏运作主体。当时主要是国家标准化管理委员会的张灵光司长，他原来一直联系旅游，我们都是老朋友了，很熟悉，跟他聊了几次，他觉得这事挺好。这样的话，我又找了国家旅游局，当时找到管理司，因为旅游标准是他们管，标准处处长不赞成。我跟司长说，这个事你反对不了，只是征求意见而已，而且涉及这么多部门。当时我跟国家标准化技术委员会说，休闲标委会应该放在全国标准化管理委员会，因为涉及的部门太多，放到哪个部门都不行，因为放到哪个部门，其他部门都有意见，可是放在综合部门，谁也没意见。所以最后我就说，国家旅游局的态度应该是支持这个标委会成立，但是希望放在国家旅游局，你们上来就反对，这是和你关系最密切的。到后来，组建了标委会，有六个部门的人进来，国家旅游局、体育总局、文化部等，6个部门都是委员。成立会也开了，我是第一任主任。其中有一位李春田先生，是标准委的大专家，也确有大家风范，他非常支持这件事，给我们讲课，指导起草标准，老先生常常眯着眼睛笑，好事自有贵人相助。

组建了两个像模像样的机构，就得开展工作，所以这一年，我也觉得工作强度很大。后来真是有点烦，因为当时搞这两个组织的时候，我和付磊就说得很清楚，这是给你们年轻人搭台，我不想干这些事，而且毕竟我的身体有问题，这些事这么折腾下来，干不动怎么办？还得你们接啊。后来段强当了中国旅游协会的会长，是大协会的会长，所以首旅集团的刘毅总裁接了分会的会长，后来我一想，算了，我就跟他们说了一下，索性我自己来当会长，他说你早就该当会长。但是你坚持让我们当会长，我说让你们当会长，是有好处的。现在，我是中国旅游协会休闲度假分会会长，付磊是副会长，曾博伟是秘书长，形成了新的工作格局。

全国休闲标准化技术委员会，我是第一任主任。后来张灵光从司长任上退休了，我说灵光这回行了，理所应当你是主任。他还觉得不好意思，说你们开的局，我来摘桃子。我说那不是，怎么对工作有利，咱们怎么考虑。因为在旅游行业我不需要这样的名分，可是在标准化领域我没有名分，你在标准化领域影响大，将来我们很多工作要靠着国家标准委，你来当这个主任最顺理成章，益于整合资源，那就是标准方面的资源你来整合，旅游方面的资源我来整合，我们把这事开展起来。所以，有了一个规划设计院，再加上一个社团组织，一个技术组织，等于是三位一体，进一步开展工作，条件更好了。

那个时候工作也算上了轨道，标委会就是一个一个做休闲方面的标准。那时候和国家标准委关系很顺，基本上我们报了标准就可以变成国家标准。先立项，我们就组织制定，制定完了之后发布，搞城市休闲服务与管理导则，城市中央休闲区质量规范，休闲农庄发展规范，休闲社区导则，休闲基础术语等，一系列的标准做出来，有很强的针对性，也有创新性。最后汇集形成了《共同的事业——全国休闲标准化发展》这本专著，之后再继续推进。

10年时间，已经搞了25个休闲领域的国家标准，可以说成果累累。但是就有一个难点，和以前在机关不同，有一套行政体系，一个国家标准出来，发布之后开个会，在全国就可以推进。现在没有这么一套行政体系，所以这种推进就有难度，有难度归有难度，也得去做。所以我们一方面通过城市，因为也同时在进行各个城市的咨询和研究，做的过程之中，就希望城市成体系的采用这套标准，这是一个方式。第二就是扶植一些典型来做。第三就是做新业态的引领，比如说这两年搞了一个花卉休闲区的国家标准，搞了一个商贸休闲区的国家标准，这都是这几年新产生的现象，而且一产生就如火如荼。所以在这个时候，最需要标准的规范，也就主要采取这样的方式。

那个时候，应该说是一个创造新意的过程，不断产生新的思想，不断形成新的标准，目的还是想推动行业新发展。

第十一章　传播四海

——参加会议

在这个时期，主要是四个方面的事情。第一个方面的事情是参加各种会议。规划讨论会是其一，我原则上不参加规划评审会，道理很简单，评审的时候就是走过场，这时候提什么意见也没有用。另外就是很多规划我是不赞成的，可是有很多熟人和朋友，否了人家也不合适。可是讨论会不同，中期讨论的时候就可以把很多事情说到位。有一次贵州要做一个大规划，据说是规划费1200万元，希望我主持。省领导已经有一套框架性的想法，比如说未来5年贵州的旅游投资要达到2万亿~3万亿元。我听完之后就感觉这是一种“大跃进”的做法，这种做法在贵州这样一个穷省能落实吗？有必要这么做吗？所以我就拒绝。后来他们找到付磊，付磊也不同意。最后就找达沃斯巅峰，他们来主持。在规划中期讨论的时候我就说，这样一个大目的地规划好像没有必要跟着省领导这么走，因为当时说要搞100个5A级景区，100个五星酒店，50个旅游小镇等。分明就是拍脑袋出来的东西，因为是研讨会，我就发表了一番意见，这番意见谈完了之后，也有人很不认同，发表了一番和我不同的意见。这个会开得挺激烈，我专门提出，开评审会的时候不要再请我了，总顾问这个名义我也不要。所以，那个时候这方面的会议我是比较慎重的。最多的是参加论坛和峰会，风起云涌，尤其是这几年，各种论坛都希望我出席，我的基本原则是，第一，这个地方我没去过，要去看新的地方；第二，题目我觉得很有意思；第三，朋友的事，没办法。所以参加会议于我而言就变成一个很疲劳的事情。而且听了半天，说句老实话，新观点少，有时候出于礼貌听一听，常常是新词汇，也没有多少新收获。

——传道士

第二个方面的事情就是到处讲课，讲课也是各种各样的题目，但是有些题目我不太喜欢，所以就拒绝，有些题目我认为有意思，下点工夫准备准备，去了再调研一番，还可以讲出点新东西来。我的一个原则就是一套话不愿意来回说，如果没有新话，宁可不说。讲大课就比较多了，多是地方的命题作文，如这两年就讲文旅融合，全域旅游的话我原则上不讲，讲就讲我的一套理解，文旅融合说了两年了，已经说得很没有意思了。在这方面我基本上把定，要说就说自己的话，你想听就听，不想听就拉倒。既然是请专家，专家来了，如果只讲你们想听的那些话，专家的意义何在？所以我有一些讲课是结合地方的考察。有人说，你就是一个传道士，到处宣讲，到处传播。我是勤奋而不刻苦，勤奋是不浪费时间，刻苦是深入钻研。刻苦则必然勤奋，如果再有天才和机遇，就能有大成。我是杂学多，专学少，做别人做不了的，做别人做不好的，于自己有效率，于社会成分工。

——考察八方

第三个方面的工作就是考察八方。这种考察有的很辛苦，也很多，就不必一一列举了。最近一趟辛苦的考察就是到四川攀枝花。2019 年 7 月我到攀枝花去参加自驾车旅游论坛，安排我发一次言。本来我是想讲讲自驾车和营地方面的事情，但攀枝花领导跟我说，最好重点讲讲攀枝花。讲可以，你们得给我一天时间看一看。所以用一天时间，看了几个主要的点，第二天就说了一番话，“花枝招展攀高峰”。这番话说完了引起了领导的注意，他们就说，你专门来给我们研究一次。我就约了几个人，一个是台湾东吴大学的诺木汗教授，一个是白南风，也是我的发小，开始在发展组，后来到体改所，是个农业专家，之后在城市研究院做城市研究，所以我们几个人一块儿约。开始是我们有时间了领导没时间，后来说领导有时间了，当时我正好受伤，那时候还不知道是骨折，说是软组织挫伤，带着伤就去了攀枝花。这是在 2019 年 10 月 5 日，黄金周还没过完就去了。我是 9 月 28 日去厦门，从厦门到德化，200 多公里山路、夜路、弯路，又赶上一个水平差的司机，一脚刹车一脚油门，我觉得很不舒服，那天到了德化我就提出来，明天给我换一个车换一个司机。第二天是论坛，在论坛发完言之后，中午吃完饭就往厦门赶，车倒是换了一个，换了一个中巴，一堆人都坐这个车上，我也不好说什么，司机还是那个司机。到了机场就觉得背疼，上了飞机就感到锐痛，到了北京之后就下不来飞机了，弄了一个轮椅直接到了医院，做了一个 CT，大夫说你这有可能是软组织挫伤，但是还得继续检查，也有可能是骨折。他说软组织挫伤问题不大，一个礼拜就好。我一想那时候已经约好了，也不好再辞了，所以到了 10 月 5 日我就去了攀枝花。到了攀枝花也是一路颠簸，然后就是考察，那时候已经觉得很不舒服了，所以到了一些地方，我只能下来的时候说，你们去看，我不动。之后我就讲了一次大课，最后讲完的效果很好，当地的领导和旅游行业都很认同，这就是考察八方，传播四海。诺木汗笑言“小安工作模式”：吃得饱，睡得着，走得动；看不尽，想不停，说不完。细想一下，专家的局限性恰恰在于专家本身，但专家们却往往认为自己无所不懂，无所不能，所以就无所不言。这也误事，而且是理直气壮地误事。

——总结提升

第四个方面就是总结提升，因为我有一个习惯，积累了几个月或者半年，自然而然地就觉得需要总结，也需要提升，出点大东西，所谓大东西就是形成大思路，形成大说法。旧元素新组合也是一种创新。元素性创新是基础，结构性创新是主导，组合就是一种结构性创新。所以那时候，这种总结提升也形成了一堆成果，比如《全产业链视域下的旅游发展》《北京旅游发展战略研究》。课题研究继续做，一是《国家休闲区发展研究》，这是国家旅游局的课题。二是国家旅游局的委托课题——中国旅游世界化与世界旅游中国化。这也是我提出来的，然后请他们来委托。因为到了 2014 年，中国作为一个世界旅游大国已经立起来了，而且那时候在春节期间，法国、英国、美国、日本的这些中国公民主要的出境目的地一片红，都是中国红，很能感觉到中国旅游的世界化。但是反过来世界旅游也需要中国，所以把中国和世界这个关系从头到尾论了一番，应该说这是一个提升，也是一个创造。三是还有一些区域性的研究，比如说我们专门组织了一个班子到宝鸡前前后后走了一番，走了 5 天，大家都得觉得兴致不错，在宝鸡一路上还你吟一首诗，我和一首诗，说得挺热闹。后来在宝鸡讲了一番形成了一个研究成果，最后是台湾东吴大学诺木汗教授，我讲了一番，他最后成了文。那个时候我就感觉宝鸡的地名非常有意思，所以把宝鸡的地名串在一起，宝鸡三区九县地名，整合成为地名谣："扶风出凤，凤翔岐山，麟游千阳，眉陇太白，陈仓渭滨耀金台。"宝鸡这些老先生都说，我们世世代代在这生活我们都没有意识到，我说这不就是远来的和尚好念经嘛，第三只眼睛看宝鸡。还搞了一个珠海横琴新区的旅游产业研究，因为横琴新区当时的书记叫刘佳，原来是珠海旅游局的局长，我们很熟。她说在横琴新区下一步的发展地位越来越高，所以也是这样，工作模式已经形成了，我带一支队伍去考察了一下然后讲了一番，之后再形成研究成果。

这样的事情做了很多，2014 年到扬州做了一个研究，我当时就有一个感觉，扬州的旅游者样子不一样，为什么呢？一个观光旅游城市，可是我们看很多人在街上松松散散地走，自由自在地走，这不像是观光旅游者，然后我就问了一下，住在哪儿？就住在街里面的民宿里。当天我就说，换一个地方，今天晚上我要住在民宿里，从酒店搬出来。后来这个感觉还是比较准确的，我就在扬州提了一个说法叫"文化休闲、城市度假"。这八个字提出来之后，扬州市的市长就非常重视，他们就专门组织了一个活动，就是以这八个字为题，搜罗了一堆项目招商引资，一下子招了 80 亿元。后来朱市长还跟我说，"古人说一字千金，你不得了，一个字十亿"，实际上不在于这些字，在于这个定位符合扬州的发展需求。类似这样的事情应该说做了不少，这是一个方面，就是属于到处跑做研究。

再一个就是给湖南省做了一个课题，湖南省委省政府提出湖南建设五大基地，其中一个基地就是全域旅游基地。所以湖南省的旅游局长陈献春，他原来是局里的司长，后来到湖南去工作，他就找我，说想一想这次题目你做最合适，那就做吧。他说经费不足，我说经费不重要，把事做出来就行了。所以提完了之后，我就组织班子到湖南去考察，天气很冷，那次主要考察的是湘西雪峰山这一带。之后我们课题组的人又去考察了一次，那次我就没参加了。第三次我又去考察了一次，那次考察就是到永州几个地方。这次考察完了，湖南就跑遍了。感觉湖南资源确实丰富，但是怎么发展？全域旅游基地，要研究和其他四个基地之间的关系，所以这个成果一定要快，就像当年做十五规划一样，我们做在前面，让其他基地来参照我们的成果来研究推动。

所以时间不太长，经过三次考察，最后就形成了一个比较完整的课题成果。陈献春也很满意，当时是省委研究室一块儿来组织，省委研究室也都全程参加了，他们也很满意，觉得这个事情做得不错。

还有一些地方性的研究，比如三门峡的研究。到三门峡考察了几天，基本上看明白了，所以形成了一套新的思路。然后我就在市里面讲，市委杨书记参加了，在这个过程中几次人家找他，他都摆手，后来我讲完了杨书记就说，“哎呀，三门峡的旅游我听明白了”。过了一会儿赵市长来了，因为上午没有听我讲，所以中午吃饭，吃完饭接着谈，一直谈到下午 3 点多，她就说，“围绕着这个，你们要给我们做一个系列研究”。我一想，也有这个力量，就做吧，这样就回到北京了。结果回到北京不到一个礼拜，杨书记就被双规了，后来他们一个副市长跑到北京来找我，我说，“杨书记出事了，你们这个工作格局也该变了”，她说，“赵市长当了书记”，我说：“行，再往下继续，我们就不做了，因为说不清楚你们官场的事。”结果到了第二年，不到一整年的时间，赵书记也出了问题也被处理了。地方官员这种来回折腾，虽然很重视旅游，但是往下落实就很难，这是我印象比较深的一件事。还有一个就是到遵义去做了一次研究，遵义的研究是从企业开始启动，有一个企业在那做项目，积极性很高，扯着我们去了一趟。我一去我发现遵义这个地方很棒，我原来去过几次，所以就给遵义做了一个系统的研究，做完了还在遵义搞了一个休闲标准化的试点城市，把一整套东西都给他们部署下去了。第二年贵州的旅游发展大会在遵义召开，在那个会上组织了一个活动，给他们发了十几块国家的牌子。遵义的乡村振兴和这一套工作我是很赞成的，他们提了一个“四在三改”，就是“美在农家”“学在农家”“闲在农家”“富在农家”，就是把乡村旅游、乡村休闲和城市化的需求结合在一起。“三改”就是改上下水、改厕所、改能源，这样的话，乡村的城市化水平就大幅度提高，因为解决了一些基本问题。所以在贵州乡村走，有点像在欧洲乡村走，乡村的总体感觉非常好，这套东西做下来，我们也算摸索一种工作形式，就是以城市为载体，推进休闲标准化的落实。

那时候还做了一个研究，就是乡村旅游 30 年，从头到尾梳理了一遍。当时有一个组织叫中国合作经济学会，他们对旅游有兴趣，这个学会发起搞了一个活动，我们就顺着这个就做了一个中国乡村旅游 30 年，杜润生当时还在世，专门题了一个词。

——十年行程

我基本上每天记日志，每年年底做个统计，在这里展示一下。

2007 年，跑 107 地，出差 192 天，开 223 个会，得 196 篇稿，150 万字。

2008 年，跑 162 地，出差 227 天，开 206 个会，发言 182 次，得 165 篇稿，近 200 万字。

2009 年，跑 111 地，出差 227 天，开 143 个会，讲课 105 次，得 216 篇稿，200 多万字。

2010 年，跑 105 地，出差 209 天，开 258 个会，讲课 117 次，得 200 篇稿，200 多万字，出书 5 本。

2011 年，跑 70 地，出差 147 天，开 168 个会，演讲 51 场，得 180 篇稿，200 多万字。

2012 年，跑 88 地，出差 189 天，开 197 个会，讲课和正式发言 113 次。得稿 176 篇，200 多万字。

2013 年，跑 85 地，出差 196 天，开 140 个会，演讲 92 场，得稿 240 篇，200 多万字。

2014 年，跑 105 地，出差 188 天，开 203 个会，演讲 92 场，得 150 篇稿，200 多万字。另外增加了一个新花样，写随笔，有感则发，长千把字，短几百字，共得 115 篇稿。

2015 年，跑 124 地，出差 234 天，开 216 个会，演讲 62 次，得 180 篇稿，200 多万字，写随笔 78 篇。

2016 年，跑 127 地，出差 201 天，开 215 个会，演讲 100 次，得 205 篇稿，200 多万字。另写随笔 70 篇，10 万字。

2017 年，跑 114 地，出差 228 天，开 160 个会，发言 160 次，其中两小时以上的大课 36 次。得 162 篇稿，200 多万字。另写随笔 46 篇，5 万字。一年下来，地方少了，天数多了；会议少了，发言多了；文字少了，感触多了。

2018 年，跑 140 地，出差 225 天，开 173 个会，发言 138 次，其中两小时以上的大课 60 次。得 145 篇稿，200 多万字。另写随笔 50 篇，10 万字。一年下来，仍然不少跑，作为一个田野型的专家，不跑不接地气，不跑不得实情，不说知识分子，作为一个知道分子，不跑显然是不行的。

2019年，跑84地，出差170天，开91个会，发言86次，其中两小时以上的大课50次。得105篇稿，150多万字。另写随笔54篇，7万字。一年下来，工作强度比前些年大大降低，主要是身体不行了。尤其是“十一”以前骨折，蛰伏居家休养，闲书读了不少，闲事越来越少。于自己来说，很好，与身体适应，与精神适应，与追求也适应。生容易，活容易，生活不容易，能够保持自我，好玩玩好的生活更不容易。

看到我这样跑，国家旅游局老领导希钦兄发来几句话：

“行万里路，省市县乡，名山大川，人文风物，全收眼底。

传千般经，兴旅华夏，化朽为奇，点石变金，尽在掌中。

为中国旅游披星戴月，轻岁弃休，春蚕吐丝，蜡炬垂泪，直有几人？希钦为小安君书。”

2012年，杜一力填词：满江红，贺小安六十

“春华秋实，今正是，收获时刻。搞旅游，好玩玩好，六十如歌。高朋如云春满室，江山行遍读写说。醉耕耘，卷卷掩珠玑，识者和。

身已辞，庙堂侧，心仍在，天下责。并志士肝胆，达人风格。孔孟霞客焉得知，旅游休闲经国策。喜拾掇，用同一样人生，小安乐。”

——推动发展

总体来说，最近十年大概一直在忙这些事。其中有几个事还是比较有意思的。

第一个，是大事，就是《旅游法》出台了。《旅游法》出台很不容易，一般的说法叫十年磨一剑，就是一个国家大法的出台至少十年，但是《旅游法》应该是从20世纪80年代就开始了，叫三十年磨一剑。我参加了一些前期工作，是20世纪90年代初的事。任何事情要想做成，必有关键人物。到后来《旅游法》出台有两个关键人物，第一个就是全国人大财经委的石秀诗主任，他提出要搞《旅游法》，和人大法工委联合。因为《旅游法》作为综合性很强的大法，之所以多年以来始终不能出台，有两个原因：一个是产业规模不够，没有这么大，也很难引起大家的重视，尤其是很难形成共识。再一个就是在立法层次上，上不去，国务院法制办多年以前表示，这个事我们支持，但是具体操作，

无非就是协调部门意见。石秀诗在1986年的时候是国务院旅游领导小组的办公室主任，之后回到国务院秘书局，然后到贵州省去工作，当贵州省省长。2000年我到贵州，在赤水考察景区的现场，就看到他在那，原来认识，在一起聊了很长一段时间，他就说我当贵州省省长有一半的精力就是抓旅游，所以他对旅游很熟，也深知《旅游法》的必要性。有这个条件，应该说形成了一个关键性的条件。再有一个就是国家旅游局的副局长杜一力，这也是一个关键人物，兢兢业业，不屈不挠。所以上面全国人大有石秀诗力主，下面杜一力在实际操作，组织各种各样的调研、论证、座谈、征求意见。两个方面凑在一起，把《旅游法》出台了。这个过程中我只是参加了一次座谈会，还是石秀诗主任主持，点名让我去参加，说了一番。《旅游法》出台以后，又组织了几次宣讲会，我也参加了这个事，应该说《旅游法》出台，解决了旅游根本性的问题，就是法律的支撑。但是比较遗憾的是，《旅游法》出来之后在实际中起的作用不够大，很多时候大家都忽略了。按理来说，应该是《旅游法》出台之后，方方面面的工作都要对应《旅游法》，是符合这个法律还是违背这个法律？这就涉及立法宗旨，是一个管理法还是一个促进法。管理法难度很大，促进法相应来说难度小一点。有一段，在协调过程中，我都说只要《旅游法》出来就行，哪怕只有一句话，当然这是玩笑话，是不可能的。可是这样做下来，实际上最后出的《旅游法》里面，有一部分是管理法的内容，缺乏部门规章的支撑，所以等于是管理方面的内容主要还是在管旅行社，管旅游市场。另外一部分内容是促进法的内容，等于把管理法和促进法糅在一起出台了。这个法出得实在是不容易，但是比较遗憾的就是出台之后产生的实际作用不足，我有幸参与了一部分工作，而且深知这个事情的难度，也深有感触。

第二个事，就是做了一个中国旅游经济结构研究，旅游研究四层面，用旅游语言描述状况，用理论思维解释问题，用综合眼光分析结构，用科学态度探索规律。这个事情是我主动倡导的，之所以倡导这个题目，是在实践中深感，旅游最大的问题就是经济结构的问题。多年以来，我们都说，旅游面临的主要问题是什么？是迅速膨胀的旅游需求和旅游供给不足之间的矛盾，实际上我那时候感觉这个认识并不准确，或者说在大局的判断中这个判断失误。主要的问题是我们的经济结构问题，原来围绕着旅游经济结构问题我曾经说过一些话，可是觉得缺乏系统研究。所以那时候我就找到北京联合大学旅游学院，你们出几个博士，咱们一块儿来论一论这个事。黄先开院长积极性很高，安排了6个博士，我们一块儿来弄这个事，这个事花了不少精力。这些人是博士毕业以后已经到联大去当老师，还都是比较优秀的，在一起讨论的时候，我把我的想法谈了一遍，大家围绕着框架又讨论，最后分工。但是觉得不理想，也没有办法，因为没有其他人，组织不起一支队伍来干这个事。最后我写了一个3万多字的提纲，都不是提纲了，主要观点都在里面，然后怎么搜集资料，怎么分析数据，怎么形成观点，怎么表述，一步一步跟他们说了一遍，相当于我又带了一把博士。但是我有一个很突出的感觉，按说这个题目从旅游研究的角度来说，是突破性的题目，对他们在学术上应该是很有好处的，但是大家都不积极，都认为这就是领导交办的事情。到最后稿子出来之后我统稿，统得昏天黑地的，把稿子统完之后，看什么东西都模模糊糊的，天在哪儿地在哪儿，伤眼睛。后来是张凌云对这个课题明白，他当时是常务副院长，但是没有这么多精力，他又捋了一遍。最后成果算是出来了，还形成上下册。本来我的想法就是，成果出来以后，以这个成果为依据，每两年用新的数据调整一下，这样形成中国旅游经济结构的动态性研究系列。可是能出来就不错了，再往下跟着走，也就是想一想而已。但是总体而言，我觉得这是一个突破性的成果，后来我就经常用结构性的视角来分析这个行业，用结构性的思路来谈一些观点。

第三个事，那时候北京旅游局已经升格为北京旅游委员会，主任是鲁勇，精明强干。他当了旅委主任就说，我经常碰到一个问题，有人问我旅游是怎么回事儿？什么叫旅游，我总感觉这些基础问题都没有解决。所以，他找了一帮专家，大家聚在一起讨论。他说能不能写一本《旅游经济学》，所有人都笑了，我说："鲁主任你问一问，在座这些专家谁没写过《旅游学》《旅游经济学》？"他说，"我们可以写一个《新编旅游经济学》"，大家又笑了，说，"魏老师10年以前就写过《新编旅游经济学》"。后来我说，明白你的意思，我提一个题目叫广义旅游学，做一个广义旅游发展研究。当年清华大学的吴良镛先生写过一本书叫《广义建筑学》，这本书给我很大启发。当然，吴先生是泰斗，两院院士，他也是超出传统的建筑学规范，然后创新。我说可以搞一个《广义旅游学》。之后也是这样，我写了一个3万字的提纲，分了14章。《旅游经济结构研究》这本书分了18章，18章写下来，我觉得把这些事基本上已经说透了。到了《广义旅游学》应该说思路就更扩展了，在这中间，也讨论了几次，因为我要统稿，所以不能客气，经常有的老师说的时候，我说对不起，我们是完整成果，所以每一章不必从ABC说起，就说核心内容，否则要这么形成成果，统稿就统不下来了。这样，两次研讨会和论证会开下来，最后形成的成果质量很好，这本书都是一流学者写的，我也提了要求，不要让学生写文章，你们修改，最好自己动笔。所以最后统稿，4天时间就统完了，很顺很舒服。

当时还提了一个新的题目是中国海洋旅游发展，也是因为积累的多了。中国16800公里的海岸线我都走过，北边从鸭绿江口一直到广西的北仑河口，所以关于中国的海洋发展我也说过不少话。最关键的是，海洋旅游发展到时候了，尤其是滨海度假区的发展。中国的海岸线虽然长，岛屿有6000多个，很有说法，但是严格地说，中国海洋旅游的资源不够丰富，这就需要一些新的判断，所以说了一把。

在此过程中，我们还做了一些标准化的认证，开局就到了秦皇岛，然后从秦皇岛又到了青岛。工作方式很正规，也是这样，先有首次会议，之后就现场检查，检查完了之后再有一个末次会议。当时也是希望能通过这样一套程序把休闲标准化的认证这项工作推开。但是这两个城市跑完了之后，也好像没有余力再干这个事了。

当时的事情很多，其中属于协会和标准化技术委员会合力干的事情有这么几件。

第一件事情是组织了三届中国服务论坛。在2011年的时候，首旅集团董事长段强就提出了中国服务的概念，这个概念提出来之后，我觉得说得非常好，对应中国制造应该有中国服务，对应中国制造提升要变成中国创造，我们应该把中国服务提升到中国环境。所以围绕这个题目，我就跟段董事长说，这个事我们来办，就是中国旅游协会休闲度假分会来组织。我的构想是一个系列，搞五届，第一届树立中国服务概念，第二届深化中国服务内涵，第三届扩大中国服务范围，第四届树立中国服务品牌，第五届是中国服务国际化，当时这么一个构想，前三届都办下来了。第一届是在北京，有很多大专家包括国务院各个部委的一些人都来参加了，大家都很赞成这个题目。第二届是在西安办，讨论得也不错。第三届是在山东泰安，这一届的目的就是想扩大中国服务范围，所以不仅是旅游企业还包括很多其他企业，比如民航、交通、商业等都来参加。每届还都发布一个宣言，第三届就是泰山宣言，最后参加会议的所有人都到泰山顶上，把这个宣言宣读了一遍，大家觉得这个事挺热闹。到第四届的时候，因为当时中央八项规定，严格控制各种活动，所以段老板就说，这事咱们停一停吧？就停下来了。

再一个活动就是召开旅游的九古论坛。原来叫三古论坛，三古论坛开完，范围扩大，要从古城、古镇、古村庄到古道、古关、古街区。关就是关城，比如山海关、嘉峪关。那一次就在江苏的同里开了一个六古论坛，之后又在四川的剑门关开了一次，从六古到九古，最后要形成“泛古”。实际上只要是相关的东西我们都可以纳入进来，一方面是要促进传统资源的保护，使大家更加认识到传统资源的价值，另一方面就是促进合理利用。那次在剑门关开会，我提前几天去，考察了一番。剑门蜀道从秦朝以来，留存了12000多株古柏。而且形成了一个传统，一直到今天，每一任县长交接，都要交接一个古柏名录，最集中的地方叫翠云廊，再加上剑门古关，所以感触确实很深。这两个会开得都不错，那就继续，就叫九古论坛。在2019年的时候，在山西临汾的云丘山继续召开九古论坛。2018年的时候我去云丘山，当时是先到黄河，因为山西的一个煤炭集团转型，想开发沿黄三县旅游。这个老板到北京来找我，就去吧，看完之后，关于沿黄三县提了一套思路。之后就想起云丘山，多年没去了。这次到云丘山，山上没去，山下有很多好东西，14个古村，还有一个居然是古城，实在是想不到。所以我那一天看了这个古城，看了6个古村，还有古道、古关，看完了就说，实在没有想到资源这么丰富。然后就跟他们定好了，明年这个会在你们这开，所以2019年我们就开了九古论坛。

这样的题目，是在实践中自然而然产生的题目，我们无非就是借势推动，帮助地方成名，也促进地方发展，在全国形成一个拉动的作用。

——好玩的事

在此期间，还有一堆事情非常好玩，下面就专门讲几个好玩的事情。

第一件事就是在2010年左右，我到江西的宜春。在宜春看了几天，讲了一番。要走了，中午和市委副书记任桃英一块儿吃饭，任书记工作热情极高，说话一套一套，被称为“月亮姐姐”。聊起来，宜春最大的问题，不是资源也不是产品，而是城市品牌，谁知道宜春？一说宜春大家就说黑龙江的伊春。后来聊来聊去，就聊了一个概念，“宜春，一座叫春的城市”，聊完了我就走了，应该说这句话最早是“月亮姐姐”提出来的，但是她不敢说，所以就借着我去了说出来。我出差还没有结束，在路上就看到报纸也登了，网络上也炒起来了，“宜春，一座叫春的城市”，宜春旅游局解释说是旅游专家提出来的。结果在网上就引发了关注，300 万网民讨论，其中有一些人痛骂，骂得最凶的就是籍贯是宜春但是在外面工作的人，低俗、庸俗、恶俗，都骂起来了。回到北京，月亮姐姐跑来找我，说这事不行，压力很大。我说这样，我写一篇文章，宜春为什么叫春，就写了这么篇文章给她。但是我说，建议这篇文章你们不要急着发，再沉个把月，让网络能够发酵得更充分一些。结果压不住，回去之后就把这篇文章发出来了，之后网民都不说话了，说这篇文章说得太狠了。因为我从几个方面论证了一番，而且引经据典，从《诗经》第一篇开始，“窈窕淑女、君子好逑”，这不是叫春是什么？论完了，大家谁也不说话了，但是被称为旅游策划的一个经典案例，一分钱没花，一举成名。

后来形成了一个风气，就是每个地方都得琢磨两句话八个字，反正我看，多数是正确的废话。有一年在三亚，市委市政府组织班子听课，当时三亚刚刚花了 1500 万元，征集三亚名片，活动本身很成功，最后得出来八个字叫“美丽三亚浪漫天涯”。讲课的时候，话赶话，三亚的书记就在台下问，你觉得我们这个话怎么样？我当时脱口而出，正确的废话。他就急了，站起来，我们花了 1500 万元，评价就是正确的废话？你说怎么改？这么一个大活动，这么做下来，就这么顶着让我说怎么改？但是至少我可以改一个字，叫“美美三亚，浪浪天涯”，一个美就是你们说的美丽，第二个美是心里的感受很美，第一个浪是你们说的浪漫，第二个是我浪漫了一把。为什么我不太赞成两句话八个字这套东西呢？基本是从供给端出发，尤其是从资源出发，拼命归纳，最后是这种语言模式。旅游市场营销语言，应该能够直抵人心，能够打动旅游者，听一遍就记住，这才叫成功，但是我们现在习惯于政府主导，所以也很习惯于供给端生产端的语言。

第二个好玩的事就是建议海南更名。实际上这事比较早，是有一次在三亚碰见延可法师，中午一起聊起来，我谈了一些我的观点，觉得海南保守，谈到后来延可法师就说了一句话：“按你这么说，海南是可以更名的，海南省更名为南海省。"我当时觉得石破天惊，之后就写了一篇文章，建议海南省的人大代表、政协委员可以写一个提案，这事就过去了。前几年菲律宾在国际上闹了一把，闹南海的事，也不知道是什么人把这篇文章翻出来了，在网上一发，结果变成了一个网络热点事件。后来在海南省政府开会，讨论多规合一，海南是多规合一的试点省，国务院9个部委都派领导来参加了，先是领导们发言，发完言之后专家发言。我是海南省政府顾问委员会的顾问，其中我就提到了这一点，建议海南省更名，后来就变成专家们讨论的热点了。会议结束之后，晚上和王省长吃饭，还有常修泽、曹远征几个人，又聊起这个话题。后来王省长就说你可以写篇文章，这样我又写了一篇文章，也给了他们，不知道怎么在网络上炒起来又变成一个热点，我看绝大部分是赞成，只有个别人不赞成，说这种事折腾了多次，劳民伤财。后来新华社内参部专门给我发了一个函，约了一次电话采访。当时我还正在出差途中，一看到时间了，把车停在路边上，接受这个电话采访，他们就说这次采访不见诸任何媒体，就是给领导看的，就问我为什么想起这个事？好处到底在哪儿？我就把基本观点重复了一下。后来这事就过去了，但是我想只是个时机问题，时机成熟的时候，海南省就可以更名为南海省，这是中国作为海洋大国的一种姿态。

同时，陕西旅游集团的董事长张小可，发起搞了一个旅游演艺的事情。先搞了一个论坛，我去参加了一下，后来就商量说光搞一个论坛不行，我们再往下继续，后来就研发了一个国家标准，就是旅游实景演艺方面的国家标准，这个国家标准立项、制标、实施，以陕西旅游集团的华清宫为主体，开展一系列活动。

事情一步一步地推进，还有一个就是浙江桐乡，桐乡的市委书记叫卢跃东，我和他原来就比较熟悉，他的工作精神我很感动。我有一次到湖州去开会，卢跃东听说了，就从桐乡赶到了湖州，晚上我们在酒店里聊了一晚上，他就说这个想法那个想法。反正我有一个原则，地方官员只要想干事肯干事，我能帮一定帮，但是就想混事，那对不起，不要找我，没得帮。因为有些地方旅游局局长也找我，说你来了之后，我们的市委书记或者是市长就会出面，那对我们旅游的提升是有好处的，我心说了，对你升官也好处吧，所以这样的事我一般都不应。但是卢跃东不同，那个时候一个是乌镇，已经做得很成功了，他又想搞一个濮院古镇，也是找陈向宏。我和陈向宏很熟，搞乌镇二期西栅，搞了6年，过程中我去了3次，我都提出来，“能不能让我去看一看你这个二期工程？”他说不能看，理由就一条，工地上不安全。实际上他就说“我按照我的思路来干，今天来个领导明天来个专家，每个人都提意见，我听不听？不听叫不尊重，听了就可能干扰我的思路”。我赞成，他就扯着我到他的办公室看他画的图，在地上堆了有一米高，他就说：“这个乌镇西栅，也不需要规划师也不需要设计师，天天我就和工匠在一起研究，这栋房子怎么搞，那栋房子怎么搞，商量完了我就画个图，第二天就按照这个来做，拆下来的一砖一瓦一木一石都编号，复建的时候能用的都用，所以你说我这是老东西还是新东西？”所以陈向宏自诩为包工头，确实如此。这样的话，他又希望陈向宏做濮院古镇，我到桐乡去，向宏专门跟我说，“魏老师你帮我美言几句”，我当时看着都有点头大，美言几句，就是别唱反调，因为向宏干事精神我非常佩服，也变成了中国古镇第一人。还有一次是卢书记提出来，要在桐乡搞庄园，张口就是要搞100个庄园。我说，卢书记晕了吧？你知道庄园是什么概念吗？我带了两个人去，后来专门提出关于庄园的7个方面的要求。他说了半天，这个地方那个地方，也看了几天现场，我说“你这不是庄园的概念，是休闲农庄的概念，庄园比这高一个层次”。过了两年碰见他，他说已经干了30多个。桐乡是一个县级市，后来他从桐乡市委书记到了湖州市当主管旅游的副市长，现在浙江省文旅厅当副厅长，我就说“跃东，你需要总结一些东西”，他说“是，我从一个镇的项目到一个县的项目，到一个地级市的项目，现在到了省里，确实需要总结一些东西了”，正是因为有这么一批干部，所以中国的旅游发展才能一步一步这么推动。比如说郴州市委书记易鹏飞，我说你这个书记真是行，不停地找我，不停地让我研究项目，咱们一个一个说吧，去年就到郴州去了两次，我也感觉有领导这么重视，对地方旅游的推动不是一般的推动。

还有一些事情，就是我在行业里有时候会发表一些观点，这些观点和主流观点不大相符，但是行业很认同。第一是警惕泡沫，这个话我已经说了5年了，我那时候感觉中国旅游发展有一个很大的问题就是泡沫。投资有泡沫、工作有泡沫、市场有泡沫、消费有泡沫，如果不警惕泡沫，辛辛苦苦投了大把资，可能就糟蹋了，所以我始终在谈这个观点。现在看起来已经不是警惕泡沫的问题，而是泡沫化已经产生，我们应该怎么办，这是一个观点。

第二个观点就是关于小费，因为涉及整个行业人力资源的配备，也涉及人才的流动，所以我也提了多次关于小费的问题，小费应该合法化。严格的是现在小费也没有说不合法，如在广东、福建这些地方，给点小费是很正常的事情，但是到其他地方好像就不行，而且这个话题好像变成了一个敏感话题。实际上在当年我们起草行业管理文件的时候，包括研究导游管理体制改革的时候，就提到这个问题，叫作不许私收佣金，不许索要小费。实际上，这是中国人的一种智慧，就是用禁止的方式倡导开口子。那时候开会，大家就问："魏司长，这话什么意思？"我这话说得很清楚，回扣这个词不准确，商业关系中，买卖双方叫拿回扣，我们是中间人，是拿佣金，拿佣金只是合法化的问题，所以不许私收佣金。小费是对服务劳动的奖励，所以就是不许索要小费，客人高兴，愿意他就给你，这种事情有必要看得那么重吗？说起来，我也不知道谁下过这种禁令，也不知道怎么就变成一个敏感的问题。所以有一次中国旅游协会专门就这个题目开会，我就非常赞成。

第三个是文旅融合的问题。因为我的看法，文旅融合不是从今天开始，20世纪80年代旅游刚开始发展就是文旅融合，只不过一开始是产品融合，后来到市场融合，文化和旅游部成立之后是行政融合。也是在一次论坛上谈到，我担心文旅行政融合之后，旅游被边缘化，也担心旅游的政治化。我只是担心，结果就被媒体标题党抠出来炒作。后来文化和旅游部专门开了个部长办公会，说这个事，责成部领导约谈我。我觉得这个话没有错，只是担心，没有触及现实，如果说错，错在说话的场合，不应该在那个场合说这样的话。但是说这个事，文旅部对我这样的老专家好像警惕了，我也不管。因为我始终的态度是，专家有什么观点就谈什么观点，可以注意一下场合，但是没有必要把这些事情弄得惊天动地的程度，所以这些事情扯完了，也就过去了。

类似这样的观点，我在行业里时不时地发声，但是绝对没有和有关部门唱反调的意思，我只不过说点实话而已，而且行业里也认同我这个形象，魏老师是个说实话的人。

——宗教情缘

跑来跑去，国内的大寺院都去过，也接触了一些宗教界的人，所以有所感触。最早是在2000年年底，我去江苏镇江参加跨世纪活动，见到镇江市副市长，聊起金山寺的茗山长老，他就说茗山长老是全国佛协副会长，字写得很棒，我求了十几次都求不到。我说这样，我给他写一封信，你帮我转交，我相信茗山长老会给我写。我就写了几句话，意思就是说我佛博大精深，当代前沿科学的东西在佛经里都有，比如说当代前沿科学之一的基因学说，在佛教里面就是“一花一世界，一叶一乾坤”，特请茗山长老给我写这十个字。那个副市长看完了就说，你还要加一句话，我给你转这封信。过了几个月，茗山长老把字写好而且裱好了，派人送到北京来，说“给这个人带一句话，他很有悟性，遗憾的是无缘见面了”，我一听就愣了，长老怎么这么说？过了一段时间，听说长老圆寂了，但是这也算是一段缘分。

再一段缘分，就是我有一个朋友叫林明忠，2009 年 3 月 28 日，他组织了一帮人到海南清水湾去团购买房子，就形成了一个 328 团。团购完了之后，大家感觉挺好，在一起也挺合得来，后来就转变成了一个慈善组织，叫觉行义工，还挺一本正经，有自己的章程，有专门的工作人员，做了一堆事。328 团有两个护法，一个护法是延可法师，一个护法就是我。后来我就开玩笑，我们护法干什么？那就是谁要批评 328 团，我们就和谁干仗。延可法师是年轻的高僧，眉清目秀，男人女相，在天津盘山住持。在马年，明忠和延可法师带了几个人到西藏冈仁波齐去转山，据说马年转一次，相当于12年的功德。说起来路程不远，57 公里，但是需要转 5 天，非常辛苦，也有危险性。回来之后，有一次聚会，就聊起转山的事。我就问延可法师：“内地有转山的吗？”他说：“没有”，我说：“内地能不能转山？”他说：“好像也没有规定说不许。”当时说到盘山，盘山还有一个名字叫东五台山。延可法师接手盘山，把原来的那些花和尚、烂和尚、野和尚都给清走了，正正规规地做了七个寺院，做得很棒，在这个基础上他又做一个大慈恩寺，大慈恩寺奠基的时候是从五台山引了五股泉水，选了五种土壤。这样的话，我就说能不能发起一个活动，盘山转山，把这个事开展起来，这不好吗？大家都很赞赏。我当时就找同和规划院，这个事你们做一做，是义务劳动。正好那时候有一个活佛送了我一幅唐卡，这幅唐卡是从西藏寺院里请来的，这幅唐卡转送给你们，然后就做了一个规划方案，转了一把山，转得不错。因为是冬天，盘山已经封山了，为了这个转山活动专门开了一次，计划是 100 人，最后 150 多人。那次我正好出差没有参加，夏天的时候专门去转了一次。我觉得和这些人很投缘，因为这些人心都很善，我也不知道他们都在做什么，有的人是挺大的老板，但是大家在一起都觉得挺有意思，也没有等级之分、高下之分，都在做善事。后来他们说，“您既然护法，给我们聊一次佛教”，我说我不能聊，我实在是没有研究，怎么聊？“你怎么看怎么说”，所以我又专门做了点准备，讲了一次“人间佛教生活禅”。说起来这事也很有意思，也是一种缘分。有一次我在杭州住了一个礼拜，本来是想度假，因为在杭州买了一套房子，在山里面。2003年就买了，就是我退休之后就问了一下，家里有多少钱？有60万元，我就明白了，辛辛苦苦干了一辈子只有60万元。正好就拿这60万元到杭州去买了一套房子。那次住了一个礼拜，没干别的事，因为搬家的时候，我把我的线装书包括宗教方面的书都搬过去了，原来想着没事在那读读闲书，补一补中国古代文化。这次读了一个礼拜的佛经，各种各样的书读了一遍，似懂非懂。但是有一天晚上就睡不着觉了，脑子里一段一段蹦出话来，我就记录，记到早晨7点，一看记了14段话。这14段话是谁说的呢？好像不是我说的，但是在我脑子里蹦出来，我把它记下来。其中有一句话后来也不知道怎么就传来传去，还演变成南怀瑾先生的话，就是“儒为表，道为骨，佛为心，大度看世界；技在手，能在身，智在脑，从容度人生”。就是这么一个对联，就这么传开了。

大概我和宗教有点缘分，道教最多一次接触是全国道教名山论坛，全国140多个。我对道家知道一些，所以就突击了一把，读了一些道家典籍，之后讲了一番“大道行”，道家名山旅游发展。还有一次在甘肃开会，见到全国道教协会会长任法融，任老上来讲道教，学问大，不愧是会长，真是滔滔不绝，但是说话有口音，听着有点费劲。后来我上去说，就说了一个观点，道不成教，但是道文化博大精深，谈了一番我的观点。中午在一起吃饭，我说“对不起任老”，他说“你的观点有点意思”，他也不好驳我。后来因为到处跑，也都涉及宗教问题，就深感自己的知识不足，闲下来就多看一看。

再比如说藏传佛教，藏传佛教的主要寺院我都看过。有一年，我的大学同学周大力找我，有个图登活佛，有点事想找你聊聊。见到图登活佛，挺年轻，是格萨尔文化的掘藏师。所谓掘藏师就是他知道格萨尔的遗物埋藏在哪儿，这大概也是一种天赋异能。见面就听了一番，他是全世界格萨尔文物最大的收藏家，中国藏学研究中心和社科院还专门给他拍了一个片子，他下一步不知道这个事怎么发展。我就提了一个建议，先搞一个格萨尔基金会，办事没钱不行，他就很同意。然后基金会怎么搞之类，说了半天。后来我太太说，我看这个活佛把你当活佛了。后来跟他见了不少次面，因为这个活佛当活佛可以，一办具体的事，碰到很多困难，就不知道了。正好碰到我的好朋友刘国华过世，我说，活佛，我一个好朋友过世，我先给你这个基金会捐 10 万元钱，表示一下我的心意，后来活佛在青海的七个寺院做法事，超度一把。

因为我没有这种信仰，但是觉得有点仪式感还是挺重要的，后来我又专门组织人到果洛州，藏地神山无数，佛山只有这一座，就是阿尼玛卿山，研究一下阿尼玛卿山如何保护，如何利用。首先研究自然环境的保护，那时候很多人已经去了，在那胡乱转山，造成了环境的破坏，垃圾成堆，首先研究这个问题。第二研究旅游怎么发展。第三就是研究格萨尔王文化怎么发扬光大。做完之后，我也操不了那么多心，只能说，这是给你出主意，具体落实还得靠你们自己。有些地方提出把活佛的藏品拿出来，搞巡展，被我坚决遏止。我说，活佛你不懂中国，你的藏品最丰富，但是掘藏不符合文物考古的规则，巡展被人黑了，你都没办法，最好自己展示。现在图登活佛已经在果洛州搞了一个格萨尔文化博物馆，搞得不错。

传与播不同，传具有强迫性，是外在的；播是内在的，深入人心。基督教、伊斯兰教都有传教士，是一神教的行为方式，而佛教没有传教，只有播种。宗教养心，播到人心，自然传承。而所谓传教是外在的，是强迫的。可以布道，云雨散布，也是播，而不是传。感悟下来，五个宗教均可以用一个字概括，道教“顺”，道法自然，道是规律，道是生活方式。佛教“透”，超脱，超越，通透。儒教“中”，中庸，中和。伊斯兰教“一”，唯一，排他。基督教“罪”，原罪，赎罪。

——担任董事

担任企业的董事，于我也是新鲜事。第一个董事是首都旅游集团，不叫独立董事，因为是国有企业，叫外部董事，由北京市国资委任命。那时候是段强找我，有这么一个事你最好参加一下，我说实在太忙，没有这么多精力。段强说一年就开 5 次会，花不了你太多精力。我就问有什么权力，段强说，只要你们不同意，就直接否决。一共当了 8 年，应该说这一个董事当得我极有收获，我后来才意识到，外部董事地位很高。首旅集团是个大集团，起步是 300 多亿元资产，我担任外部董事时是 600 多亿元资产，后来发展到 1200 多亿元资产。刚去就有一个感觉，首旅集团研究的问题层次低了，就是研究饭店经营怎么样，旅行社经营怎么样，还要对标周边。当时的外部董事是 3 个，一个是清华大学教授叫陈晓，是个财务专家，再是老朱，是一家法律事务所所长。陈晓当外部董事比我早 3 年，我去了以后还被任命为战略委员会主任，就得研究战略。所以当时就提了一堆战略的问题，我就觉得首旅集团的战略意识还欠缺，大家也都赞成，也操作了一些事情。比如说当时首旅集团在北京的物业有 300 多万平方米，每年形成的利润只有一个亿。但是作为国有企业，要承担就业保障，养活了 5 万人。所以我们就提出来，能不能剥离一下？品牌性的酒店保留，剩下那些酒店组建一个首旅置业集团。置业集团成立以后，我提了一点，置业集团的目的就是要消灭酒店，大家都愣了，说“不管怎么说，我们是首都旅游集团”，我说“对，这些品牌性的酒店保留下来就够了，剩下的要跟着城市化走，不能跟着旅游走”。因为这样一个城市性集团一定要跟着城市化走，所以要转化。我提了 6 个城市发展综合体，比如有些酒店可以转化成文化创意综合体，有些可以转化成康养综合体，有些可以转化成教育综合体。这几年首旅置业也在一个一个做转化。很难，难在哪儿？这是我原来没想到的，就是员工的处置，如天坛宾馆和北纬饭店，两个饭店有 148 个员工，转成了康养综合体，效益也很好，市场也很好。但是一开始谈的时候，这些投资商一听员工要承接，一概拒绝，最后办下来了，效果也很好。类似这样的事有一堆，每次都有新题目，最大的收获就是通过当首旅集团的董事，企业大，涉及方方面面，有些东西我原来没有知识，比如说涉及商业方面，原来就不懂，有一些原来只知道皮毛，如涉及一些项目，这些项目在资本运作的层面上，当时的刘毅总裁，真是高手，把很多难题一个一个解决了。其间我们经常提否定意见，后来就增加了一个程序，董事会之前，刘毅和我们交换意见，不同意就不上会。还有调研，各种业态，各个地方，刨根问底。首旅集团是北京市国资委的改革试点，但是步子小，进度慢，我们也提出意见。国资委评价，首旅集团最成功的是董事会改革，第二届，外部董事 6 名，内部董事 5 名，从理论上说，外部董事可以决定一切。

第二个董事，是新奥集团组建了一个北部湾旅游公司，从组建的时候，目标就是上市，请我当独立董事。先是要参加证监会的培训，在南京听了两天课，还考试，领了一个证书。在这个过程中，才知道一个企业上市过程这么严谨，开董事会议题不多，也不怎么需要讨论，最主要的是来签字，经常要签无数的字。开董事会，证券公司辅导上市的人就在旁边听着，有时候说着说着“对不起，这句话说得不准确，你最好按什么意思再说一遍”，我就问为什么？说“这样记录下来，要接受法律的检验”，结果北部湾集团顺利上市。

第三个董事，是大连的海昌集团，那时候想在香港上市，请我当独立董事。当时赵文敬赵总找我，我说可以，那就干吧，因为这是在香港上市，比北部湾旅游更严格。香港的一个律师楼，先给我打电话，说我们有独立董事培训，考虑到独立董事各自的情况，采取电话培训的方式。发过来一个课件，一共有 200 多张，说必须得认真看一遍，看完后开始电话培训，说了两个多小时，一张一张的片子往下说，说到最后，“我们原来以为要培训三个多小时，看起来你对这套业务还是比较熟悉的”，两个多小时培训完了。最后就参加了一次董事会，谈了点意见。这个时候中央有文件，就是关于老干部在社团和企业任职，要求只能担任一个企业职务，一个社团职务，而且不能拿任何报酬。中央有要求，那就按要求办吧，所以就把北部湾和海昌这两个独立董事都辞掉了。香港律师楼又打电话来，说“你刚参加了一次董事会就辞职，会对海昌集团在香港股市造成影响”，我说“这我没办法，是中央的要求”。还问我“能不能把中央文件给我们”，我说“这个文件我自己都没看到，只是有这么个精神”。局里找我谈，不但要辞去独立董事，原来拿到的一点津贴最后还要退回去，最后退了 9 万多元钱。原来没有要求，所以我同意当这个独立董事，现在有要求，就必须按要求办。

到最后，经国家旅游局党组批准，我保持首旅集团外部董事的职务，保持中国旅游协会休闲度假分会的职务，剩下的一概辞掉。所以各地的很多其他的事，我说就有一条，什么主任之类的，一概不能干，顾问不算职务，所以就保留了无数的顾问说法，这也不算职务。

这些事对我来说很多是新事，我自己原来没体会过，也没有经验，但是边干边学，这样对我也是一种提高，也要求不断学习。尤其是首旅集团董事会，好多事情真是反应不过来，听了半天才算听明白，听明白了才能发表自己的看法，但也是一个促进，一个提高。

——国际旅游组织

中国最早和国际旅游组织打交道，是世界旅游组织，WTO。后来世界贸易组织成立，简称也是这个，所以WTO改称UNWTO。这是一个官方组织，中国加入以后，地位逐步升高。我接触过的一个是萨维尼亚克，后来是弗朗加利，两位秘书长，对中国都很友好。有一次，新加坡想退出这个组织，还找到刘毅局长，希望能够做做工作，结果也好。1993年，国家旅游局徐京处长进入WTO工作，作为联合国官员，现在也资深了。前些年，国家旅游局副局长祝善忠到世界的组织担任执行秘书长，标志着中国在世界旅游中的地位越来越高。

第二个是WTTC，世界旅游与旅行联合会，30年过程，目的基本达到。

第三个是PATA，亚洲太平洋旅游协会，是一个市场性的组织，引发大家的重视。1994年，中国旅游代表团去韩国，参加PATA的会议。这次会，先要把台湾地区搞出去，再把中国请进来，所以颇有难度。开会时，他们请美国的前总统老布什演讲。提问的时候，一个台湾地区记者，上来就问千岛湖事件，老布什就说我不知道，无法回答。这个记者坚持，又试图说一遍千岛湖事件，会议的主持人三次打断。最后，全体大会先通过决议，台湾地区出去。再通过决议，中国加入。

那个时候，国际组织在我们的心目中还是很高大上。时间长了，了解多了，也知道国际旅游组织是可以为我们所用，是促进发展的。

2012年，北京市酝酿成立一个世界旅游城市联合会，这是中国人挑头，世界各个主要旅游城市呼应。联合会酝酿的时候找我，我就参与了一下，参加了三次座谈会，就把我关于国际旅游组织了解的一些情况、一些经验，还有一些运作方式给大家介绍了一下。后来世界旅游城市联合会就成立了，我是第一任专家委员会主任。当时我就拒绝，和外国专家打交道，我外语不行怎么打交道？他们就说，我们研究半天就你最合适。第一次开专家委员会会议，25个人，以外国专家为主，我上来就先说了一番，介绍了一下我的情况，我和一般的专家不同，我不是纯粹的院校专家，是实干出来的，所以有很丰富的实践经验。同时我也是一个学术专家，出过很多学术成果，诸如此类，自己吹自己一把。吹完了之后，专家们也就都愣了，然后大家就谈委员会往后应该怎么干，等等。所以每次开会的时候，我代表专家委员会发个言，剩下具体的事也不用管。联合会理事长是北京市市长，秘书长是北京旅委主任，现在是文旅局局长，主事的李宝春等几个人都是北京外办出来的，做外事工作多少年，所以他们做事情非常细致，也非常谨慎，一步一步，应该说发展得不错，现在在国际上也成名了。我评价，原来一说世界国际性旅游组织，一个是WTO，这是官方组织，第二个是PATA，亚太旅游联合会，这是一个市场组织，第三个是WTTC，就是这么一个机构，目的是呼吁各国政府重视旅游，20年也已经做起来了，也已经形成社会影响了。我把这三个组织分别都分析过，过了几年，我说认识需要调整，三大世界旅游组织，第三个就是WTCF，世界旅游城市联合会，WTTC现在已经不行了。现在世界旅游城市联合会每年有一个年会，有若干区域会议，形成了成套的研究成果和信息，包括世界旅游经济发展趋势，现在影响已经形成了。但是中央文件下来，我就找到联合会，主任算个职务，不能当了，那怎么办？他们就费尽心思设计了一个职务，叫首席专家，所以我现在只是联合会的首席专家，不算职务，请了一个老外继任，当联合会的专家委员会主任。

还有一个事，就是贵州省政府按这个模式，组织世界旅游山地联盟，联盟组建的过程中到北京来学习，把所有文件都弄回去了，做了一把。山地旅游联盟理事长是法国前总理德维尔潘，副理事长是国家旅游局前局长邵琪伟，再加上一堆领导，山地旅游联盟一共有31个理事单位，个人的理事只有两个，我算是个人理事。参加了几次世界山地旅游联盟活动，但是我也不知道这些事情，一步一步到底怎么办。贵州旅游局的老局长付迎春，他在积极操持这个事。还有一个副理事长是原来国务院侨办主任何亚非，所以这个组织官气挺重，我就是需要去就去一下，需要我说话就说说话，其他的也参与，但参加不了那么多。作为个人理事，他们认为这个事荣誉很高，我也没感觉，反正就做吧，现在也在运行。大家就是相互支撑一下，所以现在一说请国际组织，至少WTCF和世界山地旅游联盟这两个组织都是中国人发起的，有大把老外，现在国际化很容易了，没有那么复杂。

——专家咨询委员会

2015年，国家旅游局组织了一个旅游专家咨询委员会，在珠海开成立会。上午是按照议程走了一番，发证书的时候李金早局长专门对我说，你还算是局里的人，特例。我说谢谢。到中午吃饭的时候，李金早局长敬酒，大概上午没安排他说话，所以这一番祝酒词说了20分钟。其中一个主要观点就是我们的旅游理论研究严重落后于实际，他举了一些例子，诸如此类的说了一番。说完了以后就祝酒，他就问我："小安，我的观点你赞成不赞成？"我说："对不起李局长，你的观点我不能认同。"当时他就愣了，本来是场面上的寒暄话，他就追着我问为什么，我说："很简单，你说的这些问题，作为旅游学术界，我们早就都研究过了，解决方案也早就提出了，只不过就是你没看到而已。如果按照你这番话，全国这么庞大的旅游研究队伍，我们这几十年，都白干了，你一竿子打翻一船人，我就没有办法认同。"还有一次开会，我也和李局长说，"现在汪洋副总理管旅游，你当旅游局局长，这是历史最佳的一次搭配，就是副总理很强，局长也很强"。说句老实话，我对李局长评价很高，他是经济学博士出身，又在桂林当过市长，在一个地级市当主官，积累了很多经验，广西当过副主席，商务部当副部长多年，积累出来这些工作经验到旅游局正好发力。而且做事情也有魄力，工作精神也很强悍，是个全能局长的感觉，但是确有一点，做的一些事情看起来轰轰烈烈，实际没有那么落实。但是要说，李局长还是有气度，即使当面谈不同意见，还是能够容忍。2017年，参加全国旅游工作会议，小组讨论之前，李局长专门让人和我说了一下：专家，当然可以自由发言，但是也要注意场合。所以，我发言就是提建议，中国旅游的国际地位已经起来了，我们需要做点大事，一是召开世界旅游大会，树立领袖形象；二是组建旅游方面的国际组织，把握主导权。李局长看到我的建议，评价说大专家就是有大思路。最后两个事都办成了，形成好的影响。

所以很自然，就让我想起我接触的历任局长。韩局长也是比较霸气的人，我在社科院的时候，有一次他组织一个座谈会，韩局长基本上是"一言堂"。我专门把手表摘下来，说韩局长你让我说10分钟，不要插话行不行？他就笑了，结果他一要插话我就把表亮一下，后来他记住了，有时候见着我，弄一下亮表的姿势，但是韩局长是老干部，工作作风很好。到刘局长的时候，刘局长是大部长出身，什么都见过，所以很从容。到了何局长的时候，也是比较霸气的人，但是他知道一条，就是谁能干他还得用谁，不用也不行。邵局长比较温文尔雅，所以他做局长稳住了局面也推动了发展。到李局长，完全是开拓性。所以我就评价，基建局长、管理局长、市场局长、协调局长，到了李金早，变成全能局长。

从感情上来说，最亲切的还是刘毅局长，他 85 岁生日的时候，我们在一起聚了一下，给他祝寿。我专门写了一个三字经，挺好玩儿的：

“小老头，八十五，弟子聚，北京府，笑呵呵，仍虎虎。经坎坷，出在鲁，成风云，大局补，为民生，铮铮骨，干旅游，新旗舞，勤垦荒，打基础，育后人，严督促。从容离，淡世出，身尚健，神愈初。谈社会，只求酷，话发展，出茅庐。天高地远仍望行，壮美人生一部书。”

刘局长说“你这个写的是挺好玩儿的，评价有点过分”，我说“不过分，这就是我们的看法”。

那个时候也出了很多书，其中有几本书我自己感觉还是不错的，一本是《与中国旅游同行》，副标题叫“旅游研究方法与工作方法新论”，这本书到现在我觉得也比较好，因为主要谈的是方法，大家评价也不错。再一本书就是《广义旅游学》，实际上后来大家谈全域旅游，我还说，我们这本书把广义这两个字转换成全域，实际上就是全域旅游的理论性的著作。之后又出了两本书，一本叫《旅游与人生》，一本叫《人生与旅游》，都算一个总结。《旅游与人生》是纪念 60 岁，就是 2012 年过生日的时候发给大家。当时安琪很积极，吃饭的时候聊起来，他说你的 60 岁生日我给你办，就搞了一个“小安的下午茶”，名义上是这本书给大家送一送，当时把已经出的这些书也都拿过去展览了一下，本来是想安排一个 30 人的聚会，最后也弄成了七八十人，刘晓光之类也都上台说了一番话，本来以为是咱们圈子里的事，没想到这么大范围，后来就知道，小安这个人社会交往很广，方方面面的朋友都有，而且这些朋友都有这么一个心情。

第十二章　诗与远方

——盘点行程

文化和旅游部组建之后，有一个说法，文化是诗，旅游是远方，所以文化和旅游部的组建就是诗与远方的结合。实际上这话不准确，旅游本身就是诗和远方的结合，因为在旅游过程之中，需要一种诗的意境，旅游虽然到处奔波，但是，有些是远方，有些并不是远方，我们更没有必要为了追求远方，非要达到一个什么目标。旅游生涯40年，有工作之便，便深入调查研究，养成了一个工作习惯，只要有不清楚的事情或者想不明白的事情，就下去跑。1982年，开始在北京市旅游局，出差机会少，只能是小跑。1988年到国家旅游局，工作中还有机关事务的羁绊，只能是中跑，以工作为主，而且是重复跑，落实一件一件的事情。2003年离开机关，则是大跑，这些年来，每年要跑200多天，跑100多个地方，看几百个景区景点。“指点江山，激扬文字”，每年也留下200多万字。清点一番，中国目前有31个省市区、还有港澳台地区，从1996年第一次去台湾，即已经走遍，现在是走多少圈了。334个地级行政区，走了323个。其中293个地级市，5个未去：鹤岗、宁德、贺州、金昌、庆阳。还有41个民族州，7个未去：阿克苏、果洛、玉树、阿里、甘孜、怒江。有些是时间不允许，有些是身体条件不允许。2851个县级行政区，走了2200多个。259个5A级景区，都已经走遍，4A级景区没有统计，也差不多了。中国55个世界自然文化遗产，走了54个，只有可可西里未去。儿时的愿望已经超额实现，也是超值实现，我很知足，感谢这个时代，格外感谢旅游行业的朋友们，给我提供了机会，创造了条件。读万卷书没做到，行万里路绰绰有余，足迹遍及全国，名山大川行遍，乡村陋巷多走，一路走，一路看，一路说，长知识，也传播。得了一个旅游专家的名头，自认是条汉子，坦坦荡荡对人生，潇潇洒洒过生活。

作为中国人，在这片土地上，生于斯，长于斯，爱国是骨子里的情感。作为旅游工作者，挖掘美，创造美，感受美，爱美是必然的情结。把时间花在美好的事物上，才有质量的生活。所谓美好，曰美文、美境、美景、美人、美食、美术、美乐等，这是美的对象。从容欣赏，慢慢享受，这是美的过程。集中起来就是美的追求，我们要把美扩大，覆盖到旅游的全领域，延伸到休闲的全过程，这样才可能进入到一个新的高度，达到一个新的意境。如同费孝通先生所言，“各美其美，美人之美；美美与共，天下大同”。正因为如此，看到不足，看到扭曲，甚至看到黑暗的一面，会格外着急和痛恨，也会时时抨击，痛陈弊病。但是不仅要批评，也要建议，我没有招数不会批评，招数还要接地气，可操作，所以经常是批评之后，人家还要感谢。一个专家起不了多大作用，再说了，专家观点就一定是对的吗？如果是馊招怎么办？即便如此，也还是有一种成就感。游走中国，一种是游，要看，甚至是细看，座谈调研；一种是走，马不停蹄，走马观花，过一个县，充其量吃顿饭。最急匆匆的一次，是 35 天走了 7 个省，但是该做的功课一点不漏，考察，座谈，讨论。每天夜里两点睡觉，早上 7 点开始奔波，路上补觉。这个过程中，感觉不足的是知识，山河纵览需要地理学和生物学知识，人文熏陶需要历史和文化知识。尤其是地方性知识，系统全面，从古至今，难以在急切之中把握。只能请教，之后用第三只眼睛看，反倒能出点新意。但是我们这一代人，缺乏系统教育，也缺乏知识体系，好在见多识广，长在经验丰富，还是需要学习学习再学习。

盘点一番，大大超出了我小时候的梦想，达到了我干旅游以来追求的目标，我很知足，我也很感恩，因为给了我一个平台，培养了我这么一个专家，让我干了一把事，通过这些事也认识到自己，通过这样的发展，参与了历史，创造了历史，现在记录这段历史。

2017 年的时候，我找到曾博伟，一块儿搞一本书，叫《旅游风云 40 年》，国家旅游局首任政研处长与末任政研处长的对谈。在我之前是国家旅游局研究室，1989 年 3 月组建了政策法规司，成立了政策研究处，这是国家旅游局第一次有政研处，我是首任处长。曾博伟是国家旅游局的末任政研处长，自他以后，政研处又改回到研究室。所以我说正好，我衔接前半段历史，你衔接后半段历史，我们在一起谈了 4 个下午，最后是博伟动笔来整理对谈，形成了《旅游风云 40 年》，由中国旅游出版社出版。大家也觉得这本书很有意思，因为谈到了很多决策过程。

——中国休闲度假大会

后来，我们又搞了一本书叫《敢为天下闲》——全国休闲度假大会文集。这个事是中国旅游协会休闲度假分会组建以来，我始终想做的一个事，但是方方面面的条件都不成熟。后来靠年轻人操办，组织了这么一个会，在浙江丽水召开。这个会规模很大，上千人，时间也不短，整整两天时间。平台搭起，各抒己见，行业聚会，相谈甚欢。领导的致辞基本成为新观点的发布，段强会长提出伟大的休闲度假时代，给力。王晓峰副局长的致辞很有学术含量，深入思考了问题。致辞之后，启动仪式。年轻人办会，花样颇多。国务院参事陈全生演讲，解读党的十九大，论述宏观经济，说休闲度假。思路开阔，数据扎实，有干货，就是不知旅游人能否听懂。包工头发言了，句句务实，落地有声，不仅是经验之谈，还有行业思考。匆匆赶来，又飘然而去，忙着乌镇的戏剧节。伟大的陈妙林，65 岁的大龄青年，骑行世界，微马半马全马，铁人三项，超级铁人三项。谈中国体育旅游发展，简直是听神话。边听会边到外边聊天。没听完就到餐厅，梁省长请领导们吃饭，大家都高兴，相互感谢，超出预想。

中午也不落空，系列项目签约仪式。下午继续，华侨城重磅出击，跟上时代，引领时代，谋求新发展。杜一力创造了一个新说法，旅游行业独立观察员，从专家型领导变成领导型专家，心态宽松，思维深化，赞赏老朋友。灵山吴国平董事长讲无中生有拈花湾，追求文化，追求极致，追求精细。警句迭出，精彩纷呈，辛苦不寻常，终见拈花香。中信产业基金胡腾鹤总经理演讲，休闲度假的投资选择，山岳度假、古镇度假、滑雪度假、乡村度假、滨海度假，各有各的路数，不可盲动。3 年时间，中景信已投资了近 20 个项目，区位选择、操盘团队、政府支持、独特资源、投资投资商，是几个要诀。现在已经成为休闲度假产业发展的推手。上海迪士尼乐园副总经理王燕讲故事，市场第一，需求深化，沉浸式体验，创造新生活。到底是世界品牌，原汁原味迪士尼，别具一格中国风。王燕是国家旅游局的老同事，到了外洋，越发精彩。海昌集团建设了 8 座海洋极地馆，成为中国海洋文化休闲第一品，有梦有爱有快乐。赵文敬总裁阐释理念，落实建设，又一个系列的好故事。首席战略官张正启讲故事，国民度假公园。中国旅游集团——行政整合的第一大央企旅游企业，开始转型，新思路不少，但是如果没有根本性的改革措施，可能又是推而不动，船大难掉头。最后一个故事，华谊兄弟星剧场，马克总裁口若悬河，精彩10分钟，一个好故事，赞。丽水市王副市长宣读丽水宣言，体现心声，迎接未来。

第一天会议结束，大家十分满意。散了会还舍不得走，三三两两谈感受。如此高强度的会议，进入第二天，仍然人满。高舜礼主持，第一位讲故事的是阿里巴巴飞猪总裁李少华，2.2亿人的大数据，结论清晰，年轻人，亲子游，移动端，成为主流。华远国旅郭东杰总裁，老兵新转，多年的老旅游，仍然从容，探讨需求，引领变化，是共同点。途家网创始人罗军，用4个故事串起精彩的发言，激情四溢，滔滔不绝，都是大龄青年，仍然在创造未来。华清宫费文娟讲“长恨歌”的故事，十年磨一戏，磨的是韧性、信心、精细，磨的是对艺术的坚守，是对品质的追求。最终创造了品牌，也创造了商业神话。故事好听，精神可佩。戴政，一个创业狂人，12年以前创办去哪儿，后来又创了很多，现在是环球悦旅网，因为有了标准化入口，反而可以从红海中挖掘蓝海，1+N，成为新模式。中国景区协会秘书长霍建军，到任即开展密集调研，今天讲趋势，讲未来，娓娓道来。叶文智，创意无限，是我认识的旅游人中最好玩的一位。歌声里的凤凰，笔墨中的凤凰，名著中的凤凰，天下凤凰聚凤凰。今年又开始一个大手笔，艺术小镇，花样极多，树立国际品牌，博得艺术界的一致好评。下一步，将得到旅游界的一致好评，最根本的是市场的好评。赛石园林集团，从花花草草到花卉休闲，到花彩小镇，步步高，形成花花世界，花花生活。汪成设去的时间不长，已经融入，故事讲得好。中国索道第一人，甄正义先生别开生面，谈客运索道，绿色交通，休闲体验。世界索道2万多条，中国不到二十分之一，与山地大国的国情不符，旅游大国的需求不符，其中的重要原因是一些专家的保护原教旨主义，形成有关部门的统治性意见，造成了旅游者的极大麻烦，怨声不断，仍然得不到真正的发展。

峰会最后一个下午，仍然满满。曾博伟博士主持，刘峰博士演讲，从度假痛点出发，谈度假趋势，颇精彩，有思想。民宿大咖张晓军，谈民宿，谈市场，谈生活，没有课件，侃侃而谈。休闲的本质是文化，民宿的本质是生活。终于轮到学者登场了，厉新建教授谈建设一流休闲度假目的地，是系统思考的结果，有指导意义。诺木汗教授，也是资深的休闲玩家，讲生态旅游，诗意的栖居，大家风范，引经据典，好演讲。折磨完别人，折磨自己人。付磊博士登台，讲自驾游的自我修养，都开始哲学了。最后，是我以“敢为天下闲”为题的公开课，讲80分钟，两天满满的会议，最后一个单元，仍然满堂。衷心感谢大家，不能辜负大家，使大家不虚此行。首届中国休闲度假大会，取得超出预想的成功，感谢朋友们鼎力支持。

当时有一个说法，魏老师的朋友圈太厉害了，因为我当时发了微信和短信，请大家来参加这个会，有些人我就是相当于交办，很不客气，比如给湖南的叶文智，我给他发了一个微信，这是我的事，你要来，要发言。所以，那次会应该说很成功，但是因为这个会立了一个很高的台阶，再往下进行反而不好进行，现在正在筹办第二届。做这些事情，我们的想法是给行业起引领作用。在此之前，我，厉新建、吕宁三个人一块儿弄了一本书，叫作《休闲产业经济学》，之所以加上产业两个字，我觉得休闲学理论外国的专家已经琢磨的很透了，我曾经问过外国专家，为什么你们不谈休闲经济？不谈休闲产业？他们回答了一句话，这个时代已经过去了，可是这个时代在中国正好刚刚到来，所以我们也希望通过这样的事情来促进。

去年搞了一本书，叫《新时代的旅游变革》，也是中国旅游出版社出版的。本来我想谈的是第四次旅游革命，就是对应第四次工业革命，这是我想谈的，但是就涉及怎么定义、怎么分析，所以改来改去，变成《新时代的旅游变革》。工作模式和我们以前做的广义旅游学的模式基本相同，就是我提出框架，大家讨论，分工写作，我最后统稿，这本书也不错。

——国际旅游消费中心研究

2018年4月13日，习近平总书记重要讲话，宣示海南的改革开放新格局。10月16日，国务院批复同意设立中国（海南）自由贸易区并下发总体方案。开放为先，创新为核，全域突破，全业推进，海南迎来了最大的一次发展契机。要求最高，批复最细。11月5日，习近平主席在首届中国国际进口博览会的主旨演讲中，又进一步强调：中国将抓紧研究提出海南分步骤、分阶段建设自由贸易港政策和制度体系，加快探索建设中国特色自由贸易港进程。这是中国扩大对外开放的重大举措，将带动形成更高层次改革开放新格局。海南明确战略定位为全面深化改革开放试验区、国家生态文明试验区、国际旅游消费中心和国家重大战略服务保障区。三区一中心的关系，改革开放先导，生态文明基础，战略服务特殊，一个中心借助三者之力，形成重点。国际旅游消费中心的建设成为海南的战略定位之一，是基于海南的发展优势、发展格局和发展前景，也是基于旅游的综合产业性质和全面拉动作用。

见此，我主动提出，承接国际旅游消费中心课题的研究，但是需要一整套刻板的手续。组织了一个专家组，进行调研。我是海南省政府两届顾问，年年去，最多一年去过 9 次，情况很熟。这次调研，基本上以座谈为主，从海口到三亚，一路走，一路谈，最后提出“十项政策，十个路径，十个产业”的总报告。三个月做完课题，一年手续还没下来，这样的官僚主义，如何对应双自贸？

反正我有一个习惯，隔一段时间就要总结一次，总结完了就要形成成果，所以从 1985 年出第一本书，到现在，我的书已经出到第 60 本了，也算是多产、高产，实际上就和这种工作习惯有直接关系。

——关注企业

在多年的工作过程中，尤其是到国家旅游局之后，关注企业形成本能。在政策法规司的时候，和企业有接触，但接触的不是很多，更多的是直属企业，之后到管理司，天天要接触企业，到了规划发展与财务司也是如此。离开国家旅游局之后，大家当时都觉得很吃惊，官当得好好的怎么能说走就走呢？接到局里的文件之后，我专门给刘毅局长打了一个电话，说我提前退休了，他第一个反应就是你很可以干点事，为什么这么早就要走？我说刘局长，正是因为干不了事，我才走的，但只是退出了机关，并没有退出行业。所以，这 16 年以来，应该说和行业的接触更加紧密，和企业的接触也更多。在管理司的时候，和饭店接触得最多，和旅行社接触也多，天天都有事情，天天要谈。饭店就谈评星的事，旅行社就谈各种各样的事，从一类社到出境社，等等。接触下来，不仅是谈事，更多的是希望听他们的情况，他们也经常是先把自己的情况跟我谈一遍。在规财司，就是接触投资商，规划院，研究项目，关注地方。所以，那个时候对行业产生了非常强的实感，有些事情也一直在跟踪。这几十年以来，始终在跟踪的企业有几个。

第一个企业就是中国旅游集团，中国旅游集团最早是港中旅，然后是中旅集团，之后是国旅集团，依次纳入，最后形成了中国旅游集团。因为多年以来始终是国企，所以在工作中不得不接触，当时还有港国旅，反正一堆企业在一起。我就感觉国有企业官气太重。当时港中旅就有一句话，春风不渡罗湖桥，什么意思？就是改革的春风反而到不了香港，港中旅很保守，邱毅勇到港中旅集团去当副总，走的时候我到机场去送他，看见港中旅的老总，还特意说，善待我们的哥们儿。他这个人改革精神很强，思路也很冲，能力也很强，尤其是喜欢干企业方面的事，结果去了以后，没过几年就走了，我问为什么？他说这个地方待不了，国有企业，感觉不是我待的地方。所以，现在虽然号称是中国第一大旅游集团，但是好多状况并不理想。因为从 1990 年我们就开始研究中国旅游企业集团化，确有这个感觉，就是国有旅游企业集团不太容易，主要靠兼并收购等资本运作手段。

第二个长期关注的就是华侨城集团，华侨城集团从马志民时代开始我就熟悉，也是跟着华侨城一步一步这么走下来的，现在华侨城集团做得比较优秀。去年我去参加他们的年会，段先念董事长就说，你得给我们好好说说，分析一下中国的旅游集团发展。我说到一个观点，马志民这一代是创业的一代，在任克雷的时代，感觉华侨城是一个绅士，就是到了任克雷的时代，继续创业，但是克雷总温文尔雅，他不眷恋官场，始终坚持做华侨城集团，因而做得比较优秀，后来他退休了，段先念来接董事长，现在变成了一个战士。大家就笑。段董事长提出，华侨城的二级公司一概要搞混合所有制。我也提了一个问题，混合所有制，谁听谁的？如果说民企投了资，还得听国企的，不是陪着你玩吗？没有这样的民企。但是如果国企听民企的，那就涉及国有资产的保值增值问题，实际上这里的核心问题是我们要借助市场体制的优势，形成混合所有制，都是按股份说话，就是能借助国有企业的一些优势，央企毕竟是央企，也能够借助一些市场优势，这样才可能有希望。

现在全国省级企业集团已经有 27 个，真正做到好的极少。比如，粤旅集团，按说在广东，经济发达地区，省级旅游集团始终没有做起来，为什么？一是被国有体制局限住了，二是上不着天下不着地，难以整合资源。省级集团做得最好的就是鄂旅投，湖北文化旅游投资公司，董事长是刘俊刚，原来在湖北省旅游局当规划发展财务处处长。在他当处长的时候，我就非常看好，这个人实在是非常能干，省政府就拿了三个亿资金铺底，划拉了几个烂企业，就这么做起来了。我当时就问他，这个企业准备怎么干？说不能干旅游，如果现在干旅游，三个亿还不够补贴这点烂企业的呢，一干就死了。第一件事是做房地产，做房地产的时候需要金融支持，所以他就又跟着组建了一个金融企业。进一步，这两个方面做起来之后才开始做旅游，到现在 10 年时间，在湖北的旅游格局里，有 30 多个酒店，30 多个景区，反而做出来了，但是就旅游说旅游，一定是做死。所以这样一个企业，从 10 年以前的 3 亿元资金铺底，到现在已经发展到 600 多亿元资产，这是事在人为。

陕西旅游集团，是张小可在创业，推进，也是道路曲折。一开始陕西省政府组建陕西旅游集团，实际是想把陕西的文物资源好好挖掘挖掘，可是集团组建之后，陕西省文物系统集体反对，一直告状告到国务院。那个时候他有几个项目已经开始做了，如汉阳陵，已经投了很多资，做起来了，小可还专门请我看了现场。但是，陆陆续续都得退出去，最后只留了一个华清池，逐步扩张，变成全国的样板，又和骊山合作，合为一体。从一个产品品牌转化成一个形象品牌，现在开始开拓一个目的地品牌。再比如华山西峰索道，当时负责人是任总，到北京跑了 200 多次，才跑下手续，得以批准，最终把这个索道建成了，现在变成世界索道协会的样板，大家评价这索道太棒了，全世界都没有，变成一流。好多事情真是，文化资源和旅游资源联在一起才有市场的活力，才能谋求真正的发展。

可是反过来说，城市一级的旅游集团反而容易做好，比如首旅集团，锦江集团，都是城市类的集团，在全国都做在前列，这一类我接触得很多，也都是我多年始终跟踪的企业。还有一个企业就是灵山集团，到现在已经 20 多年，在这个发展过程中，我评价叫无中生有，有中生好，好中生优，优中生特，特中生品，形成了品牌，形成了品质，是中国旅游精细化发展的典型，也变成了无锡的一个品牌。但是现在也面临着一个问题，就是作为国有企业，董事长吴国平今年 58 岁了，所以他和市委书记、市长提出来，我只有两年时间了。书记和市长都说不行，灵山是无锡的品牌，你是灵山的灵魂，你要是不在位，灵山集团肯定要垮，所以市里主动提出改制，也准备采取混合所有制的方式，这样，吴国平作为灵魂人物，自然而然他就会跟上来。

由此形成了独特的中国现象：一个重大项目，产生一个人物，构造一个事业，推动一个目的地。黄山之于黎志，中国山地旅游第一人；张家界凤凰之于叶文智，中国创意旅游开拓者；乌镇之于陈向宏，古镇旅游大牛；山水演艺之梅帅元，复制推进；等等。不是偶然，是中国旅游的创造力。

第二类企业就是互联网培育的这一批企业，以携程为代表。携程在组建的时候我就认识，这么多年也始终在跟踪这个企业，花样百出，作为一个美国上市公司，也确实是按照跨国公司运营，很多思路和做法也是跨国公司的思路和做法，现在已经变成一个巨无霸类型的企业。一批新的企业，也都在这么做。但是，也是做得差不多了就被携程收了，如像途家等一批这样的企业，就是携程看你做得差不多了就把你收了，收完之后就把你摁住，实际上是在市场消灭竞争对手。这是跨国公司的传统做法，如果全是按照这样的思路发展，客观来说，也会有妨碍的。再比如驴妈妈，反复试探，不断创新，也形成规模，起引领作用。这一类创新型企业，“80后”领头，“90后”主体，这一批企业应该说代表了未来发展的主流。

第三类企业，就是这几年新产生的，外行业跨界进入旅游。这些人财大气粗，其中一部分是房地产企业，比如说恒大、万达等这一类企业，严格地说，我不是很看好。他们的好处是给旅游行业注入了新的模式，形成了大的冲击，而且项目规模很大，迅速形成。但是，这套思路并不完全对应旅游业的发展，所以我曾经写过一篇文章叫《旅游不需要野蛮人》，就是针对他们说的。再比如交通企业，现在都在积极进入旅游，还有一批央企也在进入，像甘肃的公航旅，是公路、航空、旅游糅到一起，也是国资委的企业，起来之后，资产就达2000多亿元，一年的收入达1000多亿元，迅速形成了巨无霸的局面。再比如说中交建这样的大央企，都是万亿元级的企业。所以他们就说，我们进入旅游很简单，随便扒拉扒拉就够了，可是，这一类的企业进入旅游，最大的短缺，最大的弱点，就是人才。

反过来说，对于一些企业，我倒是觉得值得好好研究研究。比如中景信，中信产业基金投资的企业，一开始想搞旅游，基金的老总胡腾鹤，第一次找我聊了4小时，聊得我都犯愣了，做了充分的准备前来，他给我提出各种各样的项目，因为我熟悉，所以提出的项目我都能够应对。谈到最后就谈人，很简单，没有操作型的人才，管理型的人才都缺乏，你给我们推荐。所以我就推荐了黎志，包括白石山的项目，之后在这个基础上，就组建了中景信公司，后来变成集团，现在在旅游领域投资已经有 70 多亿元。可是基金有一个问题，就是要退出，现在退出机制没有形成，退出也有难度，但是总体来说构造了一个新的格局。再比如说有一个红树林集团，是张宝全，一个文化人做出来的，原来是在北京搞房地产，因为有文化情结，所以后来就到海南的三亚，先做了亚龙湾的红树林，又做了三亚湾的红树林，现在又做了海棠湾的红树林，在全国七个项目都在进行，这是典型的重资产项目。三亚湾一个红树林投资就 200 亿元，这样的项目怎么回报？因为按照旅游的正常回报，靠日常经营，背不动这样的重资产。所以，这些项目也在摸索之中。现在也有一批这样的项目，这样的项目反而在市场上都形成了格局，问题是怎么往下推展？贵州有一个大兴东旅游世界，这是一个房地产老板做的，280 亿元的投资额，500 万平方米的建筑。在浙江还有一个几乎一样的项目，叫龙之梦，这是一个做酒店出身的老板，也相当于做房地产出身的老板，也是这样的一个项目。这样的项目到底如何回报？我实在是看不准，可是这样的项目在现实中就发生了，而且类似这样的项目有很多，规模很大，投资量很大，构造了旅游发展的新格局。

最后一个现象，就是上海迪士尼和北京环球影城。迪士尼投资 320 亿元，环球影城投资 620 亿元，是国际顶级品牌，这两个项目，在发展的过程中都没有大问题，也让我们充分感觉到我们和国际上顶级品牌头部企业的差距。

多年以来，我和企业有很深的交往，好多项目，好多企业是 30 年始终在跟踪，在跟踪的过程之中，也总结了很多东西。有一些是深度的介入，对我来说的好处就是培养了对行业运营和企业运营的实感，这种实感对专家很重要，如果只是从理论出发，反过来推导，这显然不行，我正好反其道而行之，是从实际出发，来构建一些发展理论。

——朋友遍天下

在 40 年的旅游生涯中，有无数的朋友，大家这样评价，也是大家的感觉。在这个过程中，我始终的基本态度，就是能帮的尽量帮，帮不了的也不能去应。如很多人希望我介绍投资商，希望我促进项目的运行，我说这些事不是我干的事，作为一个专家，我就是给你们提提建议，有些建议是很系统的，愿意听就听，不愿意听就算了。我也从来不认为我说的话有多重要，必须如何如何。但是我这么一个态度，就是与人为善，助人为乐，所以口碑不错，朋友也很多，有一些是很好的朋友，这些很好的朋友也都是几十年的朋友。对己持平常心，对人持平和心，对事持平稳心，但不必有平均心。没有谁是不得了的，自己更不必捧着自己、架着自己，否则只会越来越累。现在不是阶级斗争年代，更不是战争年代，没有你死我活，只有状态的差别，亦不必与人为敌。只要存着与人为敌之心，行为就别扭，也就自然树敌，从此陷入纠纷之中，而忘了自己的本源。

人活得是一份感觉，而感觉又常常变化，这就看定力，外界的因素只能左右弱者。越弱越要和人比，越比感觉越差，最终是自己和自己较劲。好日子要好好过，不能把好日子当坏日子过。安步当车，安之若素，都是通达的境界。清高的另一面是把自己看得太重，我也不追求，但是热热闹闹做点喜欢的事，读喜欢的书，和朋友一起，是享受。

关系最久的上海旅游局的老局长道书明等一批人，是国旅的老人，上海国旅的老总出身，之后在旅游局，这么多年我们很多事情一直在呼应，也在相互支持。我们组建休闲度假分会的时候，他专门跑到北京来参加，后来有人说，小安的一个短信比我们一个红头文件还起作用。他就说，小安的短信，都是礼拜六礼拜天开会，所以我就可以来，你们老是礼拜一开会，我来不了，大家哈哈大笑。有一次过生日，他也专门赶到北京来参加，所以我们不只是一般的工作朋友，私交很好，陕西的张小可，贵州的杨胜明，也如此，都是三四十年的朋友了，这样的朋友应该说有一批。有战友情分的一批朋友，就是我在管理司当司长和在规划财务司当司长的时候，工作方面的这些朋友，和很多人也建立了私交。在管理司开全国会，我有一次专门说，做管理工作，一定会得罪人，大家就别想升官了。但是在规财司开全国会，我就说，这个工作给人送钱，促进发展，所以大家会升官。但是这些岗位的人都是干才，最后结果都不错。那时候，想干很多事，也有很多困难，我不怕难，我喜欢干新的事，喜欢干有挑战性的事。事情只要转向正常轨道，我就没有兴趣，可是往往到了正常轨道，好像培育了一些权力资源，大家反而关注，我从来不关注。这样的话，和这些人，我们有一种战友情，这些年在各地跑，时不时会碰见这些老人，大家回想起当年，仍然是感觉很好。那时候累归累，但是干着心里痛快。浙江的肖歌，我在管理司的时候，他在浙江管理处当处长，这个人话不多，但是非常喜欢研究问题。有一次我到浙江去，下了飞机他来接我，马上给我了一本材料，就是浙江关于绿色饭店的材料，我就笑了，我说你怎么给我这个？他说我知道你肯定得问起这个事来。后来我到了规划财务司，他也到规财处当处长，退休以后，专门请他当休闲标委会的委员，继续合作。所以我们这种几十年积累的情感，什么时候都忘不了。有一次我到黑龙江，哈尔滨旅游局局长说晚上请我吃饭，我说不行，晚上我要请人吃饭，他说什么人啊，你要请他吃饭？我就说我们黑龙江旅游局的老管理处长刘明昌，也是当年感情很好。他说这样，晚上吃饭你把他一起请过来，那也行，所以见了面就非常亲，聊起当年，聊得热火朝天，哈尔滨旅游局局长感觉自己反而被边缘化了，那我不管，本来就是我要请他吃饭，就是要叙叙旧。城市的旅游局长接触的更多，朋友也多。其中一个能人是韩建民，南京旅游局局长，1993 年，南京玄武饭店上四星，我去参加，之后他用汽车把我送到上海，一路八个小时，聊成了朋友。之后每次去南京，都要去玄武，至少吃顿饭。韩建民带出了一支出色的团队，而我到玄武有家的感觉，玄武饭店上五星，我专门写了一封信《我爱玄武》，后来和韩建民合作了一本书《旅游强国之路》。之后他当江苏省侨办主任，把侨办做成了江苏华侨华人大本营，招商引资不亦乐乎。退休之后又搞了一个基金会，从容大气。这样的能人，在行业里有一批，无论在市民岗位上，都在引领发展。从他们身上，可以看到希望。

2014 年，张小可组织了一个活动，就是老国旅的聚会，我专门赶到西安去参加这个聚会，是个流水席，从晚上五点半就开始，一直到晚上十点半。因为陆陆续续有人来，大家都很高兴，这些老国旅当年那种战友情很深厚，后来我就说，你们后来都当了旅游局长了，咱们起个名，别说老国旅聚会，起个名字叫中国旅游拓荒者，大家一致赞成。我还专门写了一篇关于拓荒者的文章，后来这个活动就传承下来了，每年一次，今年在这个地方，明年在那个地方，反正大家现在都退休了，都闲下来了，所以玩的兴致也很高。直到前年，在黄山搞这个活动，还编了一本书——《中国旅游拓荒者》，这也是大家对年轻时期的一种追忆，也是一种回想。这是一个方面。

另外一个方面就是年轻人。因为我从来是一个态度，就是我们的很多知识已经过时了，我们这些经验严格地说也没有那么大的作用，所以，未来取决于年轻人。我的态度就是拜年轻人为师，与年轻人为友，和年轻人同行。尤其这些新的知识，涉及电脑，涉及网络，涉及一些社会现象，不懂就问。有这么个态度，和年轻人交朋友不难，他们都特别高兴，和他们在一起，能够感受到这种活力，也能够学到很多知识。说到年轻人，有一次我碰见一个“90后”，还是一个小姑娘，13岁，她的妈妈带着她来看我，那时候我在杭州。我一想跟小姑娘聊什么，就问她，你是谁的粉丝，那时候正好是超女很火的时候，她就说我是“玉米”，我说我也是“玉米”，我们都喜欢李宇春，我们俩瞎聊。后来她就跟她妈妈说，妈妈你实在是落后了，你看看魏伯伯，还是玉米呢。这个小姑娘就很好玩，等于是我看着她一步一步走，她要上大学了，她妈妈按照社会上的要求，希望她考经贸方面的。她不喜欢，喜欢影视。她就问我，我说你妈妈叫温柔杀手，她也是好心。年轻人都有叛逆的一面，怎么可能不叛逆呢，先去上学，然后自己再调整，结果她上了一半学，因为还有两年到英国去读，是那种二加二的大学，然后到英国去读她就调整了，要考美国的电影方面的专业，找我说能不能给她写一封推荐信？我说可以啊，但是这个推荐信我不想按一般的写法，很没有意思。姑娘小名叫听听，我就写了一封信，名称就是推荐听听，和这个孩子怎么认识的，看着她一步一步怎么成长的，她喜欢这个专业，诸如此类的我就说了一番。后来她跟我说，那个导师看到你这封推荐信，说这是我见到中国人写得最好的一封推荐信，没别的，就是说实话，说人话。所以，有一些“90后”的孩子，有时候跟他们说，加一下微信嘛，他们很不屑，跟你一个老爷爷加什么微信，我说就想看看年轻人关注什么，你们怎么生活，怎么一步一步地成长，我想看这些东西，他就很高兴。同样，人只要心态不老，只要保持学习能力，保持思考能力，这个人就不老。我们已经开始进入老年，就应该有比较健康的心态，毕竟是在一个新的时代，能保持学习能力就不老，能坚持应变能力就不傻，能有反省能力就不笨，能有整合能力就成事，能有运动能力就长久。

——学界的朋友

最后，要说说学界的朋友们。首先是老一代旅游学人，我都接触过。陈传康先生，瘦瘦的，号称粤东游子，多是会议上见面，开一代新风，成就一代学人。王恩涌先生，大家风范，是中国人文地理学和政治地理学的开创者，接触很多，有时在一起考察，他从人文地理角度解释，清清楚楚。有一次我提出，帮助王先生编一本书，看了他的稿子，越发吃惊。郭来喜先生，热情澎湃，是旅游规划的开山鼻祖，孜孜不倦，做了大量的项目，还有杨冠雄先生等，都是奠基者。陈安泽先生，是地质公园的首倡者，在中国地质公园和世界地质公园的开拓方面，做了大量工作。乔玉霞老师和张广瑞老师是社科院的旅游带头人，筚路蓝缕以启山林，也都是我的老领导，见面很亲切。北京旅游学院，王鸿滨院长是开拓者，刘德谦老师开创《旅游学刊》，刘振礼、王湘、邢道隆，都在耕耘。从全国来说，南开大学申葆嘉先生，潜心旅游基础理论。上海社科院黄辉实几人也是领军人物。西北大学朱玉槐先生，带出一批精英。这一代学人，都有一种历史责任感，各有所长，个扬所长，奠定了旅游学术的基础。我是这一代学人的尾巴，虽然是基本同时进入旅游研究领域，但他们是转型，我是起步。还是学习的心态，只不过没大没小，偶尔称兄道弟。下一代是中生代，王大悟、李天元、杜江、保继刚、吴必虎、张辉、杨振之、王衍用，田里等，接触紧密，共事甚多，多数在一起出过差，喝过酒。其中的读书种子是保继刚、张凌云和谢彦君，热爱研究，深入研究。这一代学人，撑起了旅游研究的天地，也带出一批精英。知识分子，第一是有知，知晓事物，知道道理。第二是有识，知识，见识，胆识。第三是要分，知识分享，推动发展。第四要有子，通过学生，代代相传。现在，新一代旅游学人也产生了，崭露头角。我也频繁接触，非常喜欢。他们不但在成长，也在传承。

——出国感受

前些年我突然意识到，干旅游干了这么长时间了，出国不多呀，以前都是工作性质的出国，如到法国去过 4 次，到泰国去过 4 次，到日本去过 4 次，都是工作。真正说能够比较细地考察，还就是跟着刘毅局长出国的时候考察比较仔细，而且也研究问题。跟着何局长出国的时候，他玩都不想玩，后来有两次我就说，何局长你去忙你的，我们自己玩。有一次到英国、法国、德国，和佟华龄一起，就是何局长忙他的，我和老佟倒是到有些地方玩了玩，看了看，因为老佟确实懂。有一次到英国的一个旧货市场，细细地在那儿看了半天时间，他就给我解释，这个怎么回事，那个怎么回事，我说您有目标吗？他说有目标，想买一个铜雕，但是铜雕不是铸造出来的，应该是錾出来的，他就研究这个，最后如愿买了这么一个东西。这样的出国还是比较有意思，长学问，开眼界。

在国家旅游局工作了16年，出国的次数不多，真正去的国家更少，那时候安排出国是领导开恩。到现在，应该抓紧点机会赶紧出国，所以就开始，加拿大枫叶之旅、大溪地度假、俄罗斯伏尔加河、摩洛哥、埃及、日本、以色列约旦，去了很多地方。而且我的习惯是出国不能白跑，所以出国之前要做功课，沿途记录，回来之后汇总，写一个某国记行之类的的东西。

积累起来也不少，其中有几次比较好玩，一次就是丽晶邮轮公司，那次走了一趟三个国家，也体会了一下邮轮，好多东西不体会，真是没有实感。还有一次参加一个会，讨论吉尔吉斯斯坦的一个项目，我说没去过，只能谈点一般性的做法，有一个俄罗斯人听到了，这个人原来是俄罗斯驻华大使馆的参赞，中文极好，他就专门约我。那时候他在俄罗斯的第一大企业集团基础元素集团当驻华代表，就说我们公司正在转型，原来是俄罗斯的能源集团、铝业集团，交通集团，想转型，就想在西伯利亚发展旅游，主要吸引中国客人，问我能不能带几个投资商去？我说我不能带，我只是请，能不能谈成和我没关系，我就是一个专家。后来就约了几个人一块儿到西伯利亚考察了一下，这次是集团接待，看得也比较细。在贝加尔湖，都是坐直升机来回跑，到列宁流放地，也是坐直升机，500公里就飞过去了。所以那次跑得很扎实，而且需要了解的情况也都了解到了，和公司的一些人也座谈了一下。到最后，我一看有点时间，说给我留两个小时，我就讲了两个小时西伯利亚的旅游发展和公司转型问题，之后形成了一篇文字，这篇文字有两万多字，都翻译成俄文了。后来见到集团董事长，他特意说，你在我们集团很有名，你的文章我们都看了。再后续的时候他再找我，我说对不起，专家只干专家的活，其他的事我不管，这也是比较好玩的一次。还有一次是金钥匙组织，想搞一个金钥匙假期，就去了一下瑞士，在瑞士8天，按照金钥匙的这一套，完整地体验酒店服务和旅行服务，到最后，我说给我留点时间，集中到一起，我谈一次。

这些年每年都得出两次国，多的时候一年走三次。有一次，我和太太说，咱们也得完完整整度个假，老是这种工作性的事情不行。我说想去马尔代夫，当时我女儿就说，马尔代夫现在怎么能去？现在整个是中国东北省马尔代夫镇。后来说去大溪地，所以我们就到大溪地去度了一次假，那次很愉快，因为是一个完整的度假。到大溪地，路途很远，交通也不便，坐了 3 次飞机，24 个小时才到大溪地。到了大溪地，机场一出来是游艇来接，行李都上了游艇，就上了一个岛，这一个岛就一个酒店，到了酒店想出去都出不去，就是安排一些海上娱乐的项目，那次是完整地体验了一次度假，也算是一次高端的度假。

这样的话，倒是有一个好处，就是对这些年国际上旅游发展有数了。对中国在国际上的地位，也有数了，我们哪些长，哪些短，都能分析得很清楚。再有就是准备2020年去一趟南美，但是因为身体不好，现在把南美也取消了。反正随着年龄的增长，活动范围会越来越小，这是很自然的，可是我希望视野越来越宽，思路越来越宽，这样就形成新的生活格局。什么样的人生态度，决定人的生活品质。可以游戏，可以沉重；可以从容，可以紧张；可以追求，可以放弃；最终是从追求个人价值到追求社会价值。旅游生涯，诗意起点，散文布局，小说过程，戏剧结果。

一代人有一代人的任务，一代人有一代人的使命，我们从老一代人手里接下来，做出了我们的贡献。但是从个人来说，旅游生涯 40 年，如果归纳下来，我的总结就是四个字，好玩，玩好。喜好玩，好好玩，如果这个事不好玩，可以不干，如果这个事好玩，努力把它干好。从我们做旅游来说也是这样，我们研究的就是怎么好玩，最终是让客人怎么玩好，我们做的就是这样的事情。好机构要养几个闲人，好文章要有几处闲笔，好生活要有几种闲趣，好朋友要有几日闲情。思想因多样而精彩，文化因多元而丰富，生活因多种而幸福。我从来不追求成功，成功不是目标，只是社会的评价标准，满足兴趣才是目标，喜欢，追求，达到，成为境界。现在，追求成功成为乱局，人人都想成功，事事都要成功，何为成功？如果一支军队中人人想当将军，这个军队绝无战斗力。所谓的成功观念，误导了社会，泯灭了生活，使大家都陷入奔波之中，使社会不注重分工，最终形成了总体的不成功。

40 年，社会变化地覆天翻，我们这一代人，从农业社会到工业化初期、中期、后期，现在进入后工业化时代，是在一个人的短暂生命过程中，体会了世界二三百年的变化过程。现在，信息获取方式和传播方式也在变化，我讲过若干次大课，是上千人的场合，有的时候就采取电视方式，最多一次，人家跟我说今天有 3 万多人听你讲。从我个人的工作方式来说，大体上从 20 世纪90年代后半期，就开始有意识地带个录音机，讲一些新东西就录一下音，曾经积攒了几百盘录音带，当时就是找打字社来打，然后就形成文字。2008 年，开始博客，有人给我弄一个博客，没人维护，我也没有精力来搞这些事情，所以折腾了一把，也懒得这么折腾了，最后不了了之。后来技术进步了，有录音笔了，所以就是随身带着录音笔，只要说新的话我就录音，录音回来找打字社打，打完了之后整理一下就成文。到了 2013 年，开始玩微信，这个方式很好，等于是自媒体。我以前从来不照相，走到哪儿都不照，凡是技术性的问题我都没有兴趣，要背着一个大相机到处走，没有这个兴趣。我比较佩服的就是罗哲文先生，一辈子什么时候都背着两个相机到处走，有一次在中央电视台做节目，就是关于遗产保护和利用，我就问谁来？他们就说北大的谢凝高先生来。我说好啊，我一直憋着想跟他好好辩论一把，但是，谢凝高听说我来做这个节目，他就不来了。到了现场看到罗哲文先生，我说罗先生你怎么来了？他说我不知道，他们通知我来就来了。罗先生真是长者风度，那天我们俩做那个节目，是罗先生说一段，然后我说一段，赞成罗先生的意见，我做点补充。然后我说一番，他又说一番。主持人就说，本来是希望你们两个人辩论起来，我说怎么可能跟罗先生辩论，他这么一个泰斗级的人物。

玩微信之后，我开始拿手机照相，走哪儿照哪儿，走一路拍一路，然后九宫格发出来，加一堆文字。后来很多人就说，你的照片实在是差，文字还是有点意思的。有人还提醒我拍什么东西要注意点，手机摄影的技艺水平也有所提高。但是我不管水平，毕竟这是我的眼睛，我从这个角度看，每个人的视角都不同。

后来我才知道，微信也可以发一点长的文字，一千多字的文章也可以发，所以有时候就开始写，形成一种随笔性的文字，从那儿开始就一发而不可收。2013 年开始还不系统，后来就比较有意识，比较系统地说一些事，发表一些观点。绝大部分随笔是超越旅游的，议论这样那样的事，有些东西发不出去，也就算了，但是一般来说还都是发得出去，因为敏感的话题我不谈。到现在，这些随笔积累了已经有了 400 多篇，大概有 60 万字了。在这个过程中，我也感觉，我这个人，腿勤，脑子勤，笔也勤。后来形成了一个文件夹，叫小安文库，大体上每年形成的文字积累在一起，到现在有 3000 多篇文章，4000 多万字积累到一起。

在相同的环境中，由于所处层级的不同，会有截然不同的体验。经历相同的事件，由于所处角度的不同，也会有不同的记忆。即使都是真实的描述，也可能呈现各种各样的图景。因此，历史永远无法真实，只能在相互印证之中，找到一些真实的碎片。有时从人性出发的“想当然”，反而更接近事实。所以，这本书里边很大一部分内容是说故事。有些涉及人物的故事，没有文字依据。但是说到事情，都有文字依据。很自然，毕竟是个人的记忆，不可能完全准确。有一类叫选择性遗忘，这好像是不由自主的，喜欢的事就记住了，不喜欢的事自然而然就忘了，这是一种选择性遗忘，也会形成主动性偏差和偏好性记忆。所以，谁也不能说自己记的东西都是准确的，只能说做了这么一番口述，努力真实，至少是我脑子里比较真实的记忆。有些东西记不住了，就看一看文库，文库里这么多文字，这个时期什么文字，那个时期什么文字，有的时候天天都有，所以，这么积累出来的东西，算是有一个基础。在调整文字之中，又增加了一点感悟性的文字，也都是当时的感悟。

总体来说，努力从真实角度，自己说下来，我就有一个感觉，好事情很多，也确实如此。因为那时候局里也有人说，小安你给刘毅局长出主意，不能老说成的事。有一次，我就提了一个建议，也是因为出差跑得多，天天在路上跑，我一看交通部门有省道、国道，我就说旅游能不能搞这个东西？所以当时设计了省线、国线，实际上这个东西出来之后，凡是做旅行社的都反对，说这个外行，不知道我们旅行社怎么做。这个事应该说是一个提出来但没有操作的事，但是总体来说这个事，还是调查研究不够，征求意见不够。所以那个时候，琢磨一个事，就把这个事从头到尾想清楚，如到了省，主管领导怎么看，省旅游局长怎么看，然后到了市，主管市长怎么看，市旅游局长怎么看。比如涉及酒店行业，那就一直得研究到酒店服务员怎么看这个事。同样，旅行社也是这样，旅行社一说就是三大块，叫作外联买菜，计调做菜，导游吃菜，经理洗碗筷，这是调侃之词，但是反映的是实际状况。我的经验就是，碰到一个环节，想不清楚了，怎么办？开座谈会，去征求意见，而且征求意见的时候，什么难听的话都要听，也用不着硬着头皮。因为所谓难听的话，一定是他深有感触，所以这个话才比较激烈。如果说我们有虚心征求意见的态度，很多真实的东西全会反映上来，就用不着自己想当然。

同样，也有很多人问我，你累不累？大家都觉得我一把岁数了，还这么到处跑。我说累啊，怎么不累。但是我喜欢这个事，这就是好玩嘛。所以，我乐此不疲，或者说乐此也疲，但是心不累，是累事不累心。我也曾经说，我不想玩命，是行业在玩我的命，后来年轻人就问，谁是行业？对啊，谁是行业？无非就是朋友们。所以，这些年以来，我疲于奔命，实际上就是在和朋友们一块儿玩。人的精力、智力、能力都是资源，人的潜力、动力也是资源，自身也有一个优化配置的问题，也有一个组合问题，时间更是短缺资源。毫无疑问，优势资源要优先利用，总体要配置在最有价值的用途上。从资源的外延而言，人的经历、财富、关系也是资源，但人们往往注重外延，而忽略内涵，其结果是忙而无效，只好满足于忙，甚至是为忙而忙。如此，就要学会适度消极，在干与不干中选择。不干是学问，一是有些事不干比干要好；二是有些事不到火候不能干；三是有些事不干就是干；四是不想干又不得不干的事，要态度积极，但效果不佳，因为能力不足，精力不继等各种原因。想干的事，不怕没理由；不想干的事，不怕没原因；能干自己想干的事，就是人生的一种享受；能不干自己不想干的事，则是人生的一种境界。

在这个过程中，身体也越来越差，我是 1994 年检查出糖尿病，一开始还很紧张，过了一段发现不行，一辈子不能这么活着，酒也不能喝，饭也不能吃，就为了自己这点健康？所以，按照医生的要求，该打针打针，该吃药吃药，但是该怎么活着怎么活着。然后到 2002 年，演化成心脏病，2002 年做了一个支架，之后变成六个支架。躺着病床上想，人到病中，只能在生存的意义上寻求，然后才能在生活的意义上探讨，而在生命的终极意义上的探寻似乎是遥远了。然而，正是在病痛和苦难的现实中才产生了对终极意义的追求。

习惯，不过是重复性行为而形成的稳定性模式。因习而惯，因惯而习。恶习也是如此，调整恶习，非需知恶，乃在克己。保持好习，在引导，在乐趣。2019 年这一年的感受比较深，其中一个重要的原因就是骨折，我实在没有想到，因为我觉得我天天在外边跑，天天晒太阳，天天吃得都不错，不缺钙，我怎么会缺钙呢？但是最后一检查就是骨密度不行，骨质疏松。生活的物质标准降一分，生活质量反而高一分，在无止境的现实追求中，人往往忘记了生活的目的，就像匆匆赶路而无暇顾及四周风景。身体不是锻炼出来的，而是调养出来的。西方观念是机械论的，锻炼也只是健体，调养是强身。奥运推崇更快、更高、更强，应当加上更美、更乐、更新。

所以很自然，下一步就需要严格控制行程，缩小活动范围，减小疲劳程度，但是，还是要增强锻炼。锻炼是两个方面：一方面是走走路，多晒晒太阳，活动活动。另一方面还是要读书。实际上这些年瞎忙，就影响了一件事，影响了读书。现在很多高深的理论著作已经读不下去了，那就读一点自己喜欢看的书吧，反正做旅游有一个好处，就是读的什么书都有用，都会启发思路，都会丰富知识。这样的话，说到底还是四个字，好玩，玩好。什么是成功？做自己喜欢做的事且有成，无论大成小成，皆为成功。但人们往往是追求想做之事，咬牙切齿，未必有成，盖因把成功归结为社会评价。人的一生需要三次觉悟。青年时知自我，想一生，寻找方向，是为一种启蒙，也是本体觉悟。中年时观世界，求事业，是为知识觉悟。老年时想人生，寻终极，是为智慧觉悟。有的人终生不觉悟，只是芸芸众生。有的人只限于知识觉悟，只是知道分子。有的人早早进入智慧觉悟，成大德高僧。

一动不如一静，静以蓄力，静以待机，静以免于争锋，静以轻松生活。妻贤家顺，体健心清，闲书读尽，懒觉睡足，浊酒一杯，故友两三，林泉之下，敲棋斗花，优哉游哉，自是神仙境界。

一静不如一动，动以发力，动以成事，动以磨炼自己，动以充实生活。境艰事繁，体疲心瘁，书难一览，睡难一松，烈酒多醉，今雨常亲，屡败屡战，终有一成，事乎业乎，亦应别有洞天。

我自认是个好人，但从来不想做个完人，更不想做个圣人。在传统体制内，有个性就是缺点，有思想就有危险。思想上的随意主义，行为上的温和主义，生活上的享乐主义，处世中的洒脱主义，是为当下之写照。以道家心行儒家事，以出世心做入世行，以平常心待非常境，以知足心遇不足人。

中国的旅游业到现在仍然有极大的发展余地，这也是很简单的道理，就是孙尚清先生当年说的永远朝阳。到2019年，中国的人均GDP已经突破了1万美元。我们在1986年做这个课题的时候，那时候是300多美元，1万美元在当时想都不敢想，当时想1000美元都觉得挺遥远的。所以，不管经济形势怎么变，但是这样一个发展的态势还是可以看得到的。随着这个发展的态势，中国的国际化程度越来越高，开放程度越来越高，开放倒逼改革，就逼着我们一步一步地进步，在这个进步的过程之中，对生活质量的追求就是一种必然的追求。2019 年，段强董事长提出一个命题，生活方式服务业，首旅集团必须往这个方向发展。我觉得这个命题提得很好，但是很多人听不懂，可以理解，因为老在忙眼前的事，怎么能理解这个问题呢。后来我就跟段强说，这个事我来呼应你，开了一个座谈会，段强把他的想法的来龙去脉说了一遍，在这个基础上，我又专门在首旅集团的中国服务学院讲了一次生活方式服务业，现在也正在组织课题研究，就是对应发展，积极引领，创造未来。

——展望与希望

几千年来，我们一直在说家园，在追求家园。当代社会，工业化发展，城市化膨胀，只能有家不可能有园。休闲就在构造新园，空间分离，质量提高，公共园林，休闲生活。大园弥补小家，质量弥补距离。自然家园不足，用精神家园弥补，增加文化项目，提供文化享受，最终达到心灵家园的充实。多余的花样就是文明，文明的进化就是精致，精致的发展就是豪华，豪华的极致就是简约，简约的评价就是文化。

按照这样的追求，达到自己的希望。我们面对的，是技术社会加速度发展。

第一，人人大云平移，是可以看到的革命性变化。人工智能，机器人，大数据，云计算，平台化，移动终端。机械化解决了人类的重体力劳动，机器人将解决人类的重复性劳动。下一步，机器人必然大行其道，甚至进入家庭。创造性劳动和情感性劳动自然成为主流，在这个过渡阶段，是对一个国家治理体系的最终考验。城乡过渡在中国正艰难进行，老一代与新一代的过渡更加艰难，美国正在进行，中国即将来临。

智能化解决人类的重复性劳动。可以看到的未来，一是大量劳动力释放，二是闲暇时间不断增加，带薪休假全面落实，四日工作制四小时工作制都会成为可能。四种劳动：创造性劳动，情感性劳动，休闲性劳动，服务性劳动。七个领域：大生态，大数据，大智慧，大教育，大健康，大休闲，大服务。

第二，未来的生活。田园生活：城乡一体化，家园梦想。生态生活：低碳环保，先规划小动物的生存空间，再规划人的生活空间。森林生活：生物多样性，多元化。文化生活：传统经典，现代时尚。艺术生活：美就是生活，人的艺术，艺术的人。创意生活：新产业体系，新发展基地。数字生活：信息化，数字化，智能化。休闲生活：对可自由支配时间的多样化安排。运动生活：天性见于生活，创造性。健康生活：生理、心理、社会。情感生活：摆脱冷漠，丰富情感。邻里生活：生活的距离，情感的融合。立体生活：立体绿化，立体产业，立体空间。幸福生活：发展主旋律，终极目标，深入体验。

第三，未来的发展。发展是硬道理，硬发展是没道理，不发展也是道理，幸福是根本道理。

未来的城市格局：反城市，分散与集中。

未来的建筑材料：反厚重，轻巧与系统。

未来的建筑风格：反奢华，人性与朴素。

未来的工作形态：家庭式办公，作坊式制造，公共性协调，个性化分工，娱乐性开展。

未来的环境保护：分布式能源，无害化处理，共享性自然。

未来的宗教体现：多元化追求，深度化引导，自由化表现。

未来的社会组织：社会自治与公司化服务的结合，扁平化社会组织，垂直化公司运营。

第四，社会的变化。人类社会几千年，从农业经济，工业经济，服务经济，现在到体验经济。

——好吃懒做图舒服

骂一个人好吃懒做，是很严重的批评。其实，好吃懒做是人的天性，没有人天生就勤快，只是因为有了社会评价，才变成了毛病，刻苦耐劳才变成了社会的主流价值观。但是从社会生活来看，好吃懒做恰恰是进步的动力，因为好吃懒做，大家绞尽脑汁研究如何吃得好，如何少干活，天性推动了社会的进步。

好吃是农业社会的主要追求，自古民以食为天，先是吃饱，再是吃好。所以孔老夫子两千年以前就提出“食不厌精脍不厌细”，至今仍然是吃货们的指导思想。但是在技术条件局限之下，好吃之徒不能不勤快，扩大食材的范围，丰富食材的做法，所以勤快就演变成为一种道德。

懒做是工业化时代的主要追求，三次工业革命，从根本上解放了人类。

机械革命延长了人类的四肢，动力革命增长了人类的力量，交通革命开阔了人类的出行距离，电子革命改变了人类的大脑，信息革命扩大了人类的视野。即使在中国，短短三十年之内，重体力劳动基本淘汰，社会生产力以几何级数增长。发明的动力就是人要少做，方便食品大行其道，傻瓜系列层出不穷，好吃加上懒做，成为真正的可能。勤快已经从根本上失去了社会意义，创造正在形成真正的社会主流。

图舒服，是服务业增长的原动力，也是服务品质提升的根本。

——好玩玩好求快活

人类解放出来的体力和时间如何打发呢？这就形成了后工业化社会的主要追求，好玩玩好。休闲生活开始大行其道，精神生活的花样越来越多，多元化多样化成为常态，移动终端成为须臾不可离手的重要工具。美人香草是屈子的譬喻和寄托，其实就是对人生美好的追求，无论是好吃懒做图舒服还是好玩玩好求快活，几千年一以贯之，老百姓的生活是实实在在的，完全不必戴什么大帽子。

——娱乐刺激追极限

闲极生事，人类在不断挑战自我。娱乐至死成为新的社会现象，各种深度体验方式不断产生，VR 和 AR 迅速成为新潮流。极限运动大行其道，翼装飞行等新的极限挑战不断产生。就连玻璃栈道都成为山岳型景区的标配。人工智能的社会化，不断创造新的休闲体验，形成沉浸式、融合式的深度感受，也形成美好生活的超越性。

——共享休闲成主流

各类共享设施的发展，代表了未来的社会潮流，共享经济的核心就是让闲置充分流动。闲置设施、闲置空间、闲置时间、闲置人才、闲置精力，一切都在流动，也都在流动中充分利用，充分增值。

从历史上看，休闲是文化之源，游戏是知识之根，形成巨大的包容性和创造性。社会观念的变化：从“不会休息就不会工作”到“工作是为了休闲”，幸福成为主旋律，幸福是一种感受，幸福是一个过程，幸福在路上，幸福在休闲中。休闲：创造幸福的基础，实现幸福的渠道，感受幸福的领域。

生活的五层次，一是懂得吃。吃好吃少吃精。二是懂得学，也是一种吃。三是懂得性，男人懂得女人，女人懂得男人，心心相印，才能有稳定的港湾，而不是互相成为地狱。四是懂得干，做事不是第一位的，世俗的成功也没有那么重要。做事在能力，也在机会，更在于时代。五是懂得玩，这是最高层次，玩出花样，玩出境界，就能达到人生境界。

生命首先是一个能量化的过程，吸收能量，转化能量，人从而得以生存和延续。其次是一个信息化的过程，吸收信息，整理信息，创造信息，人得以成长和创造。最后是能量与信息的转化，人得以在社会中生存和发展。能量是基础，信息是本质，所以能够创造信息者在历史上才能真正留存。子孙也不过是基因的遗传，本质上还是信息的表达。无所求就无所惧，只是第一境界，还是要争斗。无所求就无所谓，才是高人，真正放下。

一方面，我们习惯于宏观的思维方式，沉浸于宏大的叙事方式，北京的出租车司机都像政治局委员，老百姓都像外交家。另一方面，是实实在在的生活追求。描述小康生活，成都农民：吃有肉，住有楼，还有余钱去旅游。重庆市民：吃吃麻辣烫，打打小麻将，看看歪录像。

我希望，上班能够铺开身子做事，而不是上班像休息，休息像上班。我希望，下班就能够休闲，有大把的休闲项目可以享受，有三两知己能够聚会。而不是还要假装很忙，态度很好，自己很重要。我希望，社区里老人孩子都玩得高兴，各得其所。而不是老人寂寞，孩子沉重。我希望，我们的城市天蓝水清，树绿花红，可以呼吸新鲜的空气，可以吃到放心的食品。而不是在污浊中忍受，在担心中生存。我希望，我们能够从容生活，而不只是活着。我希望，我们能够愉快享受，而不是陷入全民焦虑。我希望，我们不要在现代化的陷阱中挣扎，忘记了我们从哪里来，要到哪里去。

我的希望并不过分，只是底线，但是在近乎疯狂的增长过程中，恰恰是失守了底线，违背了常识。在我们民族的记忆中，压迫和屈辱是始终挥之不去的阴影，发愤图强是始终追求的目标。今天要摆脱弱国心态，以人为本不仅是治国理念，也是终极目标。为了幸福而工作，在工作中感受幸福。

尾　声

进入2020年，本来是要高歌猛进，但突如其来的新冠疫情，改变了中国，改变了世界，也改变了每一个人的生活方式。这几个月，处于隔离之中，看到疫情蔓延，心情沉重。感受世界变化，找不着北。

一是疫情冲击，中国，从1月下旬到4月末，整整百日的疫情冲击，现在难关已过，外防输入，内防反弹，常态化成为主流。所谓常态化，一是疫情常态化，不能想着疫情过去，一了百了，恐怕要长期伴随疫情。二是防疫常态化，有距离，少聚集，戴口罩，勤洗手，成为常态。三是新的生活方式常态化，在若即若离之间，憋了一百天，总要释放，但是也只是释放而已，之后自然是常态化。四是环境的常态化，家庭环境建设成为第一，社区环境的权重提升，自然环境的追求越来越猛。最近，日本提出“新生活模式”，就是常态化的要求。

二是经济冲击，今年一季度，中国GDP增长率下降6.8%，全世界各个国家也普遍下降。如果只是短期冲击，大家都可以扛过去。问题在于，全世界的产业链中断，供应链不足，消费链停顿，股市崩盘，石油坠崖，经济危机已经来临。大家自扫门前雪，积极的财政政策，放水的货币政策，都会形成后遗症。中国，经济停滞，百业凋敝，现在面临的难题就是一方面抗疫不能停，另一方面是复工、复产、复商、复市。就业成为最大问题，有市则有商，有商则有产，有产则有业。

三是全球化变动冲击。以英国为主导，引领了第一波全球化，通过武力和殖民，完成了自身的工业化。以美国为领袖，主导了第二波全球化，通过军事、资本和科技，形成了深度的全球化。第一波全球化，中国没有卷入，只是不得不门户开放。第二波全球化的后期，中国全面进入，并且迅速成为最大获益者。特朗普执政以来，逆全球化开始产生，被称为全球化退潮。实际上，全球化是不可逆的，大势如此，但是会产生新型全球化，可能是收缩性、板块性、平行性的。

四是旅游冲击。疫情冲击有偶然性，是阶段性的。经济冲击是中期性的，全球化变动冲击则是长期性的，是必然。。三个冲击叠加，且还在进行中，旅游遭遇灭顶之灾。百日抗疫，百业凋敝，上万家旅游企业倒闭破产。更大的影响在于，旅游直接就业2825万人，加间接就业，总量高达7987万人，占全国就业总人数的10.31%。

由此，中国旅游发展，必须研究战略转型。一是传统模式要向复合型模式转化，二是结构的完善成为中心问题。三是质量要求越来越高。同时，还有一个根本问题，就是产业与事业的并行。当年，旅游从事业转化为产业，大概花了十年时间，现在应当开始旅游的事业化，生活追求，生活质量，都是事业性目标。公共服务公共产品，也是事业化要求。大体上通过五年时间，达到旅游的产业与事业并行格局。这样，产业发展会轻松很多，事业发展会准确很多，就业促进就是双重意义。

——隔离笔记

之一：大厨登场

从5月1日开始，全国都降低疫情响应了，北京市朝阳区也从全国唯一的高风险地区一下降为低风险地区。看到人们出行旅游，山山水水，吃吃喝喝，很有一种解放感。从一月下旬开始，到4月底结束，整整三个多月的隔离生活，也是一段独特的体验。

民以食为天，首先的感受是吃，大厨登场。热爱旅游的人，一定热爱美食。我曾经有幸担任了一届中国烹饪协会副会长，见识了很多美食家。多年以来，大嘴吃八方，也尝遍了各种美食。但是因为忙忙碌碌，四处奔波，很少下厨。这次隔离在家，正好做把饭，美食谈不上，至少想吃的东西能够吃到口，想象的味道能够感受到。一家四口，老人88岁，除了牙口不好，食量尚佳。女儿是现代口味，常常能够提出新题目。以前很难凑在一起，现在天天举家共食，做好了有人赞，做完了有人吃，是一种享受。一是吃什么，每天中午饭后要讨论一下，确定晚上和明天中午的菜谱。二是食材，借助电商和物流，基本上想什么有什么。院子里还有一个食享汇，几个年轻人，在网上接龙预订，两步路就可以取到。三是怎么做，记忆中的做法和味道都涌现出来。第一次都是摸索，之后逐步熟练，找到感觉，渐入佳境。做饭成了一种乐事，从设计到加工，从简单到复杂，产品上桌，先尝味道，频频点头，最后盘干碗净，确实是享受。但是刀工甚差，经常切得乱七八糟，受到批判。最后自然形成分工，太太切配，我掌勺，最后是女儿刷碗。自我安慰一下，大厨只能掌勺，否则失身份。

晒一下四月份的午餐菜谱，不亚于一个餐馆的内容。

1日 炖肘子，腌笃鲜，炒儿菜，菠菜拌粉皮

2日 麻辣香锅，红烩鸡丝，西红柿鸡蛋

3日 烧茄子，宫爆鸡丁，银鱼炒鸡蛋，清炒油菜，菜心鸡蛋汤

晚餐，手撕饼，葱油拌面，油泼面，均佳

4日 虾皮圆白菜炒粉丝，蒜苗鸡胗，锅塌豆腐，肘子冻，胡辣汤

5日 葱烧海参，香煎三文鱼，红烧肉鲜笋，木须肉

6日 小炒牛肉，鸡蛋西红柿，清蒸蝶鱼，麻辣鸡丝，鸡汤

7日 肉末炒豇豆，耗油生菜，蒸扇贝，红烧肉

8日 烤五花肉、羊肉，烤虾，芦笋、蘑菇，涮羊肉，百叶

9日 鲜笋牛肉丝，粉丝圆白菜，炖腔骨，肉汤炖粉条

10日 冬瓜氽丸子，烧茄子，鸡蛋炒莴笋，宫保鸡丁

11日 萝卜氽羊肉，京酱肉丝，清炒西兰花，麻酱粉皮

12日 酸菜鱼，红烧腔骨，锅塌豆腐，醋烹豆芽

13日 干炸丸子，肉片蘑菇，清蒸鳕鱼，鸡蛋西红柿

14日 红烧肚块，丸子粉条白菜，烧带鱼，豆豉炒苦瓜

15日 涮锅子，羊肉，百叶，肚丝，午餐肉

16日 扁豆焖面，海米鸡蛋羹，腌笃鲜

17日 葱爆羊肉，宫保鸡丁，粉丝圆白菜，海米冬瓜汤

18日 红烧肚块，炖猪蹄，尖椒土豆丝，鸡蛋西红柿

19日 菠菜拌粉丝，腊肠笋丝，酸辣肚丝，红烧排骨

20日 酸菜鱼，肉片口蘑，酱猪蹄，圆白菜炒西红柿

21日 炒三丝，香煎三文鱼，鸡蛋香椿，滑溜肉片

22日 烤五花肉，芦笋，蘑菇，辣白菜

23日 烧茄子，辣白菜五花肉，腊肉芦笋，红烧排骨

24 日　红烧鸡翅，火腿烩笋丝腐竹，鸡蛋香椿，干煎带鱼，炒蘑菇

25 日　滑溜肉片，鲅鱼丸子，豆豉苦瓜，麻酱粉皮

26 日　小香锅，红烧鸡翅，鸡蛋西红柿，胡辣汤

27 日　银鱼炒蛋，炖猪蹄，蒸鲍鱼，圆白菜粉丝

28 日　煎牛排，烧茄子，耗油生菜，小炖肉笋丝

29 日　宫爆虾球，炒西葫芦，焖扁豆，猪蹄冻

30 日　芹菜牛柳，红烧小萝卜，溜鱼片，粉丝炒豆芽

做得快乐，吃得愉悦，但是想起在水深火热中的人们，时时会有一种自责之心，惭愧之感。没有办法，不知道能做什么，老百姓只能过自己的日子，不出事就是好事，不惹事就是贡献。大厨的愉快，我会想念。

之二：春去夏来

隔离期间，第一个月不出家门，每天在家里走来走去；第二个月不出院门，每天在院子里散步。感谢华侨城，把一个院子做成了一个公园，植物有200 多种，乔灌草高低错落。而且物业管理严格，院子里不能停车，一律到地下。这样，园子就有了味道，有水池喷泉，有起起伏伏的小坡，有亭有阁，还有广场，大家可以打球。我只是走路，一大圈走下来是 6000 多步，一小圈走下来是 2500 步，从从容容，漫步其中，感受自然变迁。在这里住了将近十年，从来没有如此细致地感受院里的春天，一天一变。

2 月，疫情猖獗，京都飘雪，纷纷扬扬，枝头沁润，院中空荡，孑孑漫步，问天问地，何以伐人？人祸胜天，天已惩处，愚蠢愚昧，何时扭转。北京又飘春雪，洋洋洒洒，无声无息，整整一天。天公何其怨，地母何其怒，人间何其难。平静的自然风雪与激烈的抗击疫情，恰成鲜明对照。人自害而不自悟，事自明仍不自知。夜半仍然沉重，希望天明可以松快一点，哪怕是一点点，也会带来希望。

3 月，终于可以在院子里散步啦，上一次还是下雪的时候。天朗气清，三三两两，都显从容。物业仍然严谨，大家在制定的桌子上取购买的物品。啥时候都有招，非常时期，非常创造力。熬过了漫长的二月，进入灿烂的三月，蓝天澄澈，阳光耀眼，层云漫卷，春风料峭。有一个平台——食享汇，在院子里设一个收货点，三个姑娘租个地下室运作，可以在平台购买，也可以在这里零售，品种并不丰富，但是物美价廉，最重要的是方便。新业态，

新方式，对应需求，就是商机。江南春水暖，京都尚迟迟，连翘花初放，玉兰正登枝。植物不惧疫，人类有何知？盼望天地阔，扬鞭始奔驰。

挡不住，春天来；桃花粉，杏花白；黄花灿，枝上开；玉兰满，蓝天裁。疫情已翻转，自可放胸怀。光耀蓝天，春满京城，花开小区，孩子半疯，挡不住的春光，憋不住的春心。

一辈子没有享受过这么长的假期，吃吃喝喝，游游逛逛，从从容容，说说写写。想起湖北和武汉人民，很有羞愧感；看到医护人员的拼搏，很有罪恶感。但是对我们的要求就是踏踏实实待着，不添乱就是贡献，我的三观乱了。

4 月，桃花落，玉兰败，迎春始终开；丁香始盛，榆叶梅来，樱花正当怀。春天一轮又一轮，天气阴晴早又昏，世界大战疫情起，相隔千里尽囫囵。万紫千红始见春，争奇斗艳显花魂，年年风雨年年放，更看白樱如雪神。

最美人间四月天，满园春色尽翩迁。樱花晶莹剔透，碧桃花团锦簇，最是门口八棱海棠，一冠烂漫，千朵万朵，直映蓝天。流连忘返，从容不迫。一波花谢了，一波花又开了，美好是暂时的，美好也是永恒的。四季常在，四时展示。今天看到粉红樱花，灿烂接续，住了十年，居然不知。美在于发现，发现要有心，有心有眼，有眼有缘。

5 月，春夏转换，只在几天。春花落，告别红红粉粉，夏花开，只见黄黄白白。槐花密布，香气袭人；马兰随意，增添异彩。照例的走路，前几天还在找阳光，现在开始躲阳光，也是大汗淋漓。过不去的疫情，还要过的日子，常态化就是伴随，总是会适应。

这个春天，令人难以忘记。春去夏来，伴随着火热的气候，应当是火热的生活。

之三：写书读书

隔离期间，有整块的时间，做点整块的事情，自然就是写书。严格的说，现在不是写书，一是整理旧稿成书，二是说书。

开始是一本《纵览山河话人文》，是游走的汇集，45.9 万字。游走中国，一种是游，要看，甚至是细看，座谈调研；一种是走，马不停蹄，走马观花，过一个县，充其量吃顿饭。最急匆匆的一次，是 35 天走了 7 个省，但是该做的功课一点不漏，考察，座谈，讨论。每天夜里两点睡觉，早上 7 点开始奔波，路上补觉。这个过程中，感觉不足的是知识，山河纵览需要地理和生物知识，人文熏陶需要历史和文化知识。尤其是地方性知识，系统全面，从古至今，难以在急切之中把握。只能请教，我们这一代人，缺乏系统教育，也缺乏知识体系，好在见多识广，长在经验丰富，还是需要学习学习再学习。检出一些有意思的或者是代表性的文章，编成一本书。最早的文章是1973年，最晚的文章是2020年，跨了47年，记录了一个时代的变迁，也是旅游业发展的反映。之后，又说了一本书《旅游生涯四十年》，我是1980年进入旅游，到现在刚好40年，所以半年以来始终在记着这件事，有心写这么一本书，想来想去书名就叫《旅游生涯四十年》。可以加一个副标题，主流中的非主流。因为这四十年基本都在体制内，做的事情也是主流性的，但是从个性来说，却始终是个异类。始终是一脚门里一脚门外，是非主流的感觉。所以这本书也不想一本正经，采用口述方式，好玩一些，也好读一点。第三本，《微言小议生活情》，450篇随笔，45万字。多年来，跑了不少地方，看了很多好山好水，享受了不少好吃喝，即时上微信秀一把，大家同乐，看到反馈，很好玩。后来又学会发整段的文字，就是随笔，可以多说一点话。这些随笔性文字不限于旅游领域，是有感而发，也是一种生活记录。除了工作性记载之外，会时时有些小感触。总体称为"微言小议"，是微言旅游，小议人生，看一个旅游人在路上的过程，也是一个心路历程。第四本，《左思右想旅游录》，是这些年各种感悟的汇集，38万字。这堆文字，之所以叫左思右想，一是30多年的感悟，随感随记；二是工作和生活中的记录，不讲文体，亦无文采。最后，这四本书起个名字，叫庚子四书，也是一个回顾。其中，两本书已经给出版社，据说反映不错，原因是实话实说。另外两本书，只是个记录，也不想正式出版了。

整块的事情做完，就是闲事，先是读闲书。网络小说看了好几部，看得津津有味，体验阅读快感。之后是读一些有趣的书，《随机漫步的傻瓜》《黑天鹅》《非对称风险》《反脆弱》，方法独特，思路出新，然而有说服力。尤其是在危机时期，启发良多。现在好书甚多，很有看不过来之感。日常读物则是《新华文摘》和《三联生活周刊》。此外，多数时间都在手机上，看信息，看观点，看打架，越是特殊时期，偏激之人越多，民族主义和民粹主义成为世界性现象，恨不得不骂娘不说话。世界失序，动荡不宁，一个划时代的变化开始了，极端的事情也会发生。与其慷慨激昂，莫如静下心来，好好读几本书。疫情隔离是空间的身体隔离，也还有时间的心理隔离，少看点乱七八糟的东西，眼睛干净，心里清净，“布衣暖，菜根香，读书滋味长”。

之四：工作进行

作为旅游老炮儿，关注变化已经是本能，工作就是生活，生活也是工作，本来融为一体，无所谓辛苦与否。隔离期间，只是方式有所变化，工作继续进行。文化人，一支笔一张嘴，现在是一台电脑，怀抱天下。天天隔离在家，信息来源有限，各种不同的信息和观点纷至沓来，也总会有一些想法产生。

先是写点东西，三个月来，写了 18 篇文章，长的万字，短的千字，有所感就记下来，有几篇文章影响颇大，反映甚众，也感觉为抗击疫情出了点力。之后是各种网上论坛，说一番话，大家都希望能够鼓劲，但是实事求是，很难说出虚头巴脑的鼓劲之语，没有新话也就不说了。尤其是媒体采访，一概拒绝，否则又是断章取义。倒是看了一拨热闹，无数专家都在网上发声，无数人也成了专家。三是偶尔出去，参加会议，看到北京慢慢恢复，春意盎然，人气渐增。到会场，怎么看怎么说，也用不着关注领导高兴与否。四是仍然有项目，不屈不挠地希望征求意见，这是接地气的事情，也是以前形成观点的主要来源。但是找不到合适的谈话地点，最后只有在茶馆咨询。这些方式都是新方式，有长有短，就像孩子们上网课，难以集中精力，这样的方式也难以把问题谈透。现在需要考虑疫情常态化背景之下的恢复，市场恢复取决于环境，投资恢复取决于市场，企业恢复取决于基础。大批小微旅游企业的倒闭是可以看到的现象，一些重资产的大型旅游企业也难以过关。已经熬了 4 个月了，还能熬多长时间。

一次长时间的隔离，是一次全民实验，生活方式变了，工作方式变了，家庭关系变了，社区环境变了，人的心态也变了，关注的轻重缓急也变了。疫情当头，生命第一。生命的首要意义是生存，命都没有了，谈什么意义。在全世界都为生存而挣扎的严酷背景之下，生存更被赋予了普遍意义。高一层次的意义则是生活，追求生活的幸福是宗旨，也是过程，如何理解幸福，则是各有千秋。生活的内容丰富多彩，生活的过程也是曲折多姿，社会因多姿而精彩，个性因独特而出彩。生命再高一层的意义是生态，大生态着眼，次生态着手，泛生态着力，深生态着魂。所谓深生态，是国际上已经开展了

20年的一个运动，是说人只是万物之灵，而不是万物之主。违背自然，必会受到自然的惩罚，这次疫情就是明证。直到今天，我们仍然不知道新冠病毒是怎么回事，不知道怎么来，怎么去，仍然只能用传统的方式抵御。疫情蔓延的时候，不是刷仇恨的时候，更不是嘲笑的时候，恰恰是显现人性的时候。在网上看到意大利盲人歌唱家安德烈·波切利在米兰大教堂的放歌，白发苍苍，这是灾难之中的感恩，是唱给世界的歌声，他的眼睛看不到世界，心里却装得下世界，这是文化的吸引力，也是文明的展示。

敬畏自然，尊重前人，适应规律，不能斗天斗地斗人，应当知天知地知人。下一步，生命科学和生态科学将成为主流科学，也会主导今后的社会变化。旅游恰恰对应未来的发展，促进生命的健康，推进生态的改善。虽然现在仍然困难重重，但是从城市休闲和乡村度假的切入，可以伴随防疫常态化，谋求一个新的格局。隔离岁月长，日日熬时光，一朝得自由，山水感馨香。

——在此期间，我们始终在研究启动中国休闲度假大会，5月8日国务院下文件，可以在防疫的前提下，启动会展。为此，中国旅游协会在5月15日召开新闻发布会，决定6月21日在遂宁召开大会。我在发布会上做了一个主旨演讲。

——筹备2020中国休闲度假大会

遂宁：向一线休闲度假城市冲刺

今天是2020年中国休闲度假大会的新闻发布会，在这个特殊时期，这个会具有特殊意义。一是反映出抗击疫情的决定性成果，二是反映出旅游行业对抗击疫情的信心和决心，三是反映出四川遂宁的充分自信。为此，我以“遂宁：向一线休闲度假城市冲刺”为题，说几句话。

首先，简单解释一下“一线休闲度假城市”。大家很熟悉一、二、三线城市的说法，而且变成了流行语。我刚刚从无锡回来，他们一说就是我们是“二线半”城市，此说大谬。实际上，这个说法是房地产行业为了开发便利，逐步形成的说法。中央从来没有这个划分，只有直辖市、省会城市、副省级城市等行政性的划分，很多政策也是按照这样的划分下达。中央也从来没有认可这个说法，那么为什么如此流行呢？一是简便，二是大体符合实际感受，三是便于房地产商炒作。而且，在中国的语境之下，口号掌握领导，简便引领群众。从逻辑上说，各个领域都可以推出一、二、三线城市。由此，我今年一月去遂宁，就提出了建设一线休闲度假城市的目标。作为一个研究课题，我们现在正在进行，作为一项工作，现在已经推进。之所以给遂宁提出这个目标，一是城市化的发展和聚集，成渝城市群是中国下一步发展的重点，遂宁恰恰处于城市群的中心。上亿人口，上万亿的消费，几万亿的产值，构造了庞大的基础。二是地理条件，面积5300平方公里，亚热带湿润季风气候，素有“东川巨邑，文贤之邦”的美称，地处北纬30度线，是世界上一条神秘的景观线、文化线、历史线，其中自然条件和景观的精华都在中国。三是经济条件，遂宁历史上农业发达，这些年经济发展，形成均衡发展的格局。四是生活条件，可游、可停、可待、可玩，吃香喝辣，温泉奔放，山林遍布。五是休闲度假产品与设施，经过填平补齐，已经完全具备。我20年以前第一次去遂宁，就评点：遂心所愿，福寿康宁。所以，一个房地产的三线城市，旅游的二线城市，从休闲度假角度来看，完全可以成为一线城市。下面我谈三点。

一、大考与常考

中国，从1月下旬到4月末，遭受了整整百日的疫情冲击。疫情冲击有偶然性，经济冲击和全球化变动冲击则是必然。三个冲击叠加，且还在进行中，旅游遭遇了灭顶之灾。百日抗疫，百业凋敝，上万家旅游企业倒闭破产。更大的影响在于，旅游直接就业2825万人，加间接就业，总量高达7987万人，占全国就业总人数的10.31%。

对于艰辛困苦的中国旅游业，五一是一次大考。我们通过了这次大考，放松的幅度会增加一些。但五一只是复苏，而不是振兴。五一的特点，城市休闲成为主流，乡村度假产生高潮，需求转向，产业转型。

现在难关已过，外防输入，内防反弹，常态化成为主流。所谓常态化，一是疫情常态化，不能想着疫情过去，一了百了，恐怕要长期伴随疫情。二是防疫常态化，有距离，少聚集，戴口罩，勤洗手，成为常态。三是新的生活方式常态化，在若即若离之间，憋了一百天，总要释放，但是也只是释放而已，之后自然是常态化。四是环境的常态化，家庭环境建设成为第一，自然环境的追求越来越猛，社区环境的权重提升。所以，常态将成为常考，考的是韧性，也是人性。

二、战略转型：休闲拉动

中国旅游的下一步将会发生战略变化，至少是在旅游恢复之中，休闲主体的格局将会形成。旅游链是更加复杂的问题，不能笼笼统统说。控制疫情首先要控制人口流动，而旅游的本质就在于流动，这是冲突，不可避免。我们一般说旅游，往往局限在观光，需要大量人口长途出行，大范围流动。在世界疫情泛滥的情况下，航空公司基本停摆，入境旅游想都不要想。国内长途旅游则涉及大交通等各个环节，也需要在确保安全的情况下进行，这又涉及各个环节的协调，也涉及成本和价格等问题，在不确定性很强的情况之下，也不宜大量开展。可以看到的是，观光旅游需求会受到严重压抑，短期内并不乐观。旅游行业也要顾全大局，不能过于急躁，不怕一万，就怕万一，如果万一，也是全局性的影响。

但是，中国已经形成99万亿元人民币的经济体量，人均GDP7万多元，满足现实需求，挖掘潜在需求，引领未来需求，是我们需要做好的大文章。其中，核心要素是内生需求与外来需求。现在看，全国基本可以分为几种情况，第一种是北京情况，观光旅游多年主体，此次疫情损失最大，翻身也困难。第二种是广东情况，传统观光旅游资源一般，但是休闲度假资源丰富，所以形成温泉集群、主题公园集群、乡村度假集群、美食集群，启动较为容易，见效也快。第三种是长三角情况，已经形成了都市旅游、文化休闲、乡村度假并重的格局，只要环境允许，自然会火爆。第四种是中部情况，除湖北外，其他地方都没有伤筋动骨，但是囿于传统模式和收入水平，内生消费不足，恐怕需要比较长的时间调整。第五种是西南情况，虽然在市场上不断产生热点，但是局限于经济发展水平，内生消费更加不足。第六种是西北和东北，基本上是北京情况，但是经济水平相差更大。还有一种特殊的情况，即海南，度假产业已经形成，而且占主导，今年的日子相对而言会比较好过。总体而言，都面临着内生消费与外来消费的问题。从区域来看，困难的地方居多；但是从体量来看，并没有从根本上动摇。其中共同性的要素，一是人口总量，人多消费自然多；二是城市化发展水平，水平高要求就高，消费相应就多。这是从量和质两个方面的约束，也是判断标准。在多年发展的过程中，全国已经产生了若干旅游万亿省，广东、江苏、浙江、四川，首当其冲。还有一批即将进入，湖南、贵州、河南等地蓄势待发，但是疫情挡住了去路。

现在看，凡是向休闲转型的地方都有希望，转得早主动，转得快从容，这是中国旅游的战略性转换，也是必然选择。拉动消费和促进就业，是大家普遍关注的大问题，美国人曾经说过：一个人的休闲，就是另一个人的就业。休闲同时促进消费和就业两个方面。

三、如何转型

可以看到的是城市休闲和乡村休闲的火爆，成为现象级的消费。压抑这么长时间了，何以解忧，唯有休闲。吃吃喝喝，玩玩乐乐，山山水水，花花草草，释放压力，放飞心情。而且，休闲没有长途人口流动，自然没有大风险，方方面面压力都小。其次，升级的消费则是度假，是一次性长途交通，多日停留，全面消费。除了形成品牌的度假地之外，现在城市的退休老人都热衷于到山区度假避暑，今年也会成为热点。第三，就是房车和营地，又有私密安全，又能到处游荡，最好的方式莫过于房车。营地基本都在大自然之中，山青水秀，形成一种新的生活方式。第四，在这个过程中，科技的力量将越来越大，便利化是永远的追求，必然促进科技的进入。城市休闲是大众性的，乡村休闲是普遍性的，度假享受是新型消费，房车和营地是未来导向。这也是中国旅游未来的发展趋势，消费引领供给，供给促进需求。但是，这些新型消费一般都是短链消费，甚至是一次性消费，又多是当地人消费，挣钱不容易。而观光旅游是长链消费，外地消费，相应来说，盈利空间大一些。十年以前，曾经碰到一位市长说，旅游是外来消费，我一定要重视；休闲是本地人消费，没有更多的实际意义。当时感觉，这个市长还是动脑筋的。今天不同了，从治国理念来说，休闲更贴近民生，更增加大众的获得感和幸福感。从拉动消费来说，以短补长，是一种选择。高频次，短距离，低单价，大众化，是一种趋势。形成市场分工体系，长短结合，高低俱全，是一种成熟的表现。今年旅游消费的总体表现，将是休闲主体，观光辅助；度假主导，多样运行；房车开路，营地生活；科技支撑，多元发展。

为此，需要采取一些创新做法。第一，需要推出一批国家休闲城市，气候、环境、设施、特色，是四个主要方面，这和传统的旅游城市还是有侧重点的不同，各个城市群都需要这样的休闲城市，甚至成为休闲中心城市。第二，需要建设一批国家度假城市，沿海和内地都需要，从国家旅游度假区扩大到国家度假城市，将会对城市的提升产生新动能。第三，全面落实休闲标准化。全国休闲标准化技术委员会经过十年努力，已经制定并由国家标准化技术委员会发布了25项休闲领域的国家标准，在世界上也名列前茅。现在需要宣传贯彻，并且和休闲城市与度假城市的建设连在一起，深入促进。第四，需要挖掘一批市场典型，包括城市中央休闲区、休闲社区、休闲农庄、度假社区、花卉休闲区、商务休闲区，等等，现在已经在实践中逐步发育，最后形成系列，拉动市场主体，对应新型需求。第五，现在大把的资产存量，比如所谓的特色产业小镇，上不上下不下，其中一些可以向休闲度假小镇转型，通过对应需求，以盘活资产。这些事情，不需要资金的大投入，但是需要智慧的大投入，需要文化的大投入，需要生活的大投入。

对应上述工作，遂宁已经走在前列。下一步，应当达到“五化”。首先是标准化，这是基础建设，现在正在积极推进。其次是精品化，无论什么时候，好东西都是有市场甚至是抢手的。第三是集群化，集群化能够形成品牌，吸引市场，形成好的商业模式。第四是品牌化，产品品牌，娱乐品牌，演艺品牌，文化品牌，方方面面都需要领军人物和领军影响。最后是公共化，休闲度假对于公共设施公共服务公共产品的要求更高，这也是对城市总体水平的要求。

事业正未有穷期

日子总是要过，生活总要继续，人民生活的幸福是现在的执政理念，在这次疫情冲击中得到了充分的体现。这是千秋万代的大事业，我们深受其惠。我们这一代人，经历了复杂的社会变动，在短暂的人生中，体验了中国从农业社会到工业化初期，再到工业化后期，现在进入后工业化社会，这是世界上两三百年的变化过程，能够活到今天，已经是一种幸事，能够作为一个旅游人，四十年的生涯更加有幸。今后可以更加从容，旅游发展无穷，文旅融合无限，吾将终老乎其间，身体局限，但是可以少跑多思，少说多听，体验自然，享受生活，优哉游哉。

年轻不休闲，老来没文化；今天不养生，明天就养病；今天不会玩，明天就寂寞。可以归纳为“十闲”“十养”和“十玩”，这就是我们的明天。

一是十闲：从容人生。得闲空，蓄闲心，做闲事，学闲技，交闲友，聊闲天，处闲境，读闲书，养闲趣，用闲钱。

二是十养：品质生活。山水养生，森林养眼，宗教养心，修炼养气，文化养神，运动养性，物产养形，气候养颜，学习养成，生活养情。

三是十玩：快乐经济。适应玩的心态，研究玩的学问，建设玩的项目，开拓玩的市场，培育玩的氛围，追求玩的艺术，丰富玩的功能，创新玩的产品，创造玩的文化，谋求玩的财富。

与其预测未来，莫如创造未来；人生需要理想，理想创造人生。如果说一个专家能做这些东西，很对得起自己，仰不愧于天，俯不怍于人，坦坦荡荡过自己的一生。作为我个人来说，能把这本书说下来，我也很高兴，是进行了一番梳理，是梳理了一个事业的过程，也是梳理了个人的成长过程。人生的一个追求就是旅游，人生的一种境界也是旅游，虽然是浮光掠影，但在壮美的自然面前，只要投入，浅也是深。在日常生活中，我们时不时会产生各种感受，但在路途上，常常看到历史文化和宗教场所，涉及终极需求，在极致的宗教论说面前，我们这点生活感受，都苍白无力，反而形成一种超越和解脱。而中国和世界的对接，其间形成的感受，更不是一句话能够说明的。在全球一体化的背景之下，同质化与均质化越来越突出，但文化的异质性追求也越来越强。我们的生活又何尝不是这样的，缺什么想什么，多什么烦什么，多在路上走一走，体验多样化的生活形态，烦恼自然过去，生活会更加快乐。做自己喜欢的事情，好玩，玩好，这样来定义自己的人生，这样来挖掘生命的意义。

济颠和尚是中国民间最具有亲和力的，在他的故居有一块石碑，上刻“六十年来狼藉，东壁打倒西壁，于今收拾归去，依然水连天碧”。当时看完，一喜，深得我心，狼藉一生并不重要，水连天碧则是永恒的。又看到流沙河先生送黄永玉先生一副对联：“天命难知须率性，人生易老要开心。”赞，对头。

正是：

往事并不如烟，历历如在眼前，

一堆个人感受，映出独特云山。

人生境界至无求，

能吃能喝自风流，

沧海茫茫终有界，

奔波不止遍神州。

正如马尔克斯在《活着为了讲述》中写的：生活不是我们活过的日子，而是我们记住的日子，是我们为了讲述，而在记忆中重视的日子。

魏小安著作目录

1985年

论文集《起步·实践·探索》(25万字),中国旅游出版社

1990年

《中国旅游经济研究》(40万字),孙尚清主编,人民出版社,在其中收入6篇,计10万字

1991年

合作主编《中国旅游商品指南》(180万字),中国旅游出版社

1992年

合作主编《旅游产业政策与协调发展》(40万字),旅游教育出版社

参与组织主编《旅游经济工作手册》(180万字),中国大百科全书出版社

《面对二十一世纪的挑战》(25万字),孙尚清主编,人民出版社,主要执笔人

1993年

《中国改革全书——旅游卷》(80万字)副主编,大连出版社

1994年

主编《旅游服务质量等级管理全书》(120万字),经济管理出版社

1995 年

主编《旅游行业管理工作纲要》(130 万字),旅游教育出版社
合作主编《中国一流酒店》,建筑工业出版社

1996 年

专著《旅游发展与管理》(38 万字),旅游教育出版社

1997 年

主编《中国旅游饭店管理与服务 2000 问》(150 万字),中国旅游出版社
合作主编《新编旅游经济学》(42 万字),上海人民出版社

1998 年

主编《中国旅行社行业发展报告》(30 万字),旅游教育出版社
主编《旅游标准化工作手册》(40 万字),中国标准出版社
专著《中国旅游饭店业的竞争与发展》(21 万字),广东旅游出版社

1999 年

合著《中国旅游业新世纪发展大趋势》(42 万字),广东旅游出版社

2000 年

《中国旅游业十五发展规划》主要执笔人,中国旅游出版社

2001 年

专著《目击中国旅游——2001》(22 万字),河北教育出版社
专著《旅游热点问题实说》(30 万字),中国旅游出版社
合作主编《中国旅游发展绿皮书 2000—2002》(40 万字),社会科学文献出版社

2002 年

专著《旅游纵横——产业发展新论》（30 万字），中国旅游出版社

专著《旅游目的地发展实证研究》（40 万字），中国旅游出版社

合作主编《中国旅游发展绿皮书 2001—2003》（40 万字），社会科学文献出版社

2003 年

专著《旅游强国之路》（55 万字），中国旅游出版社

合作主编《世界旅游宣言》（76 万字），旅游教育出版社

合作主编《中国旅游：非典影响与全面振兴》（40 万字），社会科学文献出版社

2005 年

合作主编《主题酒店》，广东旅游出版社

专著《中国休闲经济》（43 万字），社会科学文献出版社

合作主编《创造新的文化遗产》，中国人民大学出版社

2007 年

专著《多彩贵州　多姿发展》（50 万字），贵州人民出版社

2008 年

专著《天下旅游看四川》（62 万字），成都时代出版社

专著《凉山旅游发展模式》（20 万字）

2009 年

专著《中国古城古镇古村发展研究》（58 万字），中国旅游出版社

专著《旅游业态创新与新商机》（30 万字），中国旅游出版社

主编《旅游政策与法规》（30 万字），北京师范大学出版社

2010 年

主编《华侨城——优质生活创想家》（20 万字），中信出版社

专著《文化故乡　山水家园——安徽旅游新思维》（40 万字），安徽文艺出版社

合著《美丽的草原我的家——内蒙古旅游发展研究》（37 万字），中国旅游出版社

合著《山川入划》（25 万字），中国旅游出版社

主编《新时期中国旅游发展战略研究》，（35 万字），中国旅游出版社

2011 年

主编《共同的事业——全国休闲标准化发展前沿导引》（28 万字），中国计量出版社

专著《与中国旅游同行——旅游研究方法与工作方法新论》（25 万字），旅游教育出版社

专著《中国饭店发展创新之路》（31 万字），旅游教育出版社

2012 年

专著《老家河南　壮美中原——河南旅游发展新篇》（47 万字），中国旅游出版社

专著《旅游与人生》（36 万字），中国旅游出版社

合著《全产业链视域下的旅游发展》（33 万字），南开大学出版社

主编《北京旅游发展战略研究》（27 万字），旅游教育出版社

2013 年

合编《中国旅游经济结构研究》（48 万字），中国经济出版社

合著《中国海洋旅游发展》（34 万字），中国经济出版社

专著《潇湘入梦　旅游飞扬》（45 万字），湖南人民出版社

主编《广义旅游学》（50 万字），社会科学文献出版社

2014 年

合著《休闲产业经济学》（45 万字），旅游教育出版社

主编《“六古”旅游同里汇论文集》（23 万字），中国经济出版社

2015 年

合著《中国旅游发展：新常态新战略》（23 万字），中国旅游出版社

合作主编《中国服务纵横谈》（一）（二），中国旅游出版社

2016 年

合著《旅游供给侧结构性改革》（32 万字），中国旅游出版社

《旅游与人生》（27 万字），旅游教育出版社

《人生与旅游》（23 万字），旅游教育出版社

2018 年

《旅游风云四十年——国家旅游局首任政研处长与末任政研处长的对谈》，中国旅游出版社

《敢为天下闲——2017 首届中国休闲度假大会会议文集》，旅游教育出版社

2019 年

主编《新时代的旅游变革》，中国旅游出版社

2020 年

专著《纵览山河话人文》，中国旅游出版社

专著《旅游生涯四十年》，中国旅游出版社

项目策划：段向民
责任编辑：段向民　武　洋
责任印制：谢　雨
封面设计：武爱听

图书在版编目（CIP）数据

旅游生涯四十年 / 魏小安著. -- 北京 : 中国旅游出版社, 2020.5
ISBN 978-7-5032-6468-9

Ⅰ. ①旅… Ⅱ. ①魏… Ⅲ. ①旅游业发展－研究－中国 Ⅳ. ①F592.3

中国版本图书馆CIP数据核字(2020)第048308号

书　　名：旅游生涯四十年

作　　者：魏小安　著
出版发行：中国旅游出版社
（北京建国门内大街甲9号　邮编：100005）
http://www.cttp.net.cn　E-mail:cttp@mct.gov.cn
营销中心电话：010-57377109，010-85166536
排　　版：北京旅教文化传播有限公司
经　　销：全国各地新华书店
印　　刷：北京盛华达印刷科技有限公司
版　　次：2020年5月第1版　2020年5月第1次印刷
开　　本：720毫米 × 970毫米　1/16
印　　张：19.5
字　　数：297千
定　　价：69.80元
ISBN　978-7-5032-6468-9